혼·창·통
50만 부 기념 골드 에디션

50만 부 기념 골드 에디션

혼·창·통
魂·創·通

이지훈 지음

50만 부 기념 골드 에디션 서문

당신의 혼·창·통은 지금 어디에 있는가

시간이 흘러도 진리는 낡지 않는다.《혼·창·통》이 그렇다. 오래전에 산 책의 종이는 바래도 그 안에 담긴 대가들의 통찰은 여전히 생생하게 남아 우리의 곁을 지키고 있다.

《혼·창·통》이 세상과 처음 만난 지 어느덧 15년이 지났다. 그 사이 세계는 크게 달라졌지만, 이 책이 여전히 독자들의 곁에 있다는 사실이 새삼 벅차게 다가온다.

지난 15년은 어느 때보다 급격한 변화를 압축한 시간이었다. 인류는 인공지능AI 혁명의 변곡점을 지나고 있으며, 인간의 역할이 근본적으로 재정의되는 시대에 돌입했다. 국제 질서를 살펴보면 '하나의 세계' 시대는 저물었다. 팬데믹과 지정학적 갈등이 마침내 세계의 균열을 드러내고야 만 것이다. 규칙과 합의보다는 힘에 입각한 질서가 새로운 현실이 되었다.

그 사이 혼·창·통은 많은 분의 삶과 여러 조직을 운영하는 데 있어 사고의 프레임워크, 나아가 실천의 언어로 자리 잡았다. 나는 이 단순한 세 단어가 여전히 유효하다는 사실을 수많은 현장에서 확인할 수 있었다.

어떤 종교 지도자는 "교회를 건축하는 과정에서 혼·창·통이 갖는 힘을 경험해보았다"고 말했고, 어떤 의사는 혼·창·통의 정신을 직원들과 공유한 뒤로 "벽돌을 쌓던 직원이 이제는 성당을 짓고 있다"고 말했다. 모두가 똑같은 벽돌을 쌓더라도 '위대한 성당을 짓는다'는 목적의식, 다시 말해 혼을 가졌다면, 일의 의미는 완전히 달라진다.

전례 없는 불확실성과 가속의 시대, 우리는 역설적으로 가장 본질적인 질문 앞에 서게 된다.

"나는 왜, 무엇을 위해 사는가?"

급변하는 환경 속에서 방향타를 잃기 쉬운 지금, 혼·창·통은 오히려 더욱 강력한 나침반이 되어주고 있다.

세상은 바뀌었지만, 변화의 본질은 언제나 인간의 내면에서 시작된다. 기술이 아무리 발전하고 알고리즘이 모든 이치를 대신 계산하더라도 세상을 움직이는 원초적인 힘은 결국 사람의 '혼', 즉 열정과 신념이다. 혼이 깃든 비전만이 사람을 움직이고, 조직을 변화시키며, 사회를 이끈다.

이제 기업은 '착한 기업'을 넘어 '깊은 기업'으로의 이동을 요구받고 있다. 겉으로 화려하지 않아도, 자신이 왜 존재하는지에 대한 답을 가진 기업, 유행보다 자기만의 철학을 따르는 기업, 그런 기업이야말로 위기 속에서도 흔들리지 않는다.

'창'은 변화를 만들어내는 인간의 본능이다. 인류에게 새로운 길을 열어온 것은 늘 '왜?'라고 묻고, 다르게 생각하는 사람들이었다. 인공지능이 창의성을 흉내 내는 시대일수록, 인간만이 지닌 진정한 창의 힘, 즉 사유하고, 통찰하고, 결단하는 능력은 더욱 빛난다.

그리고 '통'은 그 모든 것을 살아 있게 하는 연결의 힘이다. 데이터와 기술이 전 세계를 잇는 지금, 진정한 통이란 단순한 연결이 아니라 '진정성과 공감'의 연결이다. 서로 다른 생각으로 세대를 잇고, 인간과 기술을 조화시키는 통의 힘이야말로 이 시대가 원하는 리더십의 본질이다. 이러한 관점에서 보면 조직은 단순히 인공지능과 같은 기술만 도입하는 것이 아니라 사람 중심의 변화를 이끌어낼 때 진정한 가치를 얻을 수 있다. 이는 곧 성공적인 변화 관리와 구성원의 마음을 얻는 문제이며, 따라서 최고경영진의 리더십이 관건이 될 것이다.

'속도보다 방향이 중요하다.' 혼이 방향을 잡고, 창이 길을 열며, 통이 그 길을 함께 걷게 한다.

2010년, 이 책이 처음 세상에 나왔을 때 유년기를 보내던 독자들은 이제 성인이 되었고, 청소년기였던 세대는 이제 세상의 전면에 서서 다음 시대를 만들어가고 있다. 이 책을 다시 펴내는 가장 큰 이유가 바로 이 새로운 세대에게 있다. 이들에게 혼·창·통의 메시지가 단단한 발판이 되어주기를 바란다.

독자 여러분에게 이 책이 다시 한번 묻는다.

당신의 혼은 지금 무엇을 위해 타오르고 있는가?
당신의 창은 어떤 가능성을 향해 열려 있는가?
마지막으로 당신의 통은 세상과 맞닿아 공명하고 있는가?

2025년 12월, 이지훈

초판 서문

삶과 비즈니스의 방향성을 찾고자 하는 이들을 위하여

기자가 되어 가장 좋은 점은 훌륭한 사람을 많이 만날 수 있다는 것이다. 기자는 여러모로 힘든 직업이지만, 남들이 만나기 힘든 사람을 만날 수 있다는 점이야말로 다른 결점들을 상쇄하고도 남는 최고의 매력이다. 그런데 그 매력을 깨닫게 된 것은 기자가 되고 나서도 아주 긴 세월이 지난 뒤였다. 사실 이전에는 사람을 만나도 기사의 재료로만 생각한 때도 있었다. 훌륭한 사람을 만나는 의미를 깨닫지 못했다. 연륜과 경험이 조금씩 쌓이고 나서부터야 비로소 그 의미를 깨달을 수 있었다.

필자의 눈을 뜨여준 결정적인 계기는 〈조선일보〉의 주말 섹션 중 하나인 '위클리비즈 Weekly BIZ'의 편집장을 맡게 된 일이다. 이것이 왜 큰 계기가 됐는지를 알기 위해서는 위클리비즈에 대한 설명이 필요하다. 위클리비즈는 '프리미엄 경제 섹션'을 표방하면서 소수의 오피니언 리더들을 타깃 고객으로 겨냥했다. 그리고 그들이 원하는 글로벌한 시각과 심층적인 분석을 편집방향의 양대 축으로 삼았다. 우리 경제가 나날이 국제화되어가고 외국의 경제 문제가 동네 구멍가게 주인에게까지 지대한 영향을 미치는 시대이지만, 사실 국내 신문의 국제화 수준은 아직 미흡하다. 위클리비즈는 그 반성에서 시작되었다.

우리는 글로벌 뉴스를 심층분석하고 세계적인 대가들과의 인터뷰를 추진한다는 목표를 세워 실행에 옮겼다. 그 과정에서 필자를 비롯한 위클리비즈 팀원들은 세계 초일류기업 CEO와 경제·경영석학들을 잇달아 인터뷰했고, 이는 위클리비즈의 트레이드 마크가 되었다.

사실 우리에겐 인터뷰 섭외부터가 난관의 연속이다. 한 사람의 인터뷰를 위해 6개월에서 1년여의 시간 동안 온갖 인맥을 총동원해 공을 들이는 경우가 허다하다. 비행기를 타고 세계 어느 곳이든 날아간다. 운 좋게 인터뷰이가 한국을 방문하는 경우라도 빡빡한 일정 속에서 시간을 얻어내기란 쉽지 않다. 고작 만난다는 게 1시간, 길어야 2시간이다.

하지만 인터뷰를 통해 얻는 지혜는 결코 만남의 시간에 비례하지 않는다. 우리는 인터뷰에 앞서 인터뷰이에 대해 매우 깊이 연구한다. 힘들게 마련한 자리인 데다가 인터뷰할 시간은 짧고 취재비용은 많이 드는데, 1분 1초도 허투루 보낼 수 없다. 짧은 시간 내에 핵심적인 질문을 최대한 많이 던져야 한다. 그래서 준비과정 동안 그들이 쓴 책이나 관련 기사, 자료들을 있는 대로 찾아본다. 한 사람과의 인터뷰를 위해 5~10권의 책을 읽는 경우도 적지 않다.

수많은 대가와 인터뷰를 준비하고 진행하면서, 만남의 진정한 의미를 깨달을 수 있었다. '세계 최고의 대가'라는 말은 결코 허명虛名이 아니었다. 그들은 우리에게 지식은 물론, 깨달음과 통찰력을 주었다. 인터뷰하면서 짜릿한 전율을 느낄 때도 많았다. 범인의 생각을 뛰어넘는 혜안, 도저히 빈틈을 찾을 수 없는 명쾌한 논리, 듣는 이의 가슴을 뛰게 하는 열정을 접할 때 그랬다. 멀었던 눈이 뜨이는 듯한 느낌을 받은 일도 있었다.

한 번씩 만남이 축적되면서, 생각의 폭과 깊이가 확장되고 정신이 맑아지는 것을 느낄 수 있었다. 전기로 배터리를 충전하는 것처럼 지혜로 삶을 충전해 힘을 얻는 느낌이었다. 영국의 철학자 프랜시스 베이컨이 "독서는 완성된 사람을 만든다"고 했는데, 여기에 더해 필자는 최고의 책을 쓰는 석학들을 직접 만났다. 책으로 읽고 직접 만나서 들으니 배움을 더욱 확실하게 다질 수 있었던 것이다.

그런데 어느 순간, 머리에 전류가 흐르듯이 무언가를 깨달았다. 대가들의 이야기에서 늘 일관되게 흐르는 공통적인 메시지를 발견할 수 있었던 것이다. 이 책은 그 발견을 독자들과 나누기 위한 것이다. 대가들은 저마다 다른 분야에서 활동하고 있고, 생각도 달랐다. 하지만 그들이 이야기하는 성공과 성취의 비결엔 공통된 키워드가 있었다. '혼魂, 창創, 통通'이 그것이다. 요약하자면 개인이든 조직이든 가슴 깊숙이 혼을 품고, 늘 새로워지려는 노력을 아끼지 말고, 마음과 마음이 하나로 연결되어 흐르는 통을 이루어내라는 것이다.

2009년 9월 어느 CEO 조찬 모임에서 이 3가지 키워드를 주제로 강의를 했는데, 기대 이상으로 반응이 좋았다. 마침 10월 17일이 위클리비즈 창간 3주년이어서 강연 내용을 보완해 커버스토리 기사를 썼다. 당시 신문엔 이런 제목으로 실렸다. '혼, 창, 통, 당신은 이 셋을 가졌는가 – 위클리비즈 3년, 3가지 경영의 도道.' 부제목은 아래와 같았다.

　　혼: 가슴 벅차게 하는 비전이 사람을 움직인다.
　　창: 끊임없이 '왜'라고 물어라, 그러면 열린다.
　　통: 만나라, 또 만나라… 들어라, 잘 들어라.

기사가 나간 뒤 많은 분들이 뜨거운 호응을 보내주셨다. 어느 은행 행장님은 "요즘 내가 고민하는 것들에 대해 아주 자세히 설명해줘서 정말 고맙다"면서 간부들을 대상으로 강의를 부탁했다. 대기업·중견기업 CEO와 마케팅 전문가들의 모임인 한국마케팅클럽에도 초대받았다. 그 밖에도 생각지도 못한 곳들에서 강연 요청이 왔다. 당시

LG 트윈스 야구단의 박종훈 신임감독은 연습구장 울타리에 혼·창·통, 세 글자를 크게 쓴 플래카드를 붙여놓기도 했다. 그는 필자와의 통화에서 "위클리비즈에 나온 혼·창·통이 선수들에게 주려는 메시지를 가장 잘 요약하고 있었기 때문"이라고 설명했다.

사실 혼·창·통이라는 키워드는 필자가 떠올린 것이지만, 원재료는 책과 인터뷰, 각종 문헌들을 통해 만난 수많은 경영대가, CEO, 교수들의 말 속에 있었다. 수많은 이들이 연구와 통찰, 현장에서의 치열한 실행을 통해 얻은 지혜의 소산인 셈이다. 그렇게 많은 사람에게 감동을 줄 수 있었으리라.

이 책을 쓰는 데 위클리비즈가 인터뷰한 대가들의 육성이 밑바탕이 됐지만, 혼·창·통 정신을 보다 깊이 전하기 위해 다른 문헌과 자료를 상당 부분 추가했음을 밝혀둔다. 또한 이 책은 주로 조직의 리더들을 염두에 두고 썼지만, 조직의 중·하급 관리자나 일반 직원, 혹은 조직에 몸담고 있지 않은 일반인이나 학생들도 삶의 지혜를 얻는 데 도움이 될 것이라 생각한다. 혼·창·통은 조직의 운영원리이기도 하지만 삶의 운영원리이기도 하기 때문이다.

2010년 2월, 이지훈

차례

50만 부 기념 골드 에디션 서문 당신의 혼·창·통은 지금 어디에 있는가 · 5
초판 서문 삶과 비즈니스의 방향성을 찾고자 하는 이들을 위하여 · 9

프롤로그 왜 지금 혼·창·통인가 · 18

혼·창·통의 삼중주가 우리를 살린다 · 20
지금 우리에게 혼·창·통이 필요한 이유 · 25
우리는 영원한 위기의 시대를 살고 있다 · 30
파괴적 혁신의 시대, 당신은 어떻게 위기를 돌파할 것인가 · 34
결국 답은 '기본'에 있다 · 40

1부 혼魂

누가 그들을 미치도록 일하게 만들었나 · 45
혼은 '사람을 움직이는 힘'이다 · 49
능력의 차이는 5배, 의식의 차이는 100배 · 56
매뉴얼이 아닌 철학을 공유하라 · 65
영혼의 승부사는 누구도 당해낼 수 없다 · 71
즐기는 사람은 눈빛부터가 다르다 · 77

돈으로는 사람을 움직일 수 없다 · 83
열매를 독식하는 기업은 오래갈 수 없다 · 85
성공은 자비의 마음에서 출발한다 · 93
'당근과 채찍'으로는 빈껍데기만 얻을 뿐이다 · 99
리더의 가장 중요한 자질은 목표를 세우는 것 · 104
머리가 아닌 영혼에 호소하라 · 109

2부 창創

꿈은 공짜로 얻어지지 않는다 · 119
꿈을 얻기엔 1만 시간도 짧다 · 122
100-1이 0인 이유 · 130
실행력 없는 비전은 비극이다 · 137

손이 진흙으로 더러워지는 것을 두려워하지 마라 · 142

다른 꽃의 꽃가루로 꽃을 피워라 – 연결 · 145
'순진한 왜'가 기적을 낳는다 – 질문 · 152
모든 일상을 관찰하라 – 관찰 · 160
닌텐도 '위'의 엄마 지상주의 · 167
최대한 집적거려라 – 실험 · 170
자신을 색다른 경험에 노출시켜라 – 네트워킹 · 180

현실에 안주하는 순간, 창은 시들고 만다 · 186

타성이 창의 발목을 잡는다 · 188
성우를 죽이지 않는 한, 지루한 전쟁은 계속된다 · 196
몸은 군중 속에 있어도, 눈은 홀로 볼 줄 알아야 한다 · 199
창은 스스로를 '바보'로 만들어보는 일이다 · 206

3부 통通

작은 소리 하나도 놓치지 마라 · 219

선비는 누구를 위해 목숨을 바치나 · 222
화이자 전 회장이 주머니 속에 늘 갖고 다니는 것 · 228
사냥을 하고 싶다면 정글로 가라 · 234
뇌리에 박힐 강력한 메시지의 비밀 · 241
세상은 CQ가 높은 인재를 원한다 · 251

삐져나오는 못은 더욱 삐져나오게 하라 · 259

사람은 저마다 다를 수밖에 없다 · 261

흐르지 못한 물은 썩기 마련이다 · 268

통을 가로막는 최대의 적, 사일로 · 282

한 사람의 행복이 곧 모두의 행복 · 294

통이야말로 최고의 혁신이다 · 309

당신의 회사에서 매일 밤 빠져나가는 것 · 316

에필로그 혼·창·통은 불확실성의 폭풍우 속을 비추는 등대 · 318

감사의 글 · 322

참고문헌 · 324

프롤로그

왜 지금
혼·창·통인가

한 치 앞을 내다보기 힘든 불확실성의 시대, 우리는 안개 속을 헤쳐 갈 지혜를 찾고 있다. 그런데 그 지혜는 사실 가까운 곳에 있다. 인류가 탄생할 때부터 우리와 함께해온 것, 그러나 우리가 쉽게 잊어버리곤 하는 것. 그 지혜는 3가지 키워드로 구성된다. 혼·창·통이 그것이다. 이 셋이 유기적으로 결합해 본연의 의미를 다하고 시너지를 발휘하는 곳에서, 우리 삶의 의미가 결실을 맺고 조직은 찬란한 아우라를 발한다. 이 셋이 꽃피는 곳에서 위기는 기회로 모습을 바꾼다. 두려움은 희망에 길을 내어준다.

혼·창·통, 어느 하나도 소중하지 않은 것이 없지만 출발은 '혼'에서부터다. 혼이란 무엇인가? 혼은 꿈이고 비전이며 신념이다. 하는 일에 목적의식, 소명의식을 가지는 것이다.

   3명의 벽돌공이 뙤약볕에 땀을 뻘뻘 흘리며 열심히 벽돌을 쌓고 있었다. 하지만 그들의 표정은 저마다 달랐다. 한 벽돌공은 유난히 인상을 찌푸리고 있었다. 지나가던 행인이 그에게 물었다. "지금 무슨 일을 하고 있나요?" 벽돌공이 답했다. "보면 모르오? 벽돌을 쌓고 있소." 행인은 무덤덤한 표정으로 일하고 있는 다른 벽돌공에게도 같은 질문을 던졌다. 그는 "몰라서 묻소? 돈을 벌고 있지"라고 답했다.

   그런데 나머지 한 사람의 표정은 사뭇 달랐다. 그는 뭐가 좋은지 활짝 웃는 얼굴로 일하고 있었다. 앞의 두 사람과 같은 질문을 받은 그가 답했다. "나는 지금 아름다운 성당을 짓고 있는 중이오." 인생에 대한 목적의식이 삶과 일에 대한 태도를 바꾼 것이다.

   영국의 베스트셀러 작가이자 철학자인 찰스 핸디의 말을 빌리자면, 인간이 기계가 아니고 진화의 사슬 속에서 우발적으로 나타난 존재가 아닌 이상, 방향감각과 지향성을 가질 필요가 있다.

   톨스토이는 《참회록》에서 존재에 대한 논리적인 목적을 찾지 못해 방황했던 시절을 이야기한다. 사회적으로 성공했고 결혼생활도 행복하고 부유했지만 모든 것이 무의미하게만 느껴졌던 그는 '사람이란 소중한 무언가를 믿기 때문에 사는 것'이라는 결론을 내리고 있다.[1] 찰스 핸디가 말한 방향감각과 지향성, 톨스토이가 말한 소중한 무언가, 그것 모두가 곧 혼의 다른 이름임은 물론이다.

혼·창·통의 삼중주가 우리를 살린다

혼은 '영원한 위기의 시대'로 일컬어지는 오늘날, 개인과 조직의 최고 운영원리이기도 하다. 혼은 나침반이자 시계다. 혼이 있는 사람과 조직은 어떤 어려운 상황에서도 돌파하려는 모멘텀을 잃지 않는다. 그리고 혼이 있는 곳에서 비로소 노력과 근성이 싹튼다.

  IBM, P&G, 시스코Cisco, 시멕스CEMEX…. 이 기업들의 공통점은 무엇일까? 그렇다. 공룡처럼 몸집이 큰 기업들이다. 그런데 공통점이 하나 더 있다. 공룡인데도 민첩하다는 것이다. 하버드경영대학원의 로자베스 모스 캔터Rosabeth Moss Kanter 교수는 규모가 거대하면서도 마치 벤처기업처럼 민첩한 기업들의 특징 가운데서 한 가지 공통점을 발견했다. 회사 전체가 보다 큰 가치, 가슴을 울렁이게 하는 원대한 비전을 공유한다는 사실이다. 캔터 교수는 "모든 직원이 보다 큰 가치를 공유하게 되면 일선에서 어떤 문제에 부딪혀도, 혹은 본사로부터 아무리 떨어진 곳에서 일하더라도 자발적으로 문제의 해결을 주도하게 된다"고 설명한다.

  2008년 〈월스트리트저널〉이 선정한 '세계에서 가장 영향력 있는 경영대가 20인' 중 1위에 오른 게리 해멀Gary Hamel 런던정경대 교수는 "높은 성과를 내는 기업은 제한적인 자원이나 능력을 뛰어넘는 원대한 야망, 즉 전략적 의도를 가진 기업"이라고 말했다. 이를테면 구글의 CEO였던 에릭 슈미트는 "300년이라는 시간을 들여 전 세계의 정보를 체계화하고 유용하게 사용하도록 만든다"라는 원대한 신념을 추구하고 있다.

혼은 개인과 조직의 지속가능성을 담보하는 최고의 수단이기도 하다. 조울증이란 병이 있다. 극도로 쾌활한 기분과 극도로 우울한 기분이 교대로 나타나는 것, 즉 감정의 기복이 극심한 정신장애다. 대기업과 정부기관의 인사담당 임원을 지낸 분으로부터 이런 말을 들은 적이 있다. "리더의 폭은 그의 '조울의 폭'에 의해 결정된다." 즉, 어떤 상황에도 흔들리지 않고 항심恒心을 유지하는 것이 리더십의 요체라는 뜻이다.

필자는 이 말을 확장해서 개인과 조직의 폭 역시, 그 조울의 폭에 의해 결정되는 것이 아닌가 생각한다. 기복이 심한 사람은 작은 고난에도 쉽게 좌절한다. 하나를 끝까지 물고 늘어지는 힘이 부족하다. 결국 성취에 도달하기 전에 포기하고 만다. 기복이 심한 조직 역시 지속가능한 조직으로 살아남기 힘들다. 그렇다면 어떻게 해야 조울의 폭을 줄일 수 있을까? 그 비결이 바로 비전이요, 신념이요, 혼이다.

손정의 소프트뱅크 회장은 비전의 중요성을 강조하면서 이렇게 말했다. "눈앞을 보기 때문에 멀미를 느끼는 것이다. 몇백 킬로미터 앞을 보라. 그곳은 잔잔한 물결처럼 평온하다. 나는 그런 장소에 서서 오늘을 지켜보고 사업을 하고 있기 때문에 전혀 걱정하지 않는다."[2]

늘 새로워지고, 늘 소통하라

혼이 있으면 다음엔 '창'이 있다. 창은 의미 있는 것을 만들어내는 일이다. 혼이 씨를 뿌리는 것이라면, 창은 거두는 것이다. 창은 실행이다. 꿈을 현실로 바꾸는 과정이다.

꿈은 공짜로 얻어지지 않는다. 인내하고 집중하고 세심한 주의를 기울일 때, 비로소 크리스마스 아침 머리맡에 놓인 선물처럼 찾아온다. 매우 역설적이게도 창은 루틴하기 짝이 없는 노력과 습관의 결정체이다.

창은 늘 새로워지려는 노력이기도 하다. 의미를 만들어내기 위해 우리는 늘 새로워지지 않으면 안 된다. 창은 익숙함을 뒤집어 새로움을 만들어내는 노력이다. 오늘날 조직의 금과옥조로 떠오르고 있는 것이 창이다. 창은 그 속성상 '리스크 테이킹 risk taking', 즉 위험을 감수하는 일이다. 현실에 만족하고 안주하는 순간, 창은 시들고 만다. 다른 사람들이 선택한 쉬운 길을 거부하고, 늘 "왜?"라고 물으며 새롭고 어려운 길을 갈 때 비로소 창이 싹튼다. 창은 손이 진흙으로 더러워지는 것을 두려워하지 않는 실험정신이고, 실패를 찬양하는 도전정신이다.

그런데 창도 혼이 있고서야 가능하다. 이루고자 하는 비전이 명확할 때, 지켜야 할 신념이 가슴속에 활활 타오를 때, 우리는 비로소 창을 위한 항해를 시작할 수 있다.

그렇다면 '통'이란 무엇인가? 통은 문자 그대로 서로 통하는 것이다. 무엇을 통하려는 것인가? 바로 혼을 통하는 것이다. 우리 모두가 함께 살아가는 목적, 세상의 수많은 조직과 만남을 제쳐두고 굳이 '우리'가 함께 한솥밥을 먹는 이유를 소통하는 것이다.

그러나 큰 뜻을 공유한다는 것이 통의 토대이긴 하지만, 그것만으로 통이 완성되는 것은 아니다. 통을 위해서는 2가지의 숙제가 남아 있다. 첫째, 통하기 위해서는 상대를 이해하고 인정하며, 상대방의 말에 귀를 기울여야 한다. 둘째, 통하기 위해서는 마음을 열고 서로의 차이를 존중해야 한다. 이렇게 함으로써 모두가 저마다의 개성과 잠재력을 꽃피우는 즐거운 일터가 이뤄지고 모두가 행복해질 수 있다.

이 시대에 통이 각별히 중요한 이유 중 하나는 시대의 변화가 너무 빠르기 때문이다. 일본의 인류학자이자 심리학자인 하세가와 마리코에 따르면, 인류는 수백만 년간 수렵·채집생활을 하다가 약 1만 년 전부터 비로소 농경·목축을 하면서 정주定住생활을 하기 시작했다. 그런데 최근 수백 년간 급격한 변화가 일어났다. 300년 전부터 산업혁명, 60년 전부터 고도과학기술 문명, 20년 전부터 IT네트워크 사회로 점점 빠르게 변화를 거듭하고 있다. 컴퓨터의 처리 능력은 1970년대부터 지금까지 1.8년에 한 번꼴로 2배씩 배가되고 있다.

하세가와는 "인류학자의 관점에서 볼때 최근의 변화는 너무 빠른 변화였다"면서 "역사의 99%를 수렵·채집으로 보낸 인류가 그 스피드를 따라잡기 쉬울 리가 없고 그런 사회가 마음 편할 리가 없다"

라고 강조한다.³

　조직이 너무 대형화되고 역할이 세분화된 것도 마음의 불안을 가져왔다. 인류학자 로빈 던바에 따르면 조직 구성원이 서로 원활하게 의사소통하고, 기쁨과 슬픔을 함께 나누기 위해서는 150명 정도가 적당하다. 그런데 문명의 발달, 화폐의 사용과 함께 그런 적정 커뮤니케이션 규모를 훨씬 뛰어넘는 사회가 됐다. 결국 이렇게 마음 둘 데가 없고, 마음 편할 리 없는 사회와 조직이 제대로 기능하기 위해서는 서로가 마음을 통하기 위한 의도적인 노력이 필요하다.

혼·창·통의 삼중주

혼·창·통은 피아노와 바이올린, 첼로의 삼중주다. 셋은 동행할 때 비로소 저마다의 의미를 꽃피운다. 시너지를 발휘한다. 셋을 함께 가질 때만 완전한 성공, 지속가능한 성공을 이룰 수 있다. 혼·창·통의 셋 중 하나 혹은 둘을 소유한 사람이나 조직도 많지는 않다. 셋을 다 가지기란 더욱 힘들다. 하지만 혼·창·통 중에서 하나 혹은 둘을 가졌다고 만족하고 안주해서는 안 된다. 그것만으론 부족하다. 중주는 셋이 동행할 때만 완전해진다.

　창이 있되 혼이 없는 사람은 향기가 없다. 재승박덕, 즉 재주는 있으되 덕이 없다.

　통이 있되 혼이 없다면, 통하는 것처럼 보일 뿐 결코 통하지 못한다. 진정한 통은 혼을 공유하는 데서만 이뤄지기 때문이다.

창과 통이 있되 혼이 없는 사람은 뿌리 없는 나무와 같다.

그러나 혼만 있고 창과 통이 없다면, 그 역시 불완전하기는 마찬가지이다.

혼이 있되 창이 없는 사람은 몽상가다. 꿈이 꿈으로 그치고 만다. 실행이 없는 혼은 공허할 뿐이다.

혼이 있되 통이 없는 사람은 외골수이고, 독재자다. 통하지 않는 혼은 외롭다. 지속가능할 수 없다.

혼·창·통은 셋이 완전한 조화를 이룰 때, 비로소 이를 소유한 사람과 조직을 성공과 성취의 길로 이끌어준다.

지금 우리에게 혼·창·통이 필요한 이유

혼·창·통은 어느 시대에도 공통적으로 통용되는 우리 삶의 북극성이요, 등대다. 그러나 혼·창·통은 과거 어느 때보다 지금 이 시대에 더욱 절실히 요구된다.

왜 지금 혼·창·통이 절실한가? 그것은 우리가 겪고 있는 대혼란, 1930년대 대공황 이후 최악의 경제위기가 바로 혼·창·통 정신을 잃어버림으로써 초래됐기 때문이다. 2008~2009년의 경제위기를 초래한 미국의 경영인들(좁게는 월스트리트의 천재들)은 돈 버는 것 자체를

'혼'이라 착각했고, 복잡한 규제를 피해 다니며 편법을 만들어내는 것을 '창'이라고 생각했다. 그리고 금융계와 학계 모두, 자기 전문 분야에 갇혀 서로 '통'하지 않고 고립되어 있었다.

노벨 경제학상을 수상한 조지프 스티글리츠 컬럼비아대 교수의 글 역시, 2008~2009년 금융위기의 원인이 다름 아닌 혼·창·통 정신의 부재에 있었음을 잘 보여준다.[4]

2009년에 세상을 떠난 노먼 볼로그 Norman Borlaug의 죽음은 우리에게 기본적 가치와 경제 시스템을 되돌아보게 한다. 그는 수확량이 많은 밀 품종을 개발해 기아로부터 수백만 명을 구한 공로로 1970년 노벨 평화상을 받았다. 세계경제의 지평을 바꾼 '녹색혁명 green revolution'을 일으킨 주인공이다. (중략) 노벨상 수상 소식을 접했을 당시에도 그는 멕시코의 들판에서 농업 생산성을 높이려는 필생의 과제에 매진하고 있었다. 그의 연구는 금전적 보상과는 거리가 먼, 그의 열정과 신념에 따른 것이었다.

이번에 세상을 파멸의 문턱까지 몰고 간 월스트리트의 금융 귀재들을 볼로그 박사와 비교해보라. 정말 대조적이지 않은가. 금융 귀재들은 열심히 일하려는 동기를 부여받기 위해선 충분한 보상이 필요하다고 주장했다. 그러나 그들이 채택한 인센티브 구조는 보통 사람들의 삶을 윤택하게 만들고, 리스크를 관리하는 데 도움을 주기보다 오히려 근시안적인 시각과 탐욕스러운 행위로 세계경제를 위기상황으로 몰고 갔다. 또 그들이 말하는 혁신이란 회계와 금융규제를 교묘하게 피하는 데 초점을 맞춘 것이었다.

최근 수년 동안 미국 은행 경영진의 보수는 엄청나게 높아졌다. 그렇다고 해서 그들의 생산성이 다른 사람들에 비해 갑자기 높아졌다고 믿을 사람이 있을까? 미국 CEO들이 급여 수준이 낮은 다른 나라 CEO들보다 생산성이 훨씬 높다고 믿는 사람이 있을까? 비뚤어진 인센티브 체계는 우리 경제와 사회를 왜곡해놓았다. 우리는 수단과 목적을 혼동했다. 미국의 경우 금융부문이 전체 기업 이익의 40% 이상을 차지할 정도로 커져버렸으니 말이다.

그것 때문에 가장 큰 타격을 입은 것은 우리의 가장 귀중한 자원인 인적자본이다. 금융부문의 터무니없이 높은 보상은 우리의 우수한 인재들을 은행에서 일하도록 이끌었다. 제2·제3의 볼로그 박사가 될 수 있었던 사람들 중에 얼마나 많은 이들이 월스트리트나 시티 the City(런던 금융가)의 부자가 되려는 유혹에 빠졌는지 누가 알겠는가? 그런 사람이 단 한 사람뿐이라 해도 세상은 원래 상태보다 헤아릴 수 없을 만큼 가난해졌을지 모른다.

스티글리츠 교수의 지적처럼 월스트리트의 천재들은 그들이 저지른 과오를 시장과 효율이란 명분으로 정당화했다. 하지만 시장과 효율은 수단이 될지언정 목적이 될 수는 없었다. 더구나 그들이 말하는 시장과 효율은 거짓 시장이요, 거짓 효율이었다.

그러나 전도된 가치관이 시대정신으로 추앙받으면서 탐욕과 과잉, 자만의 바벨탑이 세계 도처에서 경쟁적으로 올라갔다. 그리고 마치 하늘의 벌을 받은 것처럼 어느 날 갑자기 허상처럼 무너져 내렸다. 베어스턴스와 리먼 브러더스, GM 같은 기업들, 아이슬란드와 두바이 같은 국가들이 모두 그랬다. 우리는 지금 바로 그 폐허 위에 서 있는 것이다.

많은 사람이 2008~2009년의 경제위기가 이미 다 지나간 것처럼 이야기한다. 하지만 위기는 결코 끝나지 않았다. 우리가 위기의 교훈을 되새기고 혼·창·통의 정신을 되찾지 않는 한, 어딘가에서 탐욕과 과잉의 바벨탑은 다시 올라갈 것이고 위기는 망령처럼 다시 찾아올 것이다.

문제는 오늘날의 위기가 그것이 경제적 위기든 식량위기든 환경적 또는 사회적 위기든 궁극적으로는 도덕적 위기이며, 따라서 모든 위기가 서로 연관되어 있다는 점이다. 그러한 위기들은 인간이 함께 걸어가야 할 길을 다시 생각해보게 한다.[5]

다행히 글로벌 리더들 사이에서는 2008~2009년의 글로벌 경제위기가 단순히 경제위기가 아니라 윤리와 가치관의 위기라는 점을 받아들이고 이를 개선하려는 움직임이 일고 있다. 세계경제포럼 World Economic Forum은 2010년 다보스포럼 연례회의에서 '위기 이후 경제를 위한 가치관'이란 보고서를 발표했다. 클라우스 슈밥 세계경제포럼 회장은 존 드지오이아John J. DeGioia 조지타운대 총장 등과 함께 낸 이 보고서에서 "이번 경제위기를 단순히 일시적 어려움인 것으로 받아들이는 것은 귀중한 기회를 놓치는 일이다. 이번 경제위기는 세계의 경제와 정치를 뒷받침해온 도덕적 프레임워크를 근본적으로 재검토할 필요가 있다는 것을 경고하고 있다"고 말했다.[6]

이 보고서에는 세계 10개국 13만 명을 대상으로 실시한 설문조사 결과도 요약돼 있다. 그 결과 응답자의 3분의 2 이상이 '이번 위기가 윤리와 가치관의 위기이기도 하다'고 생각하는 것으로 나타났다.

이처럼 근본적인 반성 위에서 새로운 질서가 싹트기 전까지는 세상은 결코 어제와 같지 않을 것이다. 위기의 실체와 직면하려는 각오와 노력이 절실히 필요하다. 물론 우리는 최악의 위기에서는 벗어났고, 좀더 안전한 세상으로의 여정을 시작한 것처럼 보인다.

그러나 도달할 목적지는 우리에게 익숙한 과거의 세상과는 전혀 다른 세상이 될 것이다. 예상치 못한 위협에 끊임없이 노출되는 시대, 격동이 일상화되는 시대, 영원한 위기의 시대가 될 것이다. 우리가 혼·창·통 정신으로 무장해야 할 이유가 여기에 있다.

지금 우리가 처한 현실이 어떠한지, 그 실체를 날카롭게 지적하고 위험을 경고하는 대가들의 이야기를 들어보도록 하자.

우리는 영원한 위기의 시대를 살고 있다
모하메드 엘 에리언 핌코 전 CEO의 뉴 노멀론

'신이 인간에게 준 최고의 선물은 망각'이란 말이 있다. 아프고 쓰리고 구질구질한 기억들을 전부 안고 살아야 한다면 삶은 얼마나 끔찍할까. 지금 세계경제에 가장 큰 호재가 있다면, 바로 이 망각이란 것이다. 망각이 아니라면 그 모든 갑작스러운 반전을 설명할 길이 없다. 우리가 글로벌 경제위기의 기억에만 갇혀 있었다면, 경제 회복의 청신호들이 그렇게 빨리 나타나기는 힘들었을 것이다.

그러나 신이 인간에게 망각을 선물한 이유는 희망을 갖게 하기 위함이지, 신기루를 보라고 한 것은 아닐 것이다. 망각의 힘으로 일어났지만 냉철한 현실인식을 바탕으로 지속가능한 희망을 설계해야 한다.

필자는 2009년 11월 세계 최대 투자회사 중 하나인 핌코PIMCO의 CEO를 역임한 모하메드 엘 에리언Mohamed-El Erian을 만났다.[7] 이집트계 미국인인 엘 에리언은 이론과 실무를 겸비한 실력자다. 그의 책 《새로운 부의 탄생》은 2008년 〈파이낸셜타임스〉와 골드만삭스에서 최고의 비즈니스 북으로 선정되기도 했다.

핌코의 운용자산 규모는 무려 1,100조 원. 우리나라 정부 예산(2008년 301조 원)의 4배에 가까운 돈을 굴리고 있다. 그런 엄청난 회사를 운영할 당시 엘 에리언의 하루 일과 또한 깜짝 놀랄 수준이었다. 그는 새벽 3시에 일어나, 4시 15분에 출근했다. 시간이 3시간 빠른 뉴욕의 증시 개장에 대비하기 위함을 감안해도 여전히 이해하기 힘든 출근시간이다. 그리고 점심때는 일주일에 4번, 정오부터 무려 3시간 동안 투자회의를 한다. 점심은 고작 샌드위치로 때운다. 수도승에 가까운 생활이다.

무엇이 그를 매일 새벽 4시 15분에 출근하게 만들었을까? 그것은 이 시대가 영원한 위기의 시대이기 때문이다. 엘 에리언은 2008~09년 글로벌 금융위기 이후의 세상을 '뉴 노멀new normal(새로운 표준)'이라는 단어로 표현했다. 뉴 노멀은 위기 이후의 세상이 나아갈 새로운 목적지를 의미한다. 2002~06년의 태평성대를 나타내는 '올드 노멀old normal'이나 '대완화The Great Moderation(경제안정의 제고)'에 대비되는 말이다.

그런데 문제는 아직도 많은 사람이 올드 노멀의 환상에 젖어 있는 데 있다. 심각한 경제위기를 겪고 있는 순간에도 사람들은 머지않아 평온했던 올드 노멀로 돌아갈 것이라고 생각한다. 이는 인간심리에 뿌리박힌 '평균으로의 회귀'라는 생각의 관성에 기인한다. 균형에서 벗어나면 언젠가 다시 균형으로 돌아가고, 평균에서 벗어나면 언젠가 다시 평균으로 회귀한다는 생각 말이다.

이에 대해 엘 에리언은 "이번 위기 이후의 세상은 결코 예전과 같지 않을 것"이라고 목소리를 높였다. 위기 이후의 세상에서 세계경제 성장률은 상당 기간 동안 과거보다 낮아질 것이며, 정부의 '보이는 손'과 규제의 힘은 보다 강력해질 것이다. 또한 미국이라는 대형엔진 하나에 기대어 고공비행을 하던 시대에서 신흥시장을 포함한 여러 개의 작은 엔진으로 저공비행을 하는 시대로 바뀔 것이다.

이것이 엘 에리언이 말하는 뉴 노멀의 세상이다. 그는 세상이 올드 노멀로 가지 않고 뉴 노멀로 갈 수밖에 없는 이유를 "이번 위기가 중심부의 위기이기 때문"이라고 설명했다.

"지금까지 위기는 모두 주변부의 위기였다. 1997년 아시아, 1998년 러시아, 2001년 아르헨티나, 2002년 브라질 경제위기가 그랬다. 시스템이란 중심을 주변으로부터 보호하는 것이다. 그리고 지금까지 미국이 세계의 중심이었다. 중심은 늘 강하다고 생각한다. 그런데 이번엔 중심이 흔들리고 있다.

중심부의 위기는 왜 심각한가? 그것은 중심부가 세계경제에 공공재를 제공하기 때문이다. 미국은 국제기축통화reserve currency와 가장 깊고 유동성이 큰 자본시장, AAA등급의 무위험 신용을 제공한다. 또 최후의 대부자lender of last resort이자 최후의 소비자이기도 하다. 몇 년 전까지 미국이 이 모두를 공급했다.

그러나 중심부가 흔들리니 사람들은 이 모두를 의심하기 시작했다. 그리고 중심부가 공급해온 모든 공공재들도 쇼크를 받게 됐다. 이제 누가 이런 공공재를 만들어낼 것인가? 이것이 불확실해졌기에 우리는 스스로의 행동방식을 바꿔야 한다. 2008~2009년의 위기가 향후 수년간 매우 심각한 영향을 미칠 것으로 보는 이유가 여기에 있다."

엘 에리언의 경고에도 불구하고 사람들은 미래를 그보다 훨씬 밝게 보는 것 같다. 기업들의 실적 회복, 오르는 주가, 사람들의 밝은 표정 등 모든 것이 그렇다. 이에 대해 엘 에리언은 "세계경제가 좀 좋아진 건 중환자가 엄청난 약을 먹고 난 뒤, 갑자기 몸이 좀 좋아진 것으로 느끼는 것과 마찬가지"라고 설명했다. 그럴 때 사람들은 "그래, 난 이제 정상으로 돌아왔어"라고 말하고 싶어 한다는 것이다.

그는 2009년에 미국이 좀 호전됐다고 느끼는 이유를 3가지로 설명한다. 첫째, 엄청난 규모의 경기 부양책이다. 이처럼 대규모의 부양책이 실시된 일은 전례를 찾아보기 힘들다는 것이다. 둘째, 재고在庫 조정(기업이 경기 변동에 대응하여 재고량을 늘리거나 줄이는 일)이다. 기업이 재고를 너무 크게 줄이고 나면, 경기가 조금만 좋아져도 재고가 갑자기 부족해져 기업이 생산을 갑자기 많이 하게 된다는 이야기다. 셋째, 미 연준이 사람들에게 '더 많은 리스크를 지라'고 등을 떠밀고 있다. 지금 같은 제로 금리라면 현금을 들고 있기 어렵다는 것이다. 즉, 2009년 하반기에 좋은 숫자들이 나온 것은 이러한 3가지 이유에 의한 일시적인 현상일 뿐, 결코 상황 자체가 호전된 것은 아니라는 주장이다.

따라서 그가 보는 미래는 결코 밝지만은 않다. 그는 "성장은 둔화되고 실업률은 계속 오를 것"이라고 예측하며, 그 이유로 역시 3가지를 들었다.

"첫째, 경기 부양책이 효과 면에서 지금 최대점에 와 있다고 본다. 부양책의 강도는 날로 저하될 것이고, 전년 대비 경제성장률을 줄이는 압력으로 작용할 것이다. 둘째, 많은 기업인이 '회사 규모를 재조정resizing 한다'고 말하고 있다. 그들은 결코 예전과 같은 고용과 재고 수준으로 돌아가지 않을 것이다. 셋째, 매우 낮은 금리가 달러 약세를 가져올 것이라는 우려가 확산되고 있다. 이 3가지를 종합해볼 때 적어도 미국 경제는 쉽게 낙관하기 힘들다."

엘 에리언은 지금 세계경제가 처한 냉엄한 현실을 날카롭게 지적했다. 때 이른 낙관이 얼마나 치명적일 수 있는지에 대해서 경고했다. 낙관이 통하지 않는 시대, 과거의 영광을 돌이킬 수 없는 시대, 그리하여 영원한 위기의 시대, 이것이 우리의 현주소다.

파괴적 혁신의 시대,
당신은 어떻게 위기를 돌파할 것인가
크리스 앤더슨 〈와이어드〉 전 편집장의 프리미엄론

"불황은 언젠가 회복되기 마련이지요. 경기景氣는 사이클이니까요.

타이밍이 문제이긴 하지만…." '마케팅의 아버지'라 불리는 필립 코틀러 켈로그경영대학원 석좌교수는 인터뷰에서 집게손가락으로 상승과 하강이 반복하는 그래프를 그리며 말했다. 그러다 갑자기 탁자를 손가락으로 톡톡 치며 목소리를 높였다.[8]

"하지만 진짜 문제는 이런 단순한 사이클이 아닙니다. 전혀 예상하지 못한 위협에 끊임없이 노출된다는 것, 바로 격동의 시대를 맞이하고 있다는 것이죠. 격동이란 마치 비행기가 난기류에 휩싸이는 것처럼 순간적으로 발생하는 돌발사태입니다. 그런데 이런 쇼크가 앞으로 더 자주, 더 예리하게 발생할 것입니다. 세계화와 기술의 발전이 이를 재촉합니다. 따라서 불황이 끝난다고 문제가 해결되는 것은 아닙니다. 이게 무엇을 의미할까요? CEO가 밤잠을 자서는 안 된다는 것입니다. 우리는 지금 24시간 곱하기 7일의 세계에 살고 있습니다."

사실 글로벌 금융위기가 아니더라도 우리는 전례 없는 격동의 시대를 맞이하고 있던 참이었다. 코틀러 교수의 말을 빌리자면 오늘날 비즈니스 세계는 파괴적 혁신과 예측 불가능한 큰 충격이 빈번히 일어나고 있으며, 그 위험과 불확실성은 과거 어느 때보다 크다.

이러한 상황의 배경에는 2가지 메가트렌드가 있다. 기술의 급격한 발전과 세계화의 급격한 진전이 그것이다. 두 메가트렌드는 초경쟁 환경과 파괴적 기술, 파괴적 혁신을 동반했다. 지금까지 비즈니스 리더들은 어느 정도의 위험과 불확실성을 겪어왔지만, 언제나 위험을 해소할 대책을 내놓을 수 있었다. 하지만 최근 변화의 속도와 충격의 심각성은 상상하기 어려울 정도로 크다. 스웨덴의 경영대가 요나스 리더스트럴러Jonas Ridderstråle와 첼 노오스트롬Kjell A. Nordström이 "이제 평균은 멸종위기에 처해 있다"라고 경고하고, 미국의 경제학자 나심 니콜라스 탈레브가 "검은 백조를 늘 경계하라"고 조언한 것도 이 때문이다.

그렇다. 이번 위기야말로 누구도 생각하지 못한 검은 백조의 전형이다. 누구나 백조는 희다고 생각했다. 그러나 18세기 서구인들이 호주 대륙에 첫발을 내디뎠을 때, 검은 백조가 처음 나타났다. 검은 백조의 발견은 백조는 곧 흰색이라는 경험법칙을 완전히 무너뜨렸다. 문제는 앞으로 또 어떤 검은 백조가 나타날지 아무도 모른다는 점이다.[9]

그렇다면 어떤 것이 파괴적 혁신인가? '롱테일 이론'으로 유명한 IT사상가 크리스 앤더슨Chris Anderson이 말하는 '공짜 경제freeconomics(free+economics)'가 대표적인 예가 될 것이다.[10] IT잡지 〈와이어드Wired〉의 편집장을 지냈던 그는 "디지털화할 수 있는 모든 것은 마치 중력처럼 값이 공짜에 가까워지는 현상에서 벗어날 수 없다"고 주장했다.

인터넷 공간에 널려 있는 그 많은 공짜 콘텐츠를 생각하면 쉽게 이해가 갈 것이다.

그를 만났을 때 미국의 통신회사 버라이즌Verizon과 휴대전화 회사 모토로라Motorola가 새 휴대전화 '드로이드Droid'를 발표한 것이 IT업계의 뉴스거리였다. 이 전화기엔 GPS칩이 들어 있어서 이용자가 길을 걸어가면 방향안내 정보를 음성으로 알려준다. 위치 정보는 구글이 공짜로 제공한다. 지금껏 가민Garmin 같은 회사들이 자동차 등에 GPS장치를 달아주고 돈을 벌었는데, 하루아침에 이게 공짜가 되어버린 것이다. 1,000억 달러 산업이 어느 날 갑자기 사라질 수 있는 것, 이것이 바로 오늘의 현실이다. 초경쟁 환경의 파괴력을 공짜처럼 잘 보여주는 것이 있을까? 결국 오늘날 우리에게 주어진 숙제는 어떻게 공짜와 경쟁할 수 있느냐는 것이다.

이에 대해 앤더슨은 "공짜 경제를 피할 수 없는 현실로 간주하고 이 시대에 살아남을 수 있는 창의적인 대안들을 마련하라"고 강조했다. 그가 21세기의 비즈니스 모델로 치켜세우는 것 중 하나가 이른바 '프리미엄Freemium(Free+Premium) 모델'이다. 95%의 범용 서비스는 공짜로 제공하되 나머지 5%의 차별화되고 개인화된 서비스를 소수에게 비싸게 팔아서 수지를 맞추라는 것이다.

좀더 구체적으로 설명하자면, 디지털화할 수 있는 제품의 한계생산비용은 제로에 가까워진다. 따라서 값은 마음대로 매길 수 있다. 제로에서부터 무한대까지 말이다. 이런 시대에 가장 현명한 방법은, 공짜로 해서 효과적인 일(예를 들어, 제품을 많은 사람에게 알리는 일)에는 공짜 버전을 제공하되, 그중 일부를 유료화해서 소수의 사용자로 하여금 돈을 지불하게 하는 것이다. 당시 앤더슨은 이를 일종의 '시장 세분화' 전략이라고 표현하며, 자신이 만드는 〈와이어드〉를 예로 들었다.

"〈와이어드〉의 경우, 인터넷으로는 콘텐츠를 공짜로 제공한다. 이렇게 공짜로 보는 사람이 1,400만 명이다. 정기구독을 하면 연 12달러인데, 구독자가 80만 명이다. 가판대에서는 한 권에 5달러에 파는데 9만 명이 이렇게 사 본다. 그런데 나아가서 20달러 버전, 99달러 버전, 1,000달러 버전도 나올 수 있다. 예를 들어 '와이어드 클럽'이란 것을 만들어서 편집장인 나와 식사하면서 대화를 나누는 대가로 비싼 돈을 지불하게 만들 수도 있다."

공짜 버전이 줄 수 없는 가치를 제공하라

실제로 요즘 한쪽에서는 앤더슨이 말한 대로 공짜 상품과 서비스가 널려 있지만, 다른 한쪽에서는 수백만 원짜리 핸드백과 자전거가 불티나게 팔리기도 한다. 이 역설에 대해 그는 종이에 그래프(그림 1 참조)를 그려 자세하게 설명했다. 우하향하는 곡선인데 가로는 가격, 세로는 수요를 나타낸다.

그의 설명에 따르면 왼쪽, 즉 공짜 부분에 있는 것은 일상재와 대중, 일반적인 것, 범용품이다. 반면 오른쪽은 부티크, 틈새, 특별한 것, 맞춤형 같은 것들이다. 혹은 자신에게 특별한 의미가 있는 것들이다.

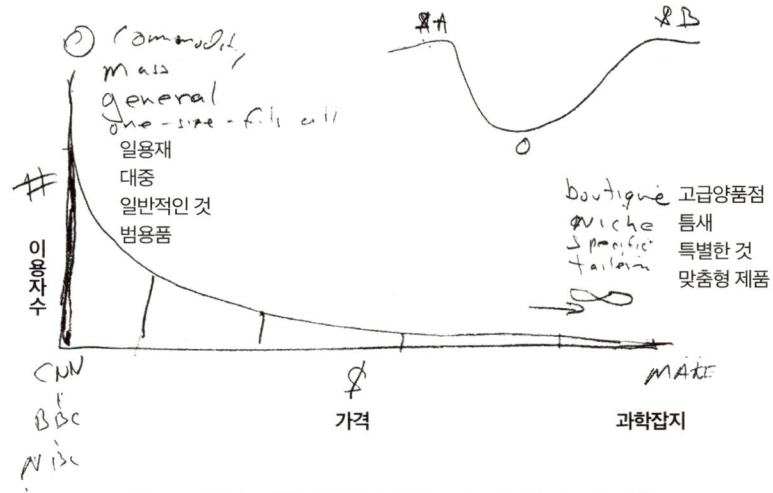

그림 1 프리미엄 모델을 설명하기 위해 크리스 앤더슨이 그린 그림

그는 "예를 들어 CNN 같은 것은 내게 특별하지 않다. 그게 없으면 BBC, NBC를 보면 된다. 하지만 나는 〈메이크 MAKE〉라는 과학잡지는 돈을 주고 사본다"고 설명했다.

하지만 많은 기업인은 공짜 경제 시대에 당혹감을 느끼고 있다. 공짜 경제 시대에 살아남기 위한 방법에 대해 앤더슨은 다음과 같이 조언한다. "무언가 디지털화할 수 있는 것은 결국 공짜 버전이 나오고 만다. 결국 당신의 숙제는 어떻게 공짜와 경쟁할 수 있느냐는 것이다. 공짜 버전이 제공하지 못하는 것을 제공하라. 아이튠즈가 제공한 것은 편리함이었다. 제품을 파는 시대에서 서비스를 파는 시대로 바뀌고 있다."

지금도 여전히 인터넷에서 공짜로 음악을 다운로드할 수 있지만, 애플의 온라인 음악 판매 사이트인 아이튠즈를 이용하면 훨씬 편리하기 때문에 소비자들이 기꺼이 노래 한 곡에 돈을 주고 구입한다는 의미다. 즉, 아이튠즈는 공짜 버전이 제공하지 못하는 것(편리함)을 제공하는 데 성공했고, 그래서 살아남을 수 있었다는 것이다. 이처럼 저가 경쟁 정도가 아니라 아예 공짜와 경쟁해야 하는 시대, 그것이 바로 우리가 살아가야 하는 시대, 파괴적 혁신의 시대인 것이다.

결국 답은 '기본'에 있다

그렇다면 한 시대를 풍미했던 가치관이 무너지고, 뉴 노멀과 초경쟁 환경, 파괴적 혁신이 게임의 룰이 된 이 시대에 우리는 어떻게 살아남을 것인가?

우리는 이런 불확실성의 시대에도 늘 어렵고 중요한 결정을 해야 한다. 이럴 때 이런 상상을 하는 사람도 있을 것이다. '누군가 경험과 지식이 많은 사람이 내 옆에서 조언을 해줬으면…' 심지어 '아버지가 살아만 계셨어도…'라고 생각하는 사람도 있을 것이다.

필자는 그동안 세계 최고의 경영대가, CEO들을 만나서, 그들에게 격동의 시대에 살아남는 지혜를 물었다. 그들은 저마다 다른 분야에서 활동하고 있고, 생각도 달랐다. 하지만 그들의 주장엔 일관된 메시지가 있었다. 큰 뜻을 세우고(혼), 늘 새로워지려고 노력하며(창), 물이 흐르듯 소통하라(통)는 것이다. 어찌 보면 당연하고 진부한 이야기 같기도 한 이 메시지야말로 이 시대를 헤쳐 나갈 유일한 생존 전략이라는 것이다. 결국 모든 문제를 해결할 답은 '기본', 즉 혼·창·통에 있다.

魂・創・通

1부
혼
魂

혼은 '사람을 움직이는 힘'이다
혼은 '내가 왜 여기에 있는가'라는 물음의 과정이다
혼은 '개인을 뛰어넘는 대의大義'다

7,000미터 높이로 히말라야 상공을 나는 새가 있다고 한다. 그 새들은 호흡을 줄이고 자신의 몸무게를 줄여서, 찬바람 부는 상공을 넘어 인도로 간다.[1]
이 새들이야말로 우리가 말하는 드높은 '혼'의 상징이다. 혼은 비전이요, 가치요, 신념이다. 세계적인 석학과 기업 CEO들은 표현만 조금씩 다를 뿐, 개인과 기업의 성공에 가장 중요한 요소로 이것을 꼽는다.

이 장에서는 진정한 혼이란 무엇이며, 혼이 사람과 조직, 사회에 어떤 변화를 가져오는지, 그리고 그 혼을 바로 세우려면 어떻게 해야 하는지에 대해 살펴보고자 한다.

> "왜 살아야 하는지 이유를 아는 사람은 어떤 어려움도 견뎌낼 수 있다."
> He who has a 'why' to live for can bear almost any 'how'.
> - 프리드리히 니체

누가 그들을 미치도록
일하게 만들었나

어느 날 필자는 홍대 앞에 독특한 식당이 있다기에 구경 삼아 가봤다. 이자카야 '텟펜'이라는 곳이다(2025년 기준으로 홍대에서는 문을 닫았다).

이 식당은 정말 남달랐다. 문을 열고 들어가는 순간 6, 7명 정도 되는 직원들이 일제히 "어서 오십시오!"라고 큰 소리로 인사하는 것부터가 그랬다. 주방과 홀에 있는 직원들이 모두 합세해서 말이다. 지켜보니 모든 손님이 오갈 때마다 그렇게 외치고 있었다. 테이블에서 음식에 대한 칭찬이 나오면 직원 모두가 그 테이블을 향해 90도로 인사를 올리는 장면도 인상적이었다. 우리 일행이 건배를 하려고 했더니 직원 한 명이 다가와 어떤 건배사를 외칠 것인지 묻고는, 문구를 적어 갔다. 그리고 우리가 건배사를 시작하자 직원 모두가 함께 건배사를 외쳤다. 좀 시끄럽지 않느냐고 물었더니 "그게 가게의 콘셉트"란다.

무엇보다 놀라운 사실은 직원 모두가 저녁부터 새벽까지 이렇게 미친듯이 일한다는 것이다. 얼굴 한 번 찡그리지 않고 늘 웃으면서 말이다. 궁금한 마음에 한 직원을 불러서 물었다. "왜 그렇게 열심히 일하나? 다른 데보다 돈을 많이 주나?" 답은 이랬다. "월급은 다른 데보다 조금 더 주는 정도다. 우리가 열심히 일하는 이유는 꿈이 있기 때문이다."

그러고는 식당의 벽을 가리켰다. 벽에는 종이로 만든 카드들이 여러 개 붙어 있었는데, 종업원들이 저마다 자신의 꿈을 적은 카드라고 했다. 설명해준 직원의 꿈은 최고의 요리사가 되어 훗날 자신의 가게를 차리는 것이었다.

알고 보니 이 식당은 오시마 게이스케 大嶋啓介라는 35세의 젊은 사장이 창업한 식당으로 일본에서 이미 큰 화제가 된 곳이었다. 도쿄의 지유가오카와 시부야 등에 5개 점포가 있고 홍대 앞 가게는 해외 점포 1호다. 오시마 사장은 자신의 책 《텟펜의 조례 すごい朝礼》에서 "텟펜의 사원이 되기 위한 유일한 조건은 '장차 경영자가 되고 싶다고 하는 꿈이 있는가'라는 것"이라고 강조했다.[2] 사원이 되면 누구나 자신의 꿈을 적어서 벽에 붙이는데, 한 가지 조건은 반드시 언제까지 이루겠다는 목표 날짜를 적는 것이다. 일본에선 목표를 고객도 볼 수 있게 공개하지만 한국에선 봉투에 넣어 고객은 볼 수 없다는 점이 다소 다른 점이다.

오시마 사장은 "텟펜은 고객에게는 이자카야지만, 종업원에게는 독립을 하기 위한 수련의 장"이라고 설명한다. 실제로 텟펜의 인터넷 홈페이지에 들어가보면, 독립해서 식당을 창업한 종업원들의 이름이 '독립자 정보'라는 카테고리에 자랑스럽게 열거돼 있는데 지금까지 모두 10명이 독립했다고 나와 있다. 스페인풍 이자카야를 차린 사람도 있고, 이탈리아풍 와인바를 차린 사람, 구이집을 차린 사람도 있다.

텟펜이 종업원의 꿈을 얼마나 소중히 생각하는가를 잘 보여주는 일화가 있다. 2005년의 일이다. 본점에 마쓰오라는 직원이 있었다. 그 역시 꿈을 적어서 가게 벽에 붙였는데 내용은 이러했다. '내 생일인 8월 6일에 내가 가장 좋아하는 텟펜 점포를 내가 가장 좋아하는 고향 구와나에 오픈한다.'

그러나 그 꿈을 실현시키기는 쉽지 않았다. 당시 텟펜은 2호점인 시부야점을 오픈한 직후였고, 마쓰오가 D-데이로 잡은 8월 6일까지는 4개월밖에 남지 않은 상황이었다. 생긴 지 3년이 안 된 식당이 이렇게 짧은 기간에 연속적으로 점포를 오픈하기엔 자금도 인력도 부족했다. 간부들은 이구동성으로 "그때까지는 무리다" "불가능하다"라며 반대의 소리를 높였다.

모두의 반대에도 불구하고 마쓰오는 포기하지 않았다. 누구보다 일찍 출근해 점포를 청소하고 가장 마지막까지 남아 잔무를 챙겼다. 하루도 빠짐없이 말이다. 그러자 모든 직원이 그의 열의를 인정하고 신뢰하게 되었다. '8월 6일에 고향에 점포를 내고 싶다'는 마쓰오의 꿈은 텟펜의 멤버 전원이 공유하고 희망하는, 모두의 꿈으로 변해버렸다. 부사장은 끝까지 반대했지만 그 또한 최후의 단계에서 생각을 바꾸게 되었다.

"한 사람의 꿈도 이뤄질 수 없다면 우리는 도대체 누구를 위해서 멤버들에게 꿈을 써서 붙이게 했을까? 무엇을 위해서 꿈을 갖는 것이 중요하다고 말해왔을까? 나도 그의 꿈이 이뤄지게 하고 싶다."

오시마 사장 역시 그 생각에 동의했다. "그래. 우리는 증명하지 않으면 안 돼. 텟펜은 자기가 내건 꿈이 이뤄지는 곳이라는 것을." 당시의 텟펜으로서는 큰 도박이었지만 모두가 힘을 합친 결과, 2005년 8월 6일 마쓰오는 구와나점을 오픈할 수 있었다. 그리고 이 점포는 시골점포로서는 드물게 월평균 매출 1,000만 엔을 넘기는 성공점포가 되었다.

오시마 사장은 대중강연을 많이 하는데, 한번은 청중이 이렇게 물었다. "그 마쓰오라는 직원은 이제 점포를 오픈했으니 더 이상 꿈이 없나요?" 대답은 "아니오"였다. 마쓰오는 구와나점 오픈 직전, 텟펜의 조례에서 다른 직원들에게 이렇게 선언했다고 한다. "점포를 오픈하는 것 자체가 목적이 아닙니다. 내 고향 구와나의 거리를 활성화시키는 것이 꿈입니다." 그의 꿈은 보다 큰 데 있었고, 그 차이가 행동의 차이, 결과의 차이를 낳았던 것이다.

결국 이 식당의 종업원들을 미친 듯이 열심히 일하게 만드는 원동력은 꿈이요, 혼이었다. 그들은 이뤄야 할 꿈이 분명했고, 그 꿈을 실현할 수 있다는 확고한 믿음도 있었다. 선배들의 행보가 믿음의 근거였다. 젊은 나이지만 이 식당의 사장이 존경스러웠다. 그는 종업원들에게 혼을 심는 데 성공했다. 이 식당은 어떤 어려운 일이 있어도 스스로 잘 굴러갈 것이다.

혼은 '사람을 움직이는 힘'이다

많은 리더가 '어떻게 하면 구성원들에게 동기를 부여해 스스로 일하게 만들 수 있을까?'라는 문제를 고민한다. 돈은 결코 정답이 아니다. 물론 누구나 돈이 필요하긴 하지만, 돈으로 사람을 움직이는 데는 한계가 있는 법이다. 단지 돈을 많이 벌기 위해서 혼을 바쳐가면서까지 일할 사람은 많지 않을 것이다. 돈은 목적이 아니라 수단, 혹은 결과이기 때문이다.

경영자라면 이해득실을 전부 버려도 포기해서는 안 되는, 죽어도 지키고 싶은 무엇을 최소한 한 가지는 마음속 깊이 갖고 있어야 한다. 그래야 사람의 마음(직원, 소비자, 협력업체, 그리고 자기 자신의 마음에 이르기까지)을 움직일 수 있다. 그것이 바로 철학이고 혼일 것이다. 혼은 '사람을 움직이는 힘'이다.

1990년대 말, 많은 벤처기업들이 등장했다가 얼마 지나지 않아 처참하게 쓰러졌다. 그 이유도 사실은 간단하다. 그들이 창업한 이유는 '반드시 이 일을 하고 싶다'는 열의나 숭고한 목적에 있지 않았고, 대부분 오직 돈을 벌고 싶다는 욕심이 시작이었기 때문이다.

세계 최대 제약회사 화이자 Pfizer의 CEO였던 제프 킨들러는 조직 운영에 있어 혼의 중요성에 대해 이렇게 설명한다.[3] "기업은 뭔가 어려운 때일수록 '우리가 왜 존재하는지, 도대체 우리가 세상을 위해 뭘 하고 있는지'를 끊임없이 되새겨야 한다. 존재 이유가 분명해야 조직원들 사이에 위기를 돌파해야겠다는 강한 모멘텀이 생긴다."

2006년 〈포브스〉 선정, 중국 부자 랭킹 1위에 오른 태양전지업체 썬텍 Suntech의 스정룽施正榮 회장은 "중국 최고 부자인 당신에게 부의 의미는 무엇인가?"라는 질문에 이렇게 대답했다.[4]

"돈은 일하는 과정에서 저절로 생기는 부산물입니다. 지혜와 근면의 보답입니다. 저는 젊은 사람들에게 '돈을 좇아가지 말라'고 얘기합니다. 자신의 수입이 얼마인지 따지는 시간에 어떻게 하면 창조적이고 혁신적으로 나갈 수 있을지를 생각하라고 말합니다."

위클리비즈가 그를 만난 것은 2008년 6월의 일이었는데, 그가 '빌 게이츠 다음의 부자'로 꼽힌 것이 취재 계기였다. 앞으로 환경·에너지 분야에서 큰 부자가 나올 것이라 예상해서 로레인 볼싱어 당시 GE 환경사업부문 부사장에게 "10년 후 빌게이츠를 능가할 부자로 가장 유력한 사람은 누구인가?"라고 물었더니 스정룽 회장의 이름이 나왔던 것이다.

그런데 공교롭게도 스정룽 회장 역시 가장 좋아하는 인물로 빌 게이츠를 꼽았다. 빌 게이츠는 단순히 돈만 번 게 아니라 기술(인터넷)과 비전으로 사람들의 삶을 바꿨기 때문이란다. 그가 사업가의 가장 중요한 자질을 비전이라 여기는 배경과도 일맥상통한다.

"무엇보다 크게 생각할 줄 알아야 합니다. 사업가라면 단순히 돈만 보지 말라고 얘기하겠습니다. 국가와 사회, 인류에 봉사한다고 생각해보십시오. 저는 태양광으로 환경보호에 기여한다고 자부합니다. 크게 보면 사업 기회가 더 잘 보입니다. 돈 때문에 일희일비하지 않을 수 있습니다."

IBM의 전 CEO 토머스 왓슨 2세 또한 저서 《거인의 신념》에서 신념의 역할에 대해 다음과 같이 말했다. 그가 말한 신념은 요즘의 비전이나 핵심가치와 같은 말일 것이다.

"기업의 성패는 기업이 직원들의 재능과 열의를 얼마나 잘 이끌어내느냐에 달려 있다고 나는 믿는다. 그런데 무엇으로 많은 사람에게서 공감대를 얻어낼 수 있을까? 그리고 오랜 세월에 걸쳐 일어났고, 또 앞으로 일어날 수많은 변화 속에서 이 공감대와 방향감각을 어떻게 지켜나갈 것인가? 그 힘은 이른바 신념이라는 것에 있다. 또한 그 신념이 직원들에게 얼마만큼 설득력을 지니고 있느냐가 중요하다.

어떤 조직이라도 살아남고 성공하기 위해서는 그 조직의 정책이나 활동에 항상 어떤 신념이 전제되어야 한다는 확고한 믿음을 나는 가지고 있다. 기업의 성공에 있어서 가장 중요한 것을 들자면 신념에 대한 집착이다. 신념은 방침의 수립이나 시행, 목적보다 앞에 있어야 한다. 방침의 어느 단계에서라도 기본적인 신념을 거스를 가능성이 있다면 반드시 그것을 바꾸어야 한다."[5]

각 나라를 대표하는 기업인과 대가들의 생각이 어쩌면 이렇게도 똑같은지! 조직원들에게 동기를 부여하기 위해서는 물론, 새로운 인재를 끌어들이기 위해서도 숭고한 경영철학이 필요한 시대다. 자기 자신을 독려하고 이끄는 힘 역시 혼임은 물론이다. 삶의 존재 이유를 모르는 사람, 삶의 철학이 없는 사람은 삶을 의미 있게 가꿀 수 없다.

'나로 인해 세상이 변한다'는 의식을 심어라

우리 시대 아이콘 51명의 이야기를 담은 책 《위즈덤 아이디어》에서, 미국을 대표하는 극사실주의 화가이며 사진작가, 그리고 '포토 리얼리즘'의 창시자로 불리는 척 클로스 Chuck Close는 이런 말을 했다.[6]

"많은 사람이 금요일을 기다립니다. 기다리는 정도가 아니라 학수 고대합니다. 그리고 지겨운 닷새의 삶을 보상이라도 받으려는 듯 주말 동안 안간힘을 씁니다. '나는 재미있게 놀아야 해. 나는 끔찍했던 지난 5일을 어떻게든 보상받아야 해. 그러기 위해서 장난감이 필요해. BMW 컨버터블이 필요해. 요트가 필요해.'

나는 사람들이 어떻게 그렇게 사는지 상상할 수 없어요. 내가 보기에 정말 미친 짓 같거든요. 아무리 높은 연봉이라도 일상생활의 일부로서 즐거움이 없는 삶을 나는 살수 없습니다. 자본주의 체계란 놀라울 정도로 못돼먹은 겁니다. 80% 이상의 사람들이, 생계를 위해 하는 일에서 아무런 즐거움을 얻지 못한다고 합니다. 대부분 사람들의 인생이 그렇습니다. 정말 미쳤어요."

어떤가? 당신도 아무런 즐거움을 얻지 못하고 오직 생계만을 위해서 일하는 80%에 속하고 있지는 않은가? 두 발에 쇠고랑을 찬 죄수처럼 무거운 발걸음으로 걸어가는 그 측은한 무리에서 벗어나, 의미 있는 하루하루를 보내기 위해 우리는 '내가 여기 왜 있는가'를 늘 되물어봐야 한다. 그 끝없는 물음의 과정, 그것이 바로 '혼'이다.

"왜 그 일을 하고 있나요?"라는 질문을 받을 때 고민 없이 "그 일을 좋아하기 때문"이라고 말할 수 있는 사람은 행복하다. 그는 그 일에 최고의 장인이 될 가능성이 높다. 일에 대한 동기를 높이는 가장 큰 원동력은 역시 좋아한다는 것이기 때문이다.

자기의 일을 좋아하는 사람에겐 꿈이 있다. 그 일을 이뤘을 때 어떻게 될 것이다 하는 청사진이 있다. 《위즈덤 아이디어》에는 미국의 음악 거장 데이비드 앰램 David Amram의 이야기도 실려 있는데, 꿈이 있는 사람의 삶이 어떤 것인지를 동영상처럼 생생하게 보여준다.[7]

"일흔일곱의 나이에도 나는 밖에 무슨 일이 있어 집을 나설 때마다, 아직도 가슴이 떨리도록 벅차오르는 감동을 느낍니다. 아직도 나에게 뭔가를 할 수 있는 이런 기회가 있다는 게 믿기지 않아요.

나에게 꿈이 있었다는 것, 그리고 아무리 내 상황이 어려워 보여도, 모든 것이 불가능해 보여도 계속해서 노력하도록 용기를 북돋워 주는 사람들이 평생 내 주변에 있었다는 것, 그것은 정말 행운이었습니다. 이 사람들은 하고 싶은 것을 절대 포기하지 말라고, 될 수 있는 한 최고가 되라고, 그리고 하루도 빠짐없이 창조적으로 살라고 격려해주었습니다. 우리 모두는 이렇게 살 수 있는 기질을 가지고 태어나지만, 생계를 꾸려나가는 과정에서 흔히들 이것을 잃어버립니다."

77세의 노인에게 아직도 가슴이 떨리도록 벅차오르는 감동을 주는 것, 그것이 바로 꿈이고 혼이다. 그는 어린아이였던 1937년 펜실베이니아의 한 농가에 앉아 기차역을 지나가는 기차의 기적 소리를 들으며 상상했다. '나도 언젠가 기차를 타고 뉴욕이라는 그 마법의 도시에 가리라. 뉴욕에서 음악에 관련된 무엇인가를 하리라.' 그리고 작곡가이자 호른 연주가로 성장한 그는 재즈와 민속음악, 에스닉 음악을 통합하는 혁신적인 시도로 거장의 반열에 올랐다. 아마도 그는 '내가 왜 여기에 있는가?'라는 질문에 늘 웃으면서 '좋아하기 때문'이라고 자답했을 것이다.

일을 하는 첫 번째 조건은 자신이 좋아해야 한다는 것이다. 거기에 지금 하고 있는 일이 사회에도 필요한 일이고, 자신밖에 할 수 없다면 크나큰 영광일 것이고 그 일을 하려는 동기는 배가된다.

개인이 '내가 왜 여기에 있는가'라는 물음을 의식하고 살아야 하듯이, 조직 또한 '당신이 왜 여기에 있는가'라는 이유를 알려줄 수 있어야 한다. 그 이유가 분명하고 설득력이 있을수록 보다 훌륭한 인재들을 조직에 유인할 수 있다.

요즘 어떤 기업들이 훌륭한 인재들을 끌어들일까? 요즘 인재들에게는 무엇보다 영향력이 중요하다. '나로 인해 세상이 변한다'는 보람을 느끼고 싶어 한다. 아무나 하기 힘든 일에 도전하는 일도 즐긴다. 삼성에서 인력개발담당 상무를 지낸 송영수 한양대 교수는 "글로벌 기업에서 일하는 'S급 인재'들을 스카우트하기 위해 만나보면 뜻밖에 '기업 이념과 핵심가치는 무엇인가'라는 질문을 하는 사람이 적지 않았다"고 전했다. 알고 보니 선진 기업들이 갖고 있는 성공 DNA는 바로 기업 이념이요 핵심가치였던 것이다.

케네스 토머스 미 해군대학원 경영학과 명예교수의 연구에서도 비슷한 내용을 확인할 수 있다. 그는 저서 《열정과 몰입의 방법》에서 사람들은 4가지 조건이 충족될 경우, 일에서 재미와 열정을 느끼게 된다고 설명한다.[8] '① 자신이 가치 있는 일을 하고 있다고 느낄 때 ② 그 일을 할 때 자신에게 선택권이 있다고 느낄 때 ③ 그 일을 할 만한 기술과 지식을 갖고 있다고 느낄 때 ④ 실제로 진보하고 있다고 느낄 때'가 그것이다.

이 중 ①은 '나로 인해 세상이 변한다'라는 의식과 같은 맥락에 있다고 볼 수 있다. 즉, 일에 대한 보람과 성취감을 심어줄 수 있을 때, 훌륭한 인재를 끌어들일 수 있는 것은 물론 그들에게 가장 강력하고 확실한 동기를 부여할 수 있다. '내가 왜 여기에 있는가'라는 물음에 '당신의 일이 가치 있기 때문'이라는 답을 줄 수 있다면, 그 조직의 구성원은 어떤 유혹과 시련에도 쉽게 흔들리지 않을 것이다.

'사람의 몸은 심장이 멎을 때 죽지만, 사람의 영혼은 꿈을 잃을 때 죽는다'라는 말이 있다. 조직 역시 꿈이 필요하다. 조직은 리더의 꿈에 의해 성장한다. 리더는 조직을 경영하면서 늘 꿈을 이야기하고 공유해야 한다. 자신의 꿈을 말하고, 조직의 꿈을 말하고, 꿈이 실현되면 무엇이 어떻게 달라지는지 말할 수 있는 사람, 그리고 꿈을 달성하기 위해 무엇을 해야 하는지를 구체적으로 제시할 수 있는 사람, 그런 사람이야말로 진정한 리더다.

능력의 차이는 5배, 의식의 차이는 100배
지상 최고의 모티베이터, 나가모리 시게노부 일본전산 회장

조직에 혼을 심는 데 가장 탁월한 리더 중 한 사람은 아마 이 사람일 것이다. 한국에도《일본전산 이야기》란 책으로 유명해진 나가모리 시게노부永守重信 일본전산 회장 말이다.

필자는 가끔 인터뷰를 하면서 전율을 느끼곤 한다. 논리 전개가 바늘 끝 하나 들어갈 자리가 없을 정도로 빈틈없는 사상가나 이론가를 만날 때가 그렇고, 가슴을 울리는 전혀 예상 밖의 이야기를 들을 때도 그렇다. 일본전산의 나가모리 회장은 후자에 해당했다. 필자의 가슴을 울린 그의 말은 무엇이었을까? 그는 대학 시절 웅변부에 몸담았고 대학신문 주필을 맡기도 했다. 그래서 그에게 대학 시절의 그런 경험이 기업 경영에 어떤 도움이 됐는가 물었다. 그 대답이 필자의 가슴을 울렸다.[9]

"사람을 움직이려면 마음을 전하는 말과 문장을 써야 합니다. 일반적인 내용이 아니라 자신이 아니라면 누구도 쓸 수 없는 그런 글을 써야 합니다. 그 일을 하는 데 웅변과 대학신문 편집 경험이 도움이 됐습니다."

왜 이 말에 필자가 그렇게 감동했느냐 하면 그가 사람의 마음을 움직이는 일, 다시 말해 혼을 심는 일에 지고의 가치를 두고 있다는 사실을 읽을 수 있었기 때문이다. 그는 사람의 마음을 움직이기 위해 말 한마디, 글 한 문장에까지 남다른 신경을 쓰고 있었다. 실제로 일본전산은 '꿈을 중심으로 조직된 회사'다. 기업 슬로건만 봐도 명백히 알 수 있다. '일본전산, 모든 것은 꿈을 위해서!'라는 제목의 사명

선언서 역시 꿈에서 시작해 꿈으로 끝난다.

>꿈은 우리의 원점, 꿈은 우리의 원동력
>꿈은 우리가 만드는 미래
>세계의 꿈, 사람들의 꿈, 그리고 우리들의 꿈
>꿈을 품는 것으로부터
>새로운 것을 창조하는 정열과 발상이 싹터
>세상에 없었던 기술과 성능을 가진 제품이 실현되는 것이다.
>모든 것은 꿈을 위해서
>꿈이 있는 한, 일본전산그룹은 도전할 것이다.
>세계와 사람들의 내일을 위해
>세계 최초, 세계 최고를 추구하는 기술과 제품으로
>쾌적한 사회를 만드는 데 계속 공헌할 것이다.

기업이 조직원의 마음을 움직이는 최고의 묘약은 꿈을 심어주는 것임을 나가모리 회장은 누구보다 잘 알고 있다. 그 꿈은 불가능에 도전하는 것, 기존의 권위에 도전하는 것으로 나타나기도 한다. '일본전산경영의 3대 원칙'을 보면 그런 도전정신이 보다 잘 나타나 있다. '① 누구도 기업을 사유화할 수 없다 ② 스스로의 힘으로 기술 개발, 제조, 세일즈를 하는 독립기업을 지향한다 ③ 세계시장에서 세계의 기업과 경쟁한다'가 그것이다.

배경을 잘 모르는 사람에게는 평범한 원칙 정도로 보일 수 있겠지만, 세 문장엔 대기업 계열 중심, 수직 계열화 중심의 기존 일본 재계에 대한 도전정신이 담겨 있다. 즉, 누구에게도 종속되지 않고 스스로의 힘으로 일어나며, 대기업 계열의 도움 없이 실력으로 세계시장에서 승부하겠다는 의지가 표현돼 있는 것이다. 족벌기업을 지양하고 오직 실력을 기준으로 인사를 하겠다는 의지도 엿보인다.

평범을 비범으로 바꾸는 힘

나가모리 회장은 일본에서 가장 열정적인 경영자로 꼽힌다. 그는 1973년 가정집 한 귀퉁이의 창고에서 전기모터회사를 창업해, 2009년에는 140개 계열사에 13만 명의 종업원을 이끄는 매출 8조 원대의 그룹을 일궈냈다. 일본판 벤처 신화다. 게다가 국내외 27개 회사를 인수합병한 뒤 모두 경영을 정상화시켜 '기업 재생의 신'으로 불린다.

그렇다고는 해도 일본 재계 랭킹 100위권 밖의 중견기업 CEO. 그런데도 사람들이 그에게 열광하는 것은 그의 이야기에 통쾌한 역전이 있고, 가슴 뛰게 하는 꿈이 있기 때문이다. 나가모리 회장은 스스로를 '헨진変人(이상한 사람)'이라고 할 정도로 괴짜 경영인이다. 그는 정형定型과 겸양이 미덕인 일본 사회에서 기행奇行과 파격을 서슴지 않는다.

그의 파격은 다분히 의도적인 것이었다. 벤처기업이 도쿄식式을 그대로 따라 해서는 도쿄의 대기업에 승산이 전혀 없었기에 그는 의도적으로 도쿄식을 거슬렀다. "다른 사람을 흉내 내는 것은 경영이 아니다"라고 하면서 말이다.

많은 사람이 그에게 고속성장의 비결을 묻는다. 그런데 그 대답이 우스울 만큼 간단하다. "남들보다 2배 더 일하면 된다"는 것이다. 이런 생각은 일본전산의 행동지침에도 고스란히 드러나는데, '즉시 한다. 반드시 한다. 될 때까지 한다'가 그것이다.

창조경영을 논하고, 서번트 리더십을 이야기하는 시대에 무모하다고 할 만큼 '전근대적'인 경영철학일지 모른다. 하지만 그는 다른 길이 없었다고 했다. "1973년에 창업했을 때 우리의 경쟁 상대는 세계와 일본을 대표하는 대기업이었습니다. 그들을 이기기 위해서는 흙탕물을 마시며 2배 더 일하는 것 외에는 방법이 없었습니다."

일본전산의 파격경영을 보여주는 대표적인 에피소드가 하나 있다. 나가모리 회장이 창업 초기 신입 사원 공채를 실시했는데, 인재가 오지 않아 고민하고 있을 때였다. 그의 장인이 지나가는 말처럼 "군대 생활을 해보니 밥 빨리 먹고, 목욕 빨리 하고, 용변 빨리 보는 사람이 일도 잘하더라" 하고 귀띔했다.

이 말을 들은 나가모리 회장은 1978년 '밥 빨리 먹기 시험'을 진짜로 실행에 옮긴다. 160명의 응시자 중 서류전형과 면접으로 절반 정도를 거른 뒤, 남은 전원에게 도시락을 나눠줬다. 그리고 가장 빨리 먹은 사람 순서대로 33명을 합격시켰다. 커트라인은 15분이었다. 떨어진 사람들은 "무슨 이런 시험이 있느냐"며 아우성쳤고, 지역 언론은 "한심한 회사"라고 보도했다. 하지만 그는 개의치 않고 그 뒤에도 '큰 소리로 말하기' '화장실 청소' '오래달리기' 같은 독특한 시험을 고집했다.

"저도 원래는 도쿄대나 교토대 출신의 머리 좋은 사람을 뽑고 싶었습니다. 하지만 중소기업엔 그런 인재가 좀처럼 오지 않습니다. 밥 빨리 먹기 시험은 명문대 출신은 아니지만 잠재 능력이 큰 사람을 뽑기 위한 고육지책이었습니다."

하지만 나가모리 회장은 밥 빨리 먹기 시험이야말로 어느 입사 시험보다도 효과 만점이었다고 만족을 표한다. "일본전산에서 세계적 발명이 나오고, 세계 챔피언이 됐는데 그것을 누가 만들었을까요? 바로 그때 밥 빨리 먹고 목소리 커서 뽑힌 사람들이었어요."

범재를 천재로 만드는 데 나가모리 회장만의 리더십과 동기 부여법이 결정적인 역할을 했음은 물론이다. 능력의 개인차는 아무리 커도 5배를 넘지 않지만, 의식의 차이는 100배의 격차를 낳는다는 것이 그의 지론이다. 출중한 능력을 가진 사람보다 평범한 능력을 가진 사람을 뽑아 그들의 의욕을 높이는 데 전력을 기울이는 것, 이것이 그가 말하는 고속성장의 비결이다.

물론 그가 무조건 2배 더 일하라고 다그치기만 했다면 직원들이 따랐을 리 만무하다. 그에겐 전혀 다른 면모도 있었다. 결코 스펙으로 사람을 평가하지 않고, 실패한 직원에게 점수를 더 주며, 부하에게 호통을 친 뒤에 뒤끝은커녕 2배의 배려를 기울인다. 다른 기업을 인수해도 단 한 명의 구조조정도 하지 않는다. 직원들이 '자발적으로' 2배 더 일하게 만드는 그의 노하우는 바로 여기서 비롯된다.

그런데 '머리 좋은 사람이 열심히 하는 사람 못 이기고, 열심히 하는 사람이 즐기는 사람 못 이긴다'라고 하는데, 사원들에게 즐기며 일할 수 있는 환경을 만들어주면 저절로 2배 더 일하지 않을까? 필자의 의문에 대해 그는 이렇게 답했다.

"그런 생각을 실천한 것이 바로 일본전산입니다. 1970년대만 해도 일할 데가 없으니 힘들어도 열심히 일했죠. 하지만 요즘은 능력 있는 사람은 어디 가서도 일할 수 있는 시대입니다. 그런데도 왜 여기서 일할까요? 일을 즐기기 때문입니다. 저만 해도 그래요. 저는 돈이 많습니다. 그런데 왜 새벽 5시 30분에 일어나서 밤까지 일하나요? 일이 즐겁기 때문입니다. 일본전산엔 회사를 키우는 즐거움, 새로운 회사를 만들고 다른 기업을 인수해서 키우는 즐거움이 있습니다."

부실기업 살리는 비결은 사원들의 병든 의식 고치는 것

부실기업을 살리는 데 있어서도 나가모리 회장이 주력한 부분은 직원들의 의식, 곧 혼이었다. 그는 부실기업을 살리는 비결을 "사원의 의식개혁"이라고 잘라 말한다.

"부실기업의 특징은 사원들의 의식이 병들어 있다는 것입니다. '이 회사가 망하는 것은 아닐까?' '월급을 못 받는 건 아닐까?' 이런 불안감 때문에 일하려는 의욕이 꺾이게 됩니다. 일본전산보다 큰 기업, 역사가 오래된 기업, 기술이 뛰어난 기업도 경영이 어려워지는 이유는 사원들의 의욕이 꺾였기 때문입니다. 그것을 되돌리는 것이 바로 경영자의 일입니다. 사원들의 병든 의식을 긍정적이고 적극적으로 바꾸는 것이죠."

나가모리 회장의 부실기업 경영정상화 방식은 철저히 현장 중심적이다. 2003년 산쿄세이키三協精機라는 회사를 인수한 뒤, 그는 400킬로미터나 떨어져 있는 그곳에 매주 2박 3일 출장을 갔다. 그리고 작업복에 작업모를 쓰고 공장을 돌아다녔다. 2004년 9월까지 꼬박 1년 동안 일반 사원, 주임급 사원과 52회, 과장 이상 관리직과는 25회의 간담회도 가졌다.

그가 인수 직후, 직원들에게 가장 먼저 당부한 일은 '자발적으로 10분 일찍 출근해, 회사를 깨끗이 청소하라'는 것이었다. 사원의 의식이 가장 잘 나타나는 지점이 출근시간과 직장의 정리정돈, 그리고 전화응대라는 것이 그의 생각이다. 그래서 의식 개혁을 위해 항상 '6S'를 강조한다. 6S란 정리, 정돈, 청결, 청소, 단정, 예의를 뜻하는 일본어의 이니셜을 딴 것이다.

"전화는 엉망으로 받고, 사원은 지각하고, 공장은 더럽고, 이런 회사 중에 실적 좋은 회사가 있으면 알려주세요. 사실 6S는 누구나 할 수 있는 일입니다. 하지만 내가 경영정상화를 하러 가보면 그것을 못하고 있어요. 그러다 그것을 할 수 있게 되면 점점 수익이 나기 시작하죠."

사원들에게 이메일을 많이 보내는 것도 나가모리 회장의 경영 노하우 중 하나다. 그는 일주일에 보통 1,000통의 메일을 보낸다. 출장을 가기 위해 신칸센을 탈 때도 계속 이메일을 쓴다. '자네, 그건 틀린 것 같아' '잘했어' '이런 문제가 생길 수 있어' 등등의 내용이다.

"인간에게 모티베이션이란 그리 오래가지 않습니다. 보통 사람은 3일, 경영자라고 해도 2~3개월 정도죠. 따라서 다른 사람이 계속해서 동기를 부여해주지 않으면 90%의 사람은 열심히 일하려는 의욕이 생기지 않습니다. 그래서 저는 사원들의 일하려는 의욕을 높이기 위해 이메일을 보냅니다."

나가모리 회장은 한국에 대해서도 예리한 조언을 남겼는데, 혼의 부재로 방황하는 한국 젊은이와 기업들의 실상을 정확히 꿰뚫고 있었다.

"한국이 잘되려면 온실에서 자라난 사람들이 아니라 흙탕물 먹으며 고난을 이겨내는 창업자가 많아야 합니다. 선택지가 많아야 하는데, 한국엔 선택지가 극단적으로 좁아요. 공부 열심히 해서 가는 회사가 삼성, LG, 현대뿐이라면 세상이 재미없지 않아요? 대기업에 입사하는 사람은 만족해도 대기업에 못 들어가는 젊은이는 희망이 없어요. 한국이 진짜 강해지려면 중소기업, 벤처기업도 대기업으로 클

수 있는 나라, 그래서 대기업에 못 들어가는 젊은이에게도 찬스를 주는 나라가 돼야 합니다."

정곡을 찌른 그의 말에 뜨끔함을 감출 수 없었다. 우리나라에도 기존 재벌을 뛰어넘겠다는 도전의식, 즉 혼을 가진 인재와 벤처기업들이 나와야 한다. 그렇지 않으면 우리에겐 꿈이 없다.

매뉴얼이 아닌 철학을 공유하라

패스트푸드점에는 1만 5,000 항목에 달하는 매뉴얼이 있다고 한다. 인사하는 방법에서부터 주문을 받는 방법, 손님의 질문에 대답하는 방법 등 모든 상황을 미리 예상한 매뉴얼이 만들어져 있다. 그런데 그 많은 매뉴얼이 무용지물이 될 때가 있다.

한 패스트푸드점에서 있었던 일이다. 음식을 먹고 엄마랑 밖으로 나가던 어린아이가 여자 종업원에게 "안녕!" 하고 손을 흔들며 웃었다. 그런데 종업원은 눈을 마주쳤는데도 무시했다. 매뉴얼에는 가게 안의 행동요령만 담겨 있었고, 가게 밖에서 아이가 건네는 인사에 어떻게 대응하는지에 대한 내용은 없었기 때문이다.

아무리 훌륭한 매뉴얼이라도 돌발사태에 전부 대응할 수는 없는 법이다. 또 세상일에 대해 전부 매뉴얼을 만들어두는 일은 불가능하다. 100년에 한 번 정도 일어날까 말까 한 일까지 예상해서 매뉴얼을 만든다면, 매뉴얼을 만드는 비용이 막대해 기업 경영 자체가 불가능하지 않겠는가? 예를 들어 고객이 몹시 화를 낼 때 어떻게 대응할 것인가를 획일적인 매뉴얼로 정리하기란 매우 어려운 일이다. 고객이 화를 내는 정도나 원인 등을 살펴보면서 사과하는 것이 좋은지, 아니면 오히려 강한 태도로 나가야 하는지를 임기응변으로 정해야 할 때가 많다.

결국 모든 것을 매뉴얼에 담을 수는 없기에 가장 중요한 것은 매뉴얼화되어 있지 않은 부분에 대해 인간이 어떻게 대응하는가의 문제다.[10]

앞 사례의 패스트푸드점 경영진이 종업원들에게 매뉴얼만 외우게 하지 말고 혼을 심어줬으면 어땠을까? 예를 들자면 디즈니처럼 '우리는 사람들을 행복하게 해주려고 일한다. 그리고 우리의 미소에 고객이 급여를 지급하고 있다'라는 철학을 공유했다면 어땠을까?

《빅 씽크 전략》을 쓴 번트 슈미트 컬럼비아대 교수는 매뉴얼의 문제점을 리츠칼튼 호텔과 W호텔의 사례를 들어 설명한다.[11] 그는 식스시그마 six sigma(품질혁신과 고객만족을 달성하기 위해 전사적으로 실행하는 21세기형 기업 경영 전략)나 SWOT 분석으로 대변되는 매뉴얼경영에 대해 부정적인 시각을 갖고 있다.

"식스시그마와 비슷한 TQM Total Quality Management(전사적 품질관리)으로 상을 받은 리츠칼튼호텔을 예로 들겠습니다. 이 호텔 직원들은 항상 나에게 말을 할 때면 모든 문장에 '슈미트 씨'를 넣습니다. '체크인하시겠습니까? 슈미트 씨!' '주문하시겠습니까? 슈미트 씨!' 그런데 나는 그게 정말 거슬립니다. 리츠칼튼은 서비스 매니지먼트의 일환이라고 하지만 고객 입장에선 짜증날 뿐입니다."

반면 W호텔에서 그가 받은 인상은 전혀 다르다. "거기선 훨씬 자유로움을 느낄 수 있어요. 직원이 지나가면서 '안녕하세요? 저는 빌입니다. 기분은 어떠세요? 어느 나라에서 오셨지요?'라고 하는데 정말 자연스러워요. 물론 그곳에도 표준화된 부분이 있지만 훨씬 자연스럽습니다. 특히나 서울의 W호텔 로비는 정말 멋있어요. 로비에서부터 파티가 시작되지요. DJ가 음악을 틀고 있기 때문입니다. 이런 게 바로 식스시그마와 창조성이 높은 큰 생각의 차이지요."

그가 말하는 식스시그마가 바로 필자가 말하는 매뉴얼이고, 창조성이 높은 큰 생각은 바로 필자가 말하는 혼이다. 매뉴얼과 혼의 차이를 극명하게 보여주는 또 다른 사례를 보자.

경영 컨설턴트이자 베스트셀러 작가 켄 블랜차드가 4개 도시를 여행하고 있었다. 그런데 공항에 도착하고 나서야 신분증을 놓고 왔다는 사실을 깨달았다. 그는 궁여지책으로 공항 서점에 가서 자신이 쓴 책을 한 권 샀다. 그러고는 항공사 카운터에 표지에 실린 자신의 사진을 보여주면서 말했다. "미안하지만 지금 운전면허증도, 여권도 없어요. 혹시 이걸로 어떻게 안 될까요?" 그러나 통하지 않았다. 직원들은 하나같이 "윗분하고 이야기해보세요"라는 말만 되풀이했을 뿐이다.

블랜차드는 사우스웨스트항공에 가서 똑같은 부탁을 해보았다. 그런데 반응이 180도 달랐다. 책을 보자마자 "아! 그러시군요. 일등석으로 모시겠습니다"라고 환대한 것이다. 모든 직원들이 그를 극진히 대하며 보안 검색대를 통과할 때까지 귀빈 대접을 해주었다. 이 항공사가 다른 항공사와 다를 수 있었던 이유는 창업자인 허브 캘러허가 '모든 직원이 권한을 가지고 자율적인 판단을 통해 높은 수준의 고객 서비스를 제공한다'는 비전을 실현하는 조직을 만들었기 때문이다. 매뉴얼로는 결코 이런 서비스를 창조할 수 없다. 매뉴얼로 하자 치면 책을 100권을 만들어도 모자랄 것이다. 100권의 매뉴얼이 하지 못할 일을 혼을 심으면 해낼 수 있다.

무서울 정도로 명쾌한 디즈니의 철학

요즘 많은 기업이 기업 이념과 핵심가치, 비전, 사명선언서 같은 것을 갖고 있다. 그런데 여기엔 2가지 문제가 있다.

첫째, 얼마나 일관성이 있느냐의 문제다. 짐 콜린스의 《성공하는 기업들의 8가지 습관》에 따르면, 핵심은 기업 이념의 '내용'이 아니다. 문제는 기업 종사자들이 얼마나 그 이념을 깊이 믿고 있고, 모든 면에서 그 이념이 얼마나 일관성 있게 살아 있느냐 하는 것이다.

둘째, 다시 짐 콜린스의 표현을 빌린다면 '오장육부, 뼛속 깊은 곳에서 나온 것이냐'라는 문제다. 미사여구와 숭고한 표현들로 일관된 기업 이념도 단순히 회사 곳곳의 액자에 걸려 있을 뿐이라면 아무

의미가 없다. 다소 단순하고 투박한 것이라도 기업 고유의 색깔이 담겨 있고, 그것이 기업 운영의 일거수일투족에 실제로 반영될 때 비로소 의미를 가질 수 있는 법이다.

핵심가치란 조직의 근본적이고 영원한 신념을 나타내는 것이다. 성공기업들은 보통 3~6개의 핵심가치를 가지고 있지만, 단순한 한마디로도 요약할 수 있는 것이 특징이다. 이를테면 월마트의 경우 '고객 제일주의'가 핵심가치다. 그 가치는 다음과 같은 말로 잘 표현되고 있다.

"만일 당신이 고객에게 봉사하고 있지 않거나, 그 일을 하는 사람들을 도와주고 있지 않다면, 우리는 당신을 필요로 하지 않습니다."

무서울 정도로 명쾌한 표현 아닌가?

앞서 살펴본 디즈니의 핵심가치는 회사의 교육과정에도 잘 녹아있다. OJT 담당자가 신입 사원에게 묻는다. "맥도날드는 햄버거를 만듭니다. 디즈니는 무엇을 만듭니까?" 신입 사원은 대답한다. "사람들에게 행복을 만들어줍니다." OJT 담당자는 다시 말한다. "정확합니다. 디즈니는 사람들에게 행복을 팝니다. 그 사람이 누구든, 무슨 일을 하든, 피부색이 어떻든 그런 것들은 중요한 게 아닙니다. 우리는 사람들을 행복하게 해주려고 일합니다. 일을 위해 채용된 사람은 아무도 없습니다. 우리 모두는 '쇼'의 배역으로 캐스팅된 것입니다."

디즈니의 연수 교재엔 이런 표현도 있다. "우리는 피곤해질 수는 있어도 결코 따분해져서는 안 됩니다. 정직한 미소를 지으십시오. 그것은 우리의 내면에서 우러나는 것입니다. 당신의 미소에 우리가 급여를 지급하고 있다는 사실을 기억하십시오."

역시 무서울 정도로 명쾌하지 않은가?

혼을 가진 조직의 장점

혼을 가진 조직은 어떻게 공룡처럼 비대하면서도, 표범처럼 민첩할 수 있을까? 미국의 경영학자 짐 콜린스는 비전, 즉 혼을 가진 조직이 되면 다음 4가지를 이룰 수 있다고 말한다.

1. 의사 결정이 빨라진다
핵심가치를 명확히 설정하면, 무엇이 중요한지 판단 기준이 명확하기 때문에 복잡한 상황에서도 의사 결정을 신속히 할 수 있게 된다.

2. 행동에 일관성과 자신감이 생긴다
목표가 명확하기에 일관성과 자신감이 생기게 된다. 뿐만 아니라 부하들도 리더의 기대와 방향성을 잘 이해할 수 있게 돼, 심리적 편안함과 자신감을 얻을 수 있다.

3. 소비자를 감동시킨다

4. 브랜드 가치가 높아진다
일관성 있는 이미지는 다른 사람에게 신뢰를 주고, 이는 다른 사람과 나를 차별화할 수 있는 나만의 자산이 된다.

영혼의 승부사는 누구도 당해낼 수 없다
스티브 잡스의 성취비결

100년 만에 최대의 경제위기란 말이 있지만, 이런 어려움에도 아랑곳하지 않고 오히려 쌩쌩 날고 있는 기업도 있다. 애플도 그중 하나다. 2009년 이 회사가 실적을 발표했는데, 이른바 '어닝 서프라이즈 earningsurprise(기업이 시장에서 예상했던 실적과 다른 결과를 발표하는 것)'를 낳았다. 증시 전문가들의 예상을 크게 뛰어넘은 것이다. 9월까지의 1년간 매출이 전년에 비해 13%가 늘었고, 순이익은 18%나 증가했다. 많은 기업이 성장이 둔화되거나 후퇴하는 상황에 올린 좋은 실적이라 더욱 눈에 띄었다.

이 회사의 전설적인 CEO 스티브 잡스는 2009년 11월 〈포춘〉으로부터 '지난 10년간 최고의 CEO'로 선정됐다.[12] '올해의 CEO'만 돼도 큰 영광인데, 지난 10년간 최고의 CEO로 꼽혔다니 대단한 성취가 아닐 수 없다.

하지만 그는 완벽한 위인이나 성인과는 거리가 먼 인물이었다. 사실 그는 그야말로 결점투성이의 인간이었다. 잡스의 인생은 결점 많은 한 인간이 큰 꿈과 용기를 갖고 나아갔을 때, 얼마나 큰 성취를 이룰 수 있는가를 잘 보여준다.[13]

잡스의 삶은 출생부터 순탄하지 않았다. 그는 태어난 지 불과 몇 주도 안 돼서부터 양부모에 의해 자라게 된다. 대학원생이던 그의 생모가 아이의 장래를 위해 입양을 보냈기 때문이다. 그는 어린 시절 늘 우는 소리를 하는 외톨이였고, 여러 차례 정학을 당하기도 했다.

하지만 그에겐 남다른 점이 2가지 있었다. 뭔가를 조립하고 컴퓨터를 만지는 일을 미치도록 좋아했다는 것이 하나였고, 한번 목표를 세우면 반드시 이루고야 만다는 것이 또 하나였다.

이러한 기질들을 바탕으로 잡스는 20세란 어린 나이에 애플을 창업한 뒤, 세계 최초의 퍼스널컴퓨터PC를 만들어냄으로써 엄청난 부와 명예를 거머쥔다. 하지만 그는 갑작스러운 성공으로 인해서 교만해졌고, 주변 사람들과 끊임없는 불화를 빚은 끝에 큰 좌절을 경험하게 됐다. 서른 살에 자신이 창업한 회사에서 쫓겨난 것이다. 그는 여전히 돈이 많았지만, 회사에서 버림받은 그에게 돈은 아무 의미도 없었다.

그런데 잡스의 가장 위대한 성취는 바로 여기서부터 시작된다. 그는 좌절하지 않고 다시 일어섰다. 새로운 회사들을 창업하거나 인수해 경영하면서 화려하게 재기했다. 자신이 인수한 픽사에서 애니메이션 영화 〈토이스토리〉를 통해 성공을 이룬 것은 전초전에 불과했다. 뒤이어 애플의 CEO로 복귀해 아이팟과 아이튠즈, 아이폰을 만들어내면서 이 시대의 아이콘으로 떠올랐으니 말이다.

잡스는 지난 2005년 스탠퍼드대 졸업식에서 역사에 남을 명연설을 했다.[14] 정치인의 연설 중에 링컨 전 미국 대통령의 게티스버그

연설이나 오바마 전 미 대통령의 2004년 민주당 전당대회 기조연설 (담대한 희망)이 최고의 연설로 꼽힌다면, 경영자의 명연설 중엔 스티브 잡스의 연설을 빼놓을 수 없다. 정녕 의미 있는 삶이란 무엇인지, 실패가 인생에 가져다주는 것은 무엇인지, 꿈이란 무엇인지, 정말 많은 것을 생각하게 해주는 연설이다.

그는 이 연설에서 "애플에서 해고 당한 것은 결과적으로 내게 최상의 사건이었다"라고 털어놓았다. 이 일로 인해 성공에 대한 중압감이 사라지면서 처음 시작할 때의 가벼운 마음으로 돌아가게 됐고, 이로써 자신의 인생에서 최고의 창의력을 발휘하게 됐다는 것이다.

어려울 때 그를 일으켜 세워준 것은 무엇일까? 그는 "내가 하는 일들을 사랑하는 것이었다"라고 설명한다. "당신이 사랑하는 것을 찾아보세요. 여러분의 일은 삶의 대부분을 차지할 것입니다. 그런 긴 시간 속에서 진정한 만족을 얻을 수 있는 방법은 당신 스스로가 '위대한 일이라고 믿는 일'을 하는 것입니다. 그리고 위대한 일을 하는 유일한 방법은 당신이 하는 일을 사랑하는 것입니다. 아직도 그런 일을 찾지 못했다면 계속 찾으십시오."

애플에 복귀한 후, 잡스는 이전에 해고 당한 쓰라린 경험을 바탕으로 자신의 약점을 반성하고 고쳐나갔다. 무례하고 오만하며 독불장군이라고 불릴 정도로 남의 말을 듣지 않았던 예전의 모습은 완전히 사라졌다. 그는 스스로를 CEO가 아니라 CLO Chief Listening

Officer(최고경청자)라고 칭하며, 다른 사람의 말을 경청하고 팀워크를 우선시하기 시작했다. 또한 아무리 기술적으로 뛰어난 제품도 소비자가 받아들여주지 않으면 의미가 없다는 사실을 인정하고, 소비자의 목소리에도 귀를 기울였다.

하지만 잡스에겐 아직 한 가지 시련이 더 남아 있었다. 2004년에 암으로 시한부 인생을 선고받은 것이다. 3개월, 길어야 6개월밖에 살지 못한다는 것이 처음의 진단이었지만, 천만다행히도 그의 암은 치료가 가능한 암으로 밝혀졌고 그는 수술을 받아 재기하게 된다.

죽음 문턱까지 다녀온 그는 인생에 대해 더욱 큰 교훈을 얻게 됐다. 그는 "죽음은 누구도 피할 수 없고 삶의 시간은 제한돼 있다. 그렇기 때문에 다른 사람들의 시선이나 이야기에 얽매여 '다른 사람의 삶'을 살면서 시간을 낭비하지 말라"고 부탁한다.

"다른 사람들의 생각에 얽매이지 마십시오. 타인의 소리들이 여러분 내면의 진정한 목소리를 방해하지 못하게 하십시오. 그리고 가장 중요한 것은, 여러분의 심장과 직관이 이끄는 대로 살아갈 수 있는 용기를 가지는 것입니다. 이미 여러분의 심장과 직관은 당신이 진짜로 원하는 것이 무엇인지를 알고 있습니다. 나머지는 다 부차적인 것입니다."

태어나자마자 생모에게 버림받고, 큰 성공을 이룬 뒤 곧바로 밑바닥까지 떨어졌으며, 나이 마흔에 죽음 문턱까지 갔다 온 스티브 잡스. 우리가 그에게서 배울 것은 창조경영, 디자인경영에 머물지 않

는다. 우리는 그에게서 큰 꿈과 진정한 용기의 의미를 배우게 된다
(2011년 스티브 잡스는 세상을 떠났다).

마음에 열정의 불길을 유지하는 능력

스티브 잡스가 위대한 성취를 이룰 수 있었던 비결은 3가지다.

첫째, 그는 늘 큰 꿈을 꾸었다. 그의 젊은 시절은 누구보다도 초라하고 가난했다. 하지만 말 그대로 가난하다고 해서 꿈조차 가난할 수는 없었다. 그에겐 어릴 때부터 아주 크고도 구체적인 꿈이 있었다. 바로 컴퓨터를 가지고 세상을 바꿔보겠다는 꿈이었다. 그는 이 새로운 기계가 산업혁명과 같은 새로운 혁명을 가져올 것으로 확신했고, 자신이 바로 혁명의 시대를 앞당길 인물이 될 것이라고 생각했다. 심지어 자신의 꿈이 "우주에 영향을 미치는 것"이라고 확언했을 정도다.

"그것은 내가 원하는 일이었다. 내가 최선을 다했으나 그래도 실패하고 만다면, 어쩔 수 없는 일이다. 어쨌든 나는 최선을 다했으니 말이다."

둘째, 그는 사람들의 마음에 열정의 불길을 유지하는 능력이 있었다. 애플의 한 직원이 말한 회사의 성공요인이 단적인 예다. "우린 돈 때문에 일한 게 아니다. 세상을 바꾸기 위해 일했다. 우리는 우리가 하는 일이 가치가 있다고 스스로 믿었다."

자신을 따르는 사람들로 하여금 이렇게 스스로 열심히 일하게 만드는 능력이야말로 리더로서 최고의 자질이 아닐까? 이렇게 하기

위해서는 리더 자신부터 큰 꿈을 가져야 한다. 그 꿈이 단순히 돈을 더 버는 사리사욕 차원이 아니라 세상을 더 좋은 곳으로 바꾸는 것이라면, 사람들은 더욱 공감하고 진심으로 따르게 된다.

잡스는 한때 같이 일하는 사람들을 모욕하고, 수시로 변덕을 부리기도 했다. 하지만 그가 큰 꿈을 가지고 있고, 또한 사심이 없다는 것을 알기에 많은 직원이 밤낮을 잊어가며 열심히 일했던 것이다.

셋째, 그는 포기하지 않았다. 잡스의 가장 위대한 성취 중 하나는 음반회사들을 설득해 음악을 인터넷으로 팔게 한 것이다. 처음엔 콧대 높은 음반회사들이 콧방귀도 뀌지 않았다. 그러나 잡스의 강한 의지와 설득력, 집중력에 결국 설득당하고야 만다. MP3플레이어인 아이팟이 메가히트를 칠 수 있었던 이유는, 소비자들이 수십만 곡의 음악 중에서 원하는 노래를 언제든지 다운로드할 수 있었던 데도 있다.

이에 대해 잡스는 이렇게 말한 적이 있다. "무언가를 철저히 이해하기 위해서는 열정적인 노력이 필요하다. 그러나 그만큼 노력하는 사람은 별로 없다."

이처럼 강인한 영혼을 지닌 승부사들은 결코 쉽게 넘어지지 않는다. 설사 넘어지더라도 멍하니 주저앉아 있는 일은 없다. 아픔을 참고 일어나, 가던 길을 더욱 맹렬하게 다시 달려간다. 가야 할 목적지가 분명하기에, 샛길로 빠지거나 지체할 이유가 없다. 성취를 꿈꾸는 모든 개인과 조직이 혼을 지녀야 할 이유가 여기에 있다.

즐기는 사람은 눈빛부터가 다르다
리처드 브랜슨 버진그룹 회장의 자기동력 가동법

《논어》에 이런 구절이 있다. "아는 것은 좋아하는 것만 못하고, 좋아하는 것은 즐기는 것만 못하다 知之者 不如好之者 好之者 不如樂之者."일에 대한 동기 부여를 높이는 가장 큰 원동력은 일을 즐기는 것임을 알 수 있는 문장이다.

혼과 즐거움은 잘 어울리지 않는 조합 같지만, 사실 자신이 하는 일에 즐거움을 느끼는 사람은 자신의 마음에 이미 혼을 심은 사람일 가능성이 매우 높다. 이 책의 앞머리에 예시한 벽돌공의 비유처럼, 무더운 날씨에 땀을 뻘뻘 흘리며 벽돌을 쌓는 3명의 벽돌공 중에서 유독 한 사람만이 싱글벙글 웃으며 즐겁게 일할 수 있었던 것은 그가 '성당을 짓는다'는 목적의식, 즉 혼을 갖고 있었기 때문이다.

비디오 게임을 하는 아이는 그것 때문에 칭찬받거나 상을 받는 것도 아니지만, 스스로 즐기기 때문에 밤새 힘든지도 모르고 게임을 한다. 그런데 즐기는 것이 다른 것도 아닌 자신이 매일 하는 일, 즉 직업이라면 얼마나 좋겠는가? 즐겁게 일하니 고된 것도 잊고 스스로 몰두하게 돼 다른 사람을 크게 능가하는 성과를 올리지 않겠는가? 일을 즐기는 사람은 눈빛부터가 다르다. 마치 어린아이가 새 장난감을 손에 얻은 것처럼 호기심에 젖은 눈을 반짝인다.

영국의 괴짜 기업가인 리처드 브랜슨 버진그룹 회장은 즐기며 일하는 대표적인 사례다. 그는 저서 《닥터 예스 Dr. Yes!》에서 "나는 여러 가지 사업을 하면서 살아왔지만, 한 번도 돈을 벌기 위해 사업을 한 적은 없었다. 사업에서 재미를 발견하며 즐겁게 하다보면 돈은 자연히 따라왔다"고 이야기한다.[15] 즐거움의 추구가 돈의 욕구를 앞섰다는 것이다.

"나는 때때로 지금 하고 있는 일이 재미있는지, 그 속에서 행복한지를 스스로 묻는다. 그것만이 유일한 잣대라 할 수 있다. 만약 즐겁지 않다면 그 이유가 뭔지 곰곰이 생각해본다. 궁리 끝에 그 문제점을 바로잡을 수 없다면 나는 더 이상 그 일을 하지 않는다.

나는 만약 어떤 일에서 재미와 즐거움을 더 이상 찾을 수 없다면, 드디어 다른 일을 찾아야 할 때가 된 것이라고 믿는다. 행복하지 않게 시간을 보내기에는 인생은 너무 짧다. 아침에 일어나면서부터 스트레스를 견뎌야 하고, 비참한 기분으로 일터로 나간다면 삶에 대한 올바른 태도가 아니다."

브랜슨의 삶의 원동력은 도전이었다. 그는 열다섯 살의 나이에 〈스튜던트 Student〉라는 잡지를 만들면서 기업가로서의 인생을 시작했다. 사람들은 그의 사업을 장난 정도로 여겼지만, 그의 가슴엔 '할 수 있다'는 믿음이 용광로처럼 끓고 있었다. 광고를 유치하기 위해 수백 통의 편지를 쓴 것도 확신이 있었기에 가능한 일이었다.

그는 학생잡지라고 해서 주변 이야기로만 채우고 싶지 않았기에, 저명인사들을 인터뷰하는 일에 도전하기도 했다. 어리석을 만큼 저돌적으로 온갖 노력과 정성을 들인 끝에 존 레논과 믹 재거 등 일류스타들과 인터뷰에 성공했고, 〈스튜던트〉는 정상급 잡지들보다 유명해졌다. 그러자 거액의 광고가 저절로 몰려왔다.

브랜슨의 도전은 여기서 멈추지 않았다. 곧이어 우편으로 음반을 판매하면 싸게 팔 수 있다는 점에 착안해 우편 음반 할인판매업을 시작했고, 사업이 확장되자 레코드숍을 열었다. 기존 레코드숍과는 달리 학생들을 위한 공간으로 꾸민 덕에 큰 히트를 쳤고, 얼마 안 있어 거의 모든 대도시에 레코드숍을 열 수 있었다. 도전은 계속됐다. 이번에는 음반회사를 차리고 히트 앨범들을 내놓으며 대성공을 거둔 것이다.

그러던 어느 날의 일이다. 그는 여자친구와 영국 버진 제도의 섬에 놀러갔다가 다음 여행지인 푸에르토리코로 가기 위해 공항에 갔다. 그런데 무슨 이유에서인지 비행기가 결항이 됐고, 승객들은 어쩔 줄 몰라 하며 발만 동동 구르고 있었다.

그때 브랜슨이 나섰다. 그는 2,000달러에 비행기 한 대를 전세 냈다. 사람 숫자대로 2,000달러를 나누었더니 한 사람당 39달러면 충분하다는 계산이 섰다. 그는 큰 칠판을 빌려서 이렇게 썼다.

'버진항공사: 푸에르토리코행 편도 39달러'

이것이 오늘날 버진그룹의 주력 사업인 버진애틀랜틱항공의 출발이었다. 휴가 중에 있었던 작은 에피소드를 에피소드로 남기지 않고, 새로운 사업으로까지 연결해낸 것이다. 오늘날 버진항공은 전 세계 30여 곳에 취항하는 세계적인 항공사로 명성을 떨치고 있다.

하지만 그는 여전히 새로운 도전을 주저하지 않는다. 지금은 우주여행을 기획하고 있다. 2011년을 목표로 부유한 관광객을 우주 공간에 올리기 위해 고안된 우주선 '스페이스십 투SpaceShip Two' 프로젝트가 그것이다. 이 우주선은 2009년 12월 7일, 처음으로 대중에게 공개됐다.

바쁘게 살아온 그에게 사람들은 "이젠 좀 쉬라"고 말한다. 은퇴할 때가 됐다고도 한다. 그러면 그는 이렇게 반문한다. "그럼 이제 뭘 하란 말이에요?" 그러면 사람들은 하나같이 이렇게 대답한다. "그림도 그리고 골프도 치고 좀 즐기며 사셔야죠." 브랜슨은 이런 말을 들을 때마다 혼자 생각을 한다. '당신들은 내가 얼마나 즐기며 살아왔는지 모를 거야. 난 언제나 즐겁게 살았고, 내 일은 곧 즐거움이었지. 왜냐하면 재미야말로 처음부터 내가 하는 비즈니스의 핵심이었으니까.'

그는 자신의 일을 싫어하는 사람에게 다음과 같이 조언한다. "그 일이 당신이 선택할 수 있는 유일한 대안인가? 주변을 둘러보라. 뭔가 다른 대안이 있을 것이다. 하기 싫은 일 말고 당신이 할 수 있는 다른 일을 살펴보라."

좋아하지 않는 직장이지만 그래도 계속 남아 일해야만 하는 사람에게는 이렇게 충고한다. "다른 사람들처럼 계속 불평하며 지내지 않길 바란다. 인생은 긍정적으로 바라보는 사람에게 문을 열어준다. 일을 하면서 만나게 되는 사람들과 함께 즐거움을 찾아야 한다."

2025년 세상을 떠난 이탈리아의 거장 디자이너 조르지오 아르마니 역시 일을 즐기기로는 브랜슨에 전혀 뒤지지 않았다. 이미 70대 중반이던 2008년에 한 인터뷰에서 "당신에게 일이란 무엇이냐?"고 묻자 이렇게 말했다.

"일은 나의 열정이다. 나는 주말이면 절망에 빠진다. 무엇인가에 집중할 만한 것이 없기 때문이다. 결국 삶에 활력을 유지하기 위해선 계속 일을 해야 한다. 건강만 허락한다면 앞으로 25년은 더 일하고 싶다."

영화감독 스티븐 스필버그가 조지 루카스와 영화 〈레이더스〉를 찍을 때의 일이다. 주인공 인디아나 존스가 트럭 아래로 떨어져 밧줄에 매달려서 끌려가는 장면을 찍고 있었는데, 스필버그가 갑자기 루카스를 바라보며 다음과 같이 말했다고 한다. "이렇게 재미있는 일을 하면서 돈을 받는다는 사실이 믿어지나요?"

정주영 현대그룹 전 회장은 또 어떠한가. 그는 매일 밤 이런 생각을 했다고 한다. '빨리 내일 아침이 밝았으면 좋겠다. 오늘보다 신나는 일들을 할 수 있으니까.' 출근을 할 때마다 소풍 가는 기분으로 갔다니, 놀라울 따름이다. 예전에 한 기자가 "즐거운 일이 아니라 골치 아픈 일이 잔뜩 생겼을 때도 소풍 가듯 즐거운 마음으로 갈 수 있습니까?"라고 묻자, 정 회장은 웃으며 받아쳤다. "나는 골치 아프고 힘든 일이 잔뜩 있을 때는 그 일이 해결되었을 때의 기쁨을 생각하면서 출근합니다."

일이 재미있어서 미칠 것만 같은 사람들을 타고난 워커홀릭이라고 생각할 수도 있다. 하지만 그보다는 '일의 주인이 된 사람'이라는 표현이 정확할 것이다. 일의 노예가 되어 끌려 다니는 대신 일의 주인이 되어 끌고 갈 때, 일은 의무가 아닌 재미가 된다. 개인은 일의 주인이 되어야 한다. 그래야 진정한 성공을 맛볼 수 있다. 기업은 조직원을 일의 주인으로 만들어야 한다. 그것이 조직원과 기업이 함께 성장하는 길이다.

돈으로는
사람을 움직일 수 없다

혼은 혼으로만 불리지 않는다. 혼의 이름은 여러 가지다. 앞서 살펴봤듯이 비전과 가치, 신념이 혼의 다른 이름들이다. 그리고 혼에 또 다른 이름을 추가하자면 그것은 '대의大義'다.

모든 대의는 개인의 차원을 뛰어넘는다. 진정으로 만족감을 주는 대의는 '자신을 넘어선 목적'이어야 한다. 물론 자기 자신만을 위해 살아도 성공할 수 있다. 적어도 세속적인 의미에서는 말이다. 그러나 그 성공은 작은 성공이다. 그리고 오래가지 못한다. 진정한 성공은 돈이 아니라 사람의 마음, 존경을 얻는 것이다. 그렇게 함으로써 비로소 큰 성공을 얻을 수 있다. 그리고 성공이 지속가능해질 수 있다.

2006년에 세계 10위 부자 리카싱李嘉誠 청쿵長江 그룹 회장에게 진정한 부가 무엇인지 묻자 이런 답이 돌아왔다. "부는 많아도 귀하지 않은 사람들이 많습니다. 진정한 부귀는 자기가 번 금전을 사회를 위해 쓰려는 속마음에 있다고 봐요. 아무리 재산이 많더라도 '바른 뜻志氣'이 없는 사람은 가장 가난한 사람입니다."[16]

그의 좌우명 '의롭지 못한 채 부귀를 누림은 뜬구름 같다不義而富且貴 於我如浮雲'는 《논어》의 한 구절이다.

돈은 모래성이다. 밀물이 오면 무너진다. 많은 사람이 작은 성공 때문에 스스로 무너져버린다. 돈에, 그리고 소비의 유혹에 굴복하고 말기 때문이다. 그래서 그런 성공은 지속가능하지 않다. 자신만을 위해 사는 사람, 나누지 않는 사람의 성공에 누가 관심을 기울일 것인가.

그러나 사람의 마음은 무너지지 않는다. 주변에 당신의 혼과 대의에 공감하고, 당신의 나눔에 도움을 받은 사람이 많다면, 설사 돈이 없어져도 기회는 늘 당신의 주변을 떠나지 않을 것이다. 기브 앤 테이크를 말하는 것이 아니다. 사람의 마음을 얻는 것에 대해 이야기하는 것이다.

1993년 테니스선수 아서 애시가 잘못된 수혈로 인한 에이즈 감염으로 사망했을 때, 소식을 전하던 뉴스 앵커는 끝내 눈물을 흘렸다. 빌 클린턴 전 미국 대통령은 "진정한 미국인의 영웅을 잃었다"며 애도했다. 애시의 고향인 버지니아주의 주지사는 "우리가 본받을 거인을 잃었다"라며 안타까움을 표했다. 왜 모든 이가 그의 죽음에 눈물을 흘렸던 걸까? 메이저 테니스 대회에서 최초로 우승한 흑인 남성이라는 사실만으로도 충분히 대단한 인물이지만, 애시가 많은 사람을 감동시키고 그들의 마음을 얻은 배경은 따로 있다.

인권 문제에 관심이 많았던 그는 UN 본회의에서 인권을 주제로 연설을 하기도 했으며, 남아프리카공화국 인종차별 철폐를 위한 시위에 나섰다가 체포되기도 했다. 에이즈 감염으로 죽어가는 와중에도 그는 "에이즈는 나의 몸을 죽이지만 인종차별은 정신을 죽인다"고 역설했다. 또한 그는 소외된 아이들을 위한 교육사업에도 열과 성을 다했다.

"진정한 영웅은 어떤 대가를 치르더라도 다른 사람을 능가하기 위해 노력하는 것이 아니라, 어떤 대가를 치르더라도 다른 사람을 돕기 위해 노력한다"라고 주장했던 아서 애시. 그야말로 대의의 삶을 산 인물이었고, 그렇기에 모든 이의 마음에 영원히 각인될 수 있었다.

물론 작은 성공, 거짓 성공을 거둔 이들 역시 주변에 사람이 많다. 하지만 그런 사람들은 단순히 지위에서 오는 권력, 힘, 강압, 돈에 의해 모였을 뿐이다. 진정한 영향력은 다른 사람의 존경을 얻음으로써 비로소 얻을 수 있다.

열매를 독식하는 기업은 오래갈 수 없다

대의가 필요한 것은 기업도 마찬가지다. 지속가능한 성공을 얻기 위해서는 열매를 독식하는 기업이 아니라, 나눠주는 기업이 돼야 한다.

《무지개 원리》라는 책으로 유명한 고故 차동엽 신부는 가치에는 '목적가치'와 '도구가치'가 있다고 설명했다.[17] 목적가치란 평등이나 사회정의, 평화처럼 그 자체가 목적이 되는 가치를 말한다. 자기 자신에 머물지 않고 인류와 사회에 기여하는 가치를 말한다. 반면 도구가치란 이런 목적을 추구하는 데 도구가 되는 가치로서, 예를 들면 정직, 책임, 용서 같은 것들이 있다.

진정한 혼은 목적가치임은 물론이다. 꿈과 비전이 처세의 노하우에 그친다면 의미는 크게 반감된다. 그것이 다른 사람과 인류에 좋은 영향을 끼친다는, 목적가치에 이바지할 때 진정한 의미를 갖게 된다.

흔히 기업의 성공비결을 논할 때 필수요소로 비전이 거론되곤 한다. 하지만 그 비전은 개인을 뛰어넘어 타인을 포함한 비전이라야 비로소 의미가 있다. 기업의 직원들 중에서 주주를 부유하게 만든다는 목표에 가슴 벅차하면서 일할 사람은 거의 없을 것이다.

짐 콜린스는 성공한 기업을 두 부류로 나누어 성공비결을 분석했다.[18] 둘 다 성공한 기업이기는 마찬가지인데, 한 부류는 비전, 우리의 용어로는 혼을 가진 기업(비전 기업)이고, 다른 부류는 그렇지 않은 기업(비교 기업)이었다. 두 부류 모두 업종 평균을 웃도는 성과를 올렸지만, 비전 기업의 성과는 비교 기업을 장기적 측면에서 크게 웃돌았다. 그 원인은 어디에 있을까?

비전 기업은 비교 기업과 뚜렷이 다른 특징을 몇 가지 갖고 있었다. 무엇보다 문자 그대로 뚜렷한 비전을 갖고 있다는 것이 비교 기업과 달랐다. 또 하나 큰 특징은 비전이 이익이라는 좁은 울타리를 벗어나 있었다는 점이다. 비전 기업들은 여러 목표들을 추구하고 있었으며, 돈은 그중 하나였을 뿐이다. 많은 비전 기업은 기업에 단순히 돈을 벌기 위한 수단 이상의 의미를 부여했다.

짐 콜린스가 분석한 결과, 대부분의 비전 기업에서 회사의 목표나 핵심가치로 '이익의 극대화'나 '주주의 부의 극대화'라는 개념은 찾아볼 수 없었다. 이를테면 휴렛팩커드의 공동 창업자 중 한 사람인 데이비드 패커드는 1960년 직원들을 대상으로 한 연설에서 이렇게 말했다.

"나는 가장 먼저 왜 기업이 존재해야 하는가에 대해 토론하고 싶다. 다시 말하면 왜 우리가 이곳에 있는가 하는 문제다. 나는 많은 사람이 기업이란 단순히 돈을 벌기 위해서 있는 것이라는 잘못된 가정을 갖고 있다고 생각한다. 이익 추구가 기업의 중요한 존재 이유이긴 하지만, 우리는 더 깊고 진정한 기업 존재의 의미를 살펴보아야 한다.

진부한 표현처럼 들릴지 모르지만, 기업은 사회에 공헌한다. 주위를 둘러볼 때 여전히 돈을 버는 데만 관심이 있는 사람들이 있겠지만, 그러한 경우에도 제품을 만들거나 서비스를 제공하는 등의 무언가 가치 있고 중요한 일을 성취하려는 열망이 바닥에 깔려 있음을 알 수 있다."

경영의 역설이라고도 할 수 있는 것은, 이익을 뛰어넘는 더 큰 목적을 추구하는 회사에겐 저절로 이익이 따라왔다는 사실이다. 세계적인 의약품회사 머크Merck의 조지 머크 2세는 1950년 이러한 역설에 대해 아래와 같이 설명했다.

"나는 우리 회사가 지지해온 원칙을 종합적으로 결론짓고자 한다. 우리는 의약품이 환자를 위한 것임을, 그리고 인간을 위한 것임을 잊지 않으려고 노력한다. 의약품은 이익을 위한 것이 아니고, 이익 자체는 부수적임을 기억하는 한 이익은 저절로 따라다닌다. 이러한 점을 잘 명심할수록 이익은 더욱 커졌다."

열매를 독식하는 기업은 단기적인 성장이나 성공을 거둘 수 있을지는 모르지만, 그 성공을 오래 지속하기는 힘들다. 돈이 목적인 조직의 구성원은 언제든 더 많은 돈을 찾아 떠날 수 있다. 나누지 않고 베풀 줄 모르는 기업은 소비자에게도 외면받기 십상이다. 20세기 후반 이후 경영학의 중요한 흐름 중 하나는 섬김의 경영, 나눔의 경영을 중시하는 것이다. 이는 자본주의와 기업문화가 좀더 성숙해져야 한다는 시대의 요청에 맞추어 나타난 조류라고 할 수 있다.

섬김의 경영, 나눔의 경영은 요즘 글로벌 기업들의 새로운 가치관으로 자연스럽게 자리 잡고 있다. 불과 몇 년 전만 해도 기업의 존재 이유는 '이윤'이라고들 했다. 그러나 요즘 이런 이야기를 하는, '간 큰' 기업은 거의 없다. 이런 기업의 새로운 가치관을 지속가능경영이라고도 하고, 사회책임경영이나 윤리경영이라고도 한다. 기업이 단순히 돈벌이만 목표로 하는 것이 아니라, 사회와 세계의 건전한 발전을 위한 사회적 책임과 환경보호를 장기적 과제로 삼는 것을 말한다. 다시 말해 대의를 실천하는 것이다.

지속가능경영은 찰스 핸디가 말하는 '대성당의 철학'과도 일맥상통한다. 지금 사람들이 감탄하며 바라보는 거대한 성당들은 완성되기까지 수백 년이 걸리기도 한다. 당연히 처음 성당을 설계하고 건설한 사람들은 대부분 성당이 완성되는 것을 보지 못한다. 하지만 그들은 현재가 아닌 미래를 위해, 자신이 아닌 후손을 위해 대성당을 짓는다. 이것이야말로 진정한 대의가 아니고 무엇이겠는가.

주주 자본주의의 실패

'주주 자본주의'는 지난 30년 동안 세계경제의 운영원리가 되었던 미국식 자본주의의 금과옥조였다. 주주 자본주의의 기본 전제는 '모든 기업은 주주의 부를 최대화하기 위해 존재한다'라는 것이다. 이는 기업은 주주의 것만이 아니라 소비자와 종업원, 지역사회, 관계 기업 등 다양한 이해관계자의 것이기도 하다는 '이해관계자 자본주의'에 대립되는 개념이다. 이해관계자 자본주의에 가까웠던 유럽과 일본 경제가 미국에 비해 상대적으로 부진에 빠지면서 주주 자본주의의 영향력은 더욱 강해졌다.

그러나 이 위세 등등했던 주주 자본주의가 글로벌 금융위기를 몰고 온 주범으로 지목되면서 흔들리고 있다. 미국식 자본주의의 교과서라고 할 수 있는 〈하버드 비즈니스 리뷰〉는 2010년 신년 호를 통해 '주주 자본주의의 종언'을 고했다.

토론토대학 로트먼경영대학원의 로저 마틴 교수는 〈하버드 비즈니스 리뷰〉 기고를 통해 '기업이 주주의 부를 극대화한다는 목적을 추구하면 주주는 물론 사회 전반이 이익을 보게 된다'는 주주 자본주의의 전제는 심각한 오류라고 비판했다.[19]

마틴 교수가 연구한 결과, 경영자가 아닌 주주를 기업의 중심에 놓는 주주 자본주의는 실제로는 주주에게 이롭지 않은 것으로 밝혀졌다. 주주 자본주의가 본격적으로 도입되기 전인 1933년부터 1976년까지 미국 S&P500(북미 500개의 규모가 큰 기업체들의 주가를 반영한 주가지수)에 포함된 기업의 주주들은 실질 연 복리 기준으로 연 7.6%를 벌었던 반면, 주주 자본주의가 도입된 1977년부터 2008년까지는 연 5.9%를 버는 데 그쳤다.

경영의 초점을 주주에게 맞추는데 왜 주주가 받는 몫은 더 적어진 걸까? 그 이유를 마틴 교수는 이렇게 설명한다. 즉, 주주 가치라는 것이 결국 주가에 의해 결정되는데, 주가는 기업의 펀더멘털fundamental(기업의 실제적 경쟁력)보다는 미래에 대한 시장(즉, 투자자와 주주)의 변덕스러운 기대와 상상에 의해 좌우되기 때문이라는 것이다.

주주는 기업의 자산과 소득에 대한 잔여 청구권을 가진다. 즉, 기업이 종업원과 부품 공급업체, 정부, 채권자, 우선주 소유자에게 주고 남은 돈이 바로 주주의 몫이다. 결국 주주 가치는 기업이 미래에 벌어들일 현금 흐름으로부터 위의 각종 비용을 제한 것을 현재 가치로 할인함으로써 정해진다. 그런데 미래를 정확히 알 수 없기에 투자자들은 기업의 미래 현금 흐름을 추정해야 한다. 결국 미래에 대한 주주들의 집단적인 예상이 주주 가치에 대한 예상, 즉 주가를 형성한다. 주가가 그 예상보다 높으면 주식을 팔 것이고, 주가가 그 예상보다 낮으면 주식을 살 것이기 때문에 주가는 그 집단적인 예상과 같아진다.

이는 주주 가치란 것이 기업의 현재와는 거의 무관할 수 있음을 의미한다. 실제로 주가 중에서 기업의 현재 이익으로 설명할 수 있는 부분은 극히 적다. 2000년부터 2010년까지 10년간 S&P500 기업의 주가수익배율(주가를 주당순이익으로 나눈 것)은 평균 27배에 이른다. 이는 주가 중에서 기업의 현재 이익으로 설명되는 부분이 약 4%에 불과하다는 의미다.

경영자들에게 이런 상황이 시사하는 바는 자명하다. 주주 가치를 높이는 거의 유일하고도 확실한 길은 기업의 미래 성과에 대한 시장의 예상치를 높이는 것이다. 문제는 어느 경영자도 이것을 계속할 수는 없다는 점이다. 임기응변으로 주주 가치를 단기적으로 끌어올릴 수는 있겠지만, 지속될 수는 없다.

경영자들은 결국 주주 가치란 변덕스러운 것이고, 자기들의 통제 밖에 있는 것이라고 이해하게 된다. 이는 경영자들로 하여금 단기 성과에 집중하게 만든다. '나중에야 어떻게 되든 우선 주가를 끌어올린 뒤 빠져나가자. 그래서 나중에 닥치고야 말 파국을 피하자. 그리고 책임은 후임 경영진에게 돌리자.' 이렇게 생각하게 되는 것이다. 마틴 교수의 표현을 빌리자면 경영자들은 자신에게 맡겨진 게임에서 이길 자신이 없기에, 그것을 자신들이 이길 수 있는 게임으로 바꿔놓는다.

이것이 바로 주주 가치 극대화라는 좋은 목적에도 불구하고, 주주가 오히려 손해를 볼 수 있는 이유다. 주주 가치를 높여야 한다는 압력이 거셀수록 경영자는 더더욱 주주 가치를 훼손하는 행위를 하도록 내몰리게 된다. 마틴 교수는 이런 치명적인 문제점을 가진 주주 자본주의의 대안으로 '소비자 주도 자본주의'를 제시했다. 그가 말하는 소비자 주도 자본주의는 우리에게 보다 친숙한 용어인 '이해관계자 자본주의'와 유사하다. 그가 말하는 소비자의 범주를 광의로 해석하면 종업원과 사회 전반까지 포함돼 있는 것으로 보인다.

소비자 주도 자본주의 혹은 이해관계자 자본주의 원칙에 따라 움직이는 기업들은 미래에 대한 주주들의 변덕스러운 기대, 즉 주가에 신경 쓰지 않고, 본연의 일과 실체가 있는 업무, 즉 소비자에게 초점을 맞추고 있다. 그리고 그 결과는 주주 자본주의에 몰두했던 회사들을 능가했다. 실제로 주주 자본주의의 옹호자인 잭 웰치 전 GE 회장의 재임 기간인 1981~2001년에, 소비자 주도 자본주의를 지향했던 P&G와 존슨앤드존슨의 주주 가치는 연 복리 기준으로 각각 연 15.2%와 14.5%로 GE의 12.3%를 앞질렀다(물론 GE의 경우 나중에 GE 캐피탈의 부실로 큰 주주 가치 손실을 입게 되는 것을 반영하지 않은 수치다).

주주 자본주의의 문제점을 보여주는 다른 사례로 삼성전자를 꼽을 수 있다.[20] 삼성전자 주식의 절반 이상을 갖고 있는 외국 투자자들은 2000년대 초반만 해도 삼성전자에 "이익이 많이 나는 반도체 메모리사업에만 집중하고 기타 사업은 분사 또는 분리하라"라고 요구했었다. 하지만 삼성전자 경영진은 "다가오는 디지털 컨버전스 시대에는 다각화된 사업 구조가 큰 시너지 효과를 낸다"라고 주장하면서 그들의 요구를 거부했다.

외국 투자자들은 단기 실적에만 초점을 맞추었기에 먼 장래를 내다볼 수 없었다. 만일 2000년대 초반에 주주 중시의 주주 자본주의를 맹신해 외국 투자자들의 의견을 그대로 따랐다면, 디지털TV와 LCD모니터에 이어 전 품목 세계 1위를 목표로 내건 오늘날의 삼성 신화는 없었을 것이다.

성공은 자비의 마음에서 출발한다
이나모리 가즈오 교세라 명예회장의 경천애인론

대의를 실천하면 존경이 뒤따른다. 일본에서 가장 존경받는 기업인이 누구일까? 지난 2007년 일본 스미토모생명이 전국 2만 6,000명의 기업인들에게 설문조사한 결과, 1위는 파나소닉의 창업자 마쓰시다 고노스케, 2위는 혼다기겐의 창업자 혼다 소이치로였다.

그리고 3위가 바로 이나모리 가즈오 교세라 Kyocera 창업자 겸 명예회장이다. 2010년 1월, 일본 정부는 경영 파탄에 빠진 일본항공 JAL의 경영을 정상화하기 위한 최후의 카드로서 그를 CEO로 전격 발탁해 화제를 모았다.

이나모리 명예회장은 이른바 '교세라 필로소피'라는 경영 이념을 정립해 모든 종업원과 공유한 것이야말로 교세라가 세계적 기업이 될 수 있었던 비결이라고 강조했다.[21]

"돈으로는 사람을 움직일 수 없습니다. 사람을 움직이려면 마음 깊은 곳에서 불타오르는 동기를 부여해야 합니다. 이를 위해서는 이윤을 뛰어넘는 숭고한 경영철학과 경영자의 인격이 필요합니다."

대의명분이야말로 최고의 동기 부여 수단이라는 것이다. 이렇게 해서 '경천애인敬天愛人'이란 그의 경영철학이 나왔다. 그가 위대한 점은 경천애인의 이념을 말에 머물지 않고 실천한 데 있다. 그는 사재 200억 엔을 출연, 일본의 노벨상으로 비유되는 '교토상'을 만들어 시상하고 있다. 또한 "회사는 세습되어서는 안 된다"면서 65세이던 1997년 회장직에서 물러났고, 2005년엔 교세라 이사직을 사임하면서 받은 퇴직금 6억 엔을 몽땅 대학에 기부했다. 그는 강렬한 혼을 가진 인물이며, 그 혼을 모든 종업원들과 공유하는 데 가장 큰 힘을 쏟은 인물이기도 하다. 그에게 혼은 자비이고 대의였다.

그에게 혼이 대의의 다른 이름임을 보여주는 일화가 있다. 1984년 이나모리 명예회장은 거대 공룡기업이던 NTT에 맞서 민영 통신업체인 KDDI를 설립하면서 매일 밤 스스로에게 이렇게 물었다고 한다.

'네가 전기통신사업에 뛰어들고자 하는 것은 정말로 국민을 위해서인가? 회사나 자신의 이익을 꾀하고자 하는 사심이 섞여 있지는 않은가? 아니면 혹시 과시하려는 것은 아닌가? 정녕 그 동기에 한 점 부끄러움이 없는가?'

6개월간의 고민 끝에 사심이 개입되지 않았다는 자신감을 갖고서야 KDDI 설립에 나섰다. 그가 이윤 추구와 주주 중심주의, 성과주의를 바탕으로 한 서구식 자본주의의 대척점에 서 있는 인물임을 보여주는 대목이다.

이나모리 명예회장은 기업은 단순히 돈을 버는 이상의 '레종 데트르(불어로 존재 이유란 뜻으로 그가 즐겨 쓰는 표현이다)'를 가져야 한다고 주장했다. 그는 "경영의 베이스엔 거래처, 종업원, 고객 모두를 사랑해 모두가 잘돼야 한다는 자비의 마음이 깔려 있어야 한다"고 강조했다.

"경영자는 어떻게든 이익을 내려 하고 또 반드시 이익을 내야 하지만, 이익을 추구하는 데도 길이 있습니다. 나 혼자 많이 벌면 좋겠다는 자기애로는 오래가지 못합니다. 거래처와 종업원을 포함해 모든 사람을 행복하게 해준다는, 더 큰 사랑이 필요합니다. 그래야 오래 갈 수 있습니다."

그러나 약육강식과 정글의 법칙이 통용되는 혹독한 환경 속에서 당장 살아남아야 하는데, 모든 사람을 행복하게 해준다는 것은 너무 한가한 말 같기도 하다. 이런 필자의 의문에 그는 "흔히 자본주의를 약육강식이라고들 하지만, 사실은 그게 아니라 적자생존이 더 올바른 표현이 아닌가 싶다"라고 답했다.

"자연을 보더라도 사실 약육강식이란 것은 의외로 흔하지 않습니다. 다만 환경에 맞는 것만 살아남고, 그렇지 못하면 멸망하는 것입니다. 그래서 길가의 한 포기 풀과 한 그루 나무까지도 살아남으려고 안간힘을 씁니다. 가뭄이 와도 비가 올 때까지 견뎌보자면서 필사적으로 노력합니다. 그렇게 노력하지 않으면 바로 말라붙어서 시들어 버립니다. 인간처럼 '좀더 편히 살자' '좀더 호강을 누리자'라고 해서는 살아남을 수 없는 것입니다.

다시 말해 적자생존이란 의미에서는 열심히 일하는 것만이 유일한 길입니다. 다만 일할 때의 마음은 자비와 배려가 바탕에 있어야 한다는 것입니다."

'자본주의의 본질이 약육강식이 아니라 적자생존'이라는 그의 말에 진한 감동을 받았다. 깊은 성찰이 담긴 이 말을 통해 사람과 기업의 보다 근본적인 존재의 의미를 다시 생각하게 됐다.

리더의 자기희생 없이는 성장도 없다

자비와 배려, 대의를 목숨만큼 소중히 하는 그이기에, 이나모리 명예회장이 리더들에게 요구하는 첫 번째 자질은 '자기희생'이었다.

"자본주의의 지나친 면에 대해 법률이나 규칙을 바꾸는 것도 필요하지만, 가장 중요한 것은 인간의 마음입니다. 인간이 많은 돈을 벌려고 하는 욕망이 있는 한, 아무리 규칙이 있어도 같은 일이 끊임없이 반복될 수 있습니다. '사자도 배가 부르면 더 이상 먹이를 사냥하지 않는다'는 말이 있습니다. 인간도 이와 같이 자연의 절도를 본받아야 합니다. 특히 위에 선 사람, 즉 리더라는 존재는 자기희생을 보이지 않으면 안 됩니다. 자기애가 강한 사람이 리더가 되어서는 안 됩니다. 자기애가 강한 사람이 리더가 된 조직은 불행한 조직이라고 할 수밖에 없습니다."

이러한 맥락에서 그는 영미권 대기업 CEO나 임원이 천문학적인 연봉을 받는 데 대해 매우 비판적인 입장을 밝혔다. 이 문제에 대해 이처럼 통렬한 비판을 한 사람을 필자는 거의 보지 못했다.

"확실히 회사가 큰 이익을 냈다면 리더인 CEO와 일부 고위 임원들의 역할이 컸을 것이므로 그만한 돈을 받을 가치가 있다고 생각할 수 있을 것입니다. 예를 들어 금융계에선 불과 100명이 수조 엔을 굴려 수천억 엔을 법니다. 그래서 1,000억 엔을 벌었다면 그 1할인 100억 엔을 받아도 이상한 일은 아니지 않은가 생각할 수 있을 것입니다. 그래도 900억 엔이 남으니까요.

　제조업체에도 그런 생각이 확산됐습니다. 교세라는 연간 수천억 엔 정도를 벌지만, 전 세계 6만 명의 종업원이 벌어들인 것이죠. 그런데도 그런 이익이 나면 '톱인 내가 1할 정도는 떼도 되지 않나'라고 생각해 제조업체에서도 거액의 돈, 즉 일반 종업원의 수십, 수백 배에 달하는 월급을 받는 것이 당연한 일처럼 되어버렸어요.

　그러나 과거 봉건주의나 전제주의 시대의 독재국가라면 몰라도, 민주주의라면서 이런 일이 생기는 것은 정말 이상한 일입니다. 민주주의가 되어 모두가 평등하고, 모두를 위해서라고 말하면서도 사고방식은 과거 봉건주의 시대처럼 폭력적인 독재자, 전제군주가 하던 짓과 거의 같은 일들을 지금 다시 시작했어요. 이처럼 자본주의, 자유시장경제가 사회에 거대한 격차를 만들어낸 것은 사회의 변화를 수렴하는 의미가 있다 하더라도 매우 이상한 일이라고 생각합니다. 인간과 CEO의 끝없는 욕망이 확산되어 지금 이런 문제를 일으킨 것입니다."

　또한 그는 성과급제도에도 반대했다. 실적이 좋은 직원에게 상여금을 많이 주면 인센티브가 되겠지만, 항상 실적이 좋을 수만은 없기 때문이다. 실적이 좋아 월급이 오를 때는 좋지만, 월급이 올라 그에 맞게 생활했는데 실적이 나빠 갑자기 월급이 반으로 준다면 사람으로서 견디기 힘든 일이라는 것이다.

　그러나 열심히 일한 사람에게 표창하는 정도로 보상이 될까? 그것으론 부족하다고 생각해 돈을 많이 주는 다른 회사로 옮겨가지 않을까? 이 의문에 대해 이나모리 명예회장은 이렇게 설명했다.

"물론 그런 사람도 있을 수 있겠죠. 다행히 우리 회사엔 그런 사람이 적습니다. 또한 저희도 회사에 이바지한 사람에게는 승진을 시켜준다든지, 조금이라도 다른 사람보다 후한 대우를 하고 있습니다. 무엇보다 중요한 것은 자비의 마음입니다. 자기애가 아니라 말입니다. 주위의 사람과 성과를 나누는 기쁨, 이것이야말로 질이 다른 기쁨이고 아름다운 기쁨입니다."

실적에 따른 차등 성과급에 반대하는 그의 주장은 현대 경영학의 관점에서 볼 때 이론異論의 소지가 많다. 그러나 그가 주위의 사람과 성과를 나누는 기쁨을 "질이 다른 기쁨이자 아름다운 기쁨"이라고 말하는 것을 듣고, 그의 마음 깊숙이 있는 자비의 마음이 전달되어오는 느낌을 받았다. 그가 일본에서 가장 존경받는 기업인으로 추앙될 수 있었던 배경은 바로 이 '자비의 경영'일 것이다.

'당근과 채찍'으로는 빈껍데기만 얻을 뿐이다
에드워드 데시 로체스터대 교수의 자기 결정성 이론

사람을 움직이고 일하게 만드는 동력은 그 일의 의미와 즐거움에 있다. 사실 연봉, 승진 같은 보상으로는 사람을 움직이는 데 한계가 있다는 것은 이미 많은 심리학 연구에 의해 규명되기도 했다.

'자기 결정성 이론 Self-determination theory'을 주창한 로체스터대 심리학과의 에드워드 데시 교수에 따르면, 사람에겐 '내발적 동기'와 '외발적 동기'가 있다고 한다.[22]

내발적 동기란 어떤 행위 자체가 즐겁고, 자연발생적인 만족을 주기 때문에 그 일을 하는 것을 말한다. 예를 들어 아이들은 비디오 게임을 매우 좋아한다. 비디오 게임을 한다고 해서 칭찬받거나 상을 받는 것도 아닌데 아이들은 스스로 원해서 게임을 한다. 이런 아이들은 비디오 게임에 내발적으로 동기가 부여되어 있다고 할 수 있다. 그들에게 있어서 보상이라고 하면, 그것은 비디오 게임을 한다는 자체 혹은 재미있게 놀았다는 만족감이다.[23]

반면 외발적 동기란 행위가 뭔가 다른 결과(예를 들어, 금전적 보상이나 벌을 피하는 것)를 가져오기 때문에 그 일을 하는 것을 말한다. 비디오 게임은 좋아하지만, 공부는 싫어하는 아이가 있다고 하자. 부모는 "공부를 열심히 하면 다음에 새로운 게임을 사줄게"라고 약속한다. 이렇게 하면 아이는 공부를 더 많이 할 수도 있다. 상을 받는다는 외발적 동기 때문에 공부를 하게 되는 것이다.

중요한 사실은 내발적 동기가 외발적 동기보다 더 지속성이 있고, 더 좋은 성과를 가져오며, 더 큰 심리적 안정을 가져온다는 점이다.

내발적 동기의 경우, 활동에 열중하는 것 자체가 보상이 되므로 언제까지나 높은 동기가 부여될 수 있고, 활동이 계속 유지돼 자연스럽게 좋은 성과를 내게 된다. 반면 외발적 동기 부여의 경우 대부분 효과가 한시적일 가능성이 높다.

문제는 외발적 동기 부여가 자칫 잘못하면 내발적 동기마저 꺾을 수도 있다는 점이다. 즉, 원래 내발적 동기에 의해 자연발생적으로 시작한 활동에 대해 보상(외발적 동기)을 줌으로써, 역으로 원래 그 사람이 가졌던 자발적인 의욕(내발적 동기)이 줄어들 수 있다. 데시 교수를 비롯해 수많은 심리학자들이 이 가설이 옳은지 실험해봤는데, 100건 이상의 실험에서 예상대로 외발적 동기 부여가 내발적 동기를 둔화시키는 것으로 나타났다.

데이비드 그린과 마크 레퍼라는 심리학자가 했던 실험도 그중 하나다. 그들은 그림 그리기를 좋아하는 유치원생들을 모아 실험을 진행했다. 그림 그리기에 내발적으로 동기가 부여된 아이들이라고 할 수 있다.

두 심리학자는 아이들을 A와 B, 두 그룹으로 나눴다. 그리고 A그룹 아이들에게는 "그림을 그리면 상을 줄 것이며, 많이 그릴수록 상을 많이 주겠다"라고 말했다. 반면 B그룹 아이들에게는 아무런 이야기도 하지 않았다. 그런 뒤 두 그룹 아이들에게 자유롭게 그림을 그리게 했다. 실험이 끝난 뒤 A그룹 아이들에게는 예고한 대로 그림을 그린 장 수에 따라 상을 주었다. B그룹 아이들에게는 미리 이야기한 것은 아니지만, 역시 A그룹처럼 그림을 그린 장 수에 따라 상을 줬다.

일주일 뒤, 유치원의 자유놀이 시간에 아이들에게 그림을 그리게 하고는 얼마나 많이 그리는지를 관찰했다. 이번에는 상이 없었다. 그 결과, A그룹 아이들은 실험 전과 비교해 눈에 띄게 적은 그림을 그렸다. 즉, 아이의 활동에 보상을 줌으로써 오히려 스스로 그림을 그리려는 의욕을 꺾어놓은 것이다.

　반면 B그룹 아이들은 실험 전보다 더 많은 그림을 그렸다. B그룹의 경우 상을 받긴 했지만, 상이 예고되진 않았다. 즉, 자기 그림에 대해 예상치 못한 상을 받았다는 이야기가 된다. 예고 없는 상은 B그룹 아이들에게 '내 그림이 좋은 평가를 받았다'는 기분을 불러일으켰다. 따라서 내발적 동기가 한층 높아졌다고 할 수 있다.

　내발적 동기를 떨어뜨리는 외발적 동기가 어떤 것인가에 대해서도 많은 심리학 실험이 있었는데, 보상 외에도 벌칙, 데드라인, 감시 등의 외발적 동기가 내발적 동기와 역의 상관관계를 갖는 것으로 나타났다. 이 같은 연구는 기업 경영에도 많은 시사점을 준다. '당근과 채찍' 전략으로 상징되는 전통적인 기업의 보상 시스템은 종업원이 스스로 일하려는 동기, 즉 내발적 동기를 오히려 꺾을 수 있다는 점이다.

　자기 결정성 이론 학파는 사람이 추구하는 목적도 동기와 마찬가지로 2가지로 나눠진다고 설명한다. 내발적 목적과 외발적 목적이 그것이다.

내발적 목적이란 개인적 성장, 좋은 사회적 관계를 구축하는 것, 사회에 도움이 되는 것 따위가 해당한다. 반면 외발적 목적이란 부자가 되는 것, 유명해지는 것, 남에게 긍정적인 이미지를 주는 것 따위가 해당한다. 여러 연구에 따르면, 내발적 목적에 중점을 두는 사람들이 외발적 목적에 중점을 두는 사람들에 비해 심리적으로 더 건강하며, 과업을 수행할 때보다 자율적인 것으로 나타났다.

한 연구는 사람들의 목적을 임의로 조작하는 실험을 했다. 무언가를 공부하게 하는 실험이었는데, A집단에게는 그것을 공부하면 인간적인 성장(내발적 목적)에 도움이 될 것이라고 알려준 반면, B집단에게는 돈을 버는 데(외발적 목적) 도움이 될 것이라고 알려줬다. 그 결과, A집단이 B집단에 비해 공부에 대한 이해도가 월등히 높고, 공부한 내용을 토대로 한 실행에서도 성과가 훨씬 좋은 것으로 나타났다.

내발적 동기와 내발적 목적이 필자가 말하는 혼과 일맥상통함은 물론이다. 자기 결정성 이론 연구는 개인과 조직에게 왜 혼이 중요한가를 과학적으로 보여주는, 중요한 연구 결과라고 할 수 있다. 당근과 채찍이 조직원에게 끌어내는 것은 표피적인 열정에 불과하다. 그들이 진심을 다해 일하게 만드는 원동력은 그들 안에 있다. 그 안에 있는 열정과 의지를 불타게 하는 것, 그것이 바로 혼이요 대의다.

리더의 가장 중요한 자질은 목표를 세우는 것
류촨즈 레노버 전 회장의 목표경영론

리더가 대의를 품으면 목표가 원대하고 뚜렷해진다. 그리고 원대하고 뚜렷한 목표는 조직원을 스스로 움직이게 만드는 강력한 힘이 된다. 조직원에게 내발적 동기를 부여하고, 일에 몰입해 최고의 기량을 발휘하게 만든다.

중국을 대표하는 기업인 중 한 사람인 류촨즈柳傳志 회장은 목표를 중시하는 경영의 힘을 잘 보여준다. 그는 중국 최대 민영기업 레노버Lenovo의 창업자이며, 레전드홀딩스(레노버의 모기업) 회장을 역임했다. 〈포춘〉에 따르면 그가 창업한 PC회사 레노버는 2006년 146억 달러(약 14조 원)의 매출을 올려 민영기업 중 1위를 차지했다. '중국의 빌 게이츠'라 할 수 있는 인물인 것이다.

중국인들이 류촨즈 회장에게 열광하는 특별한 이유가 하나 있다. 그는 2004년 미국 IBM의 PC사업부문을 인수해 세계의 화제가 됐다. 다윗이 골리앗을 품은 격이다. 말하자면 그는 '세계로 도약하는 중국의 힘'을 상징하는 인물인 셈이다.

류촨즈 회장의 인생 좌우명은 회사의 성장 단계에 따라 달라졌다. 1996~1997년 회사가 경영난을 겪고 있을 때, 그가 책상머리에 새겨둔 글자는 '우짜오勿躁(조급하지 말자)'였다. 그러다 회사 상황이 좋아지고 나서는 '홍이弘毅(뜻이 넓고 굳셈)'란 글자를 액자로 만들어 사무실 벽에 걸었다. 더 긴 목표를 세워 끝까지 견지해야 된다는 다짐을 담은 것이었다.

이처럼 늘 보다 높고 큰 목표를 세우고 이를 향해 달려온 그이기에, 그가 꼽는 리더의 가장 중요한 자질 역시 '목표를 잘 세울 줄 아는 것'이다. 그는 "아주 명확한 목표를 세워야 한다. 미래의 큰 그림을 그려야 구성원을 이끌고 앞으로 나갈 수 있다"라고 주장한다.[24]

도덕성과 품성, 그리고 감성도 류촨즈가 생각하는 리더의 자질들이다. 그에 따르면 감성은 큰 가슴으로 사람들을 포용해서 단결시키고, 서로 소통하게 만드는 힘을 뜻한다. 혼·창·통 정신과 일맥상통하는 부분이다.

물론 명확한 목표를 세웠다고 해서, 모든 조직원이 무조건 따라오는 것은 아니다. 류촨즈 회장의 '목표경영'은 직원들의 참여를 이끌어낸 방법에서 빛을 발한다.

"처음 10명과 회사를 세웠는데 자금이 부족했기 때문에 일한 만큼 나눠줄 수가 없었어요. 사람들을 단결시키고 응집시키려면 제가 솔선수범하는 수밖에 없었죠. 그래서 저는 많이 일하면서도 덜 가져갔어요. 그랬더니 구성원들이 잘 따라오더군요."

목표, 곧 혼을 조직에 심는 데서 리더의 역할은 끝나지 않는다. 목표를 향해 조직원과 어떻게 나아갈지를 고민하는 일 역시 리더의 몫.

그런 의미에서 류촨즈 회장의 목표경영은 리더들에게 시사하는 바가 크다고 하겠다.

놀라운 성취를 이루어냈음에도 불구하고 류촨즈 회장은 늘 마음속에 '천외유천天外有天'이란 중국 속담을 새기고 다닌다고 했다. 하늘 위에 또 하늘이 있다는 뜻이다. 그는 이 말의 의미를 이렇게 설명했다. "제 성격에는 자만의 DNA가 흐르고 있습니다. 조금만 방심해도 우쭐해지기 쉬운 성격이죠. 그래서 늘 자만하지 않도록 스스로를 일깨우고 조심하고 있습니다."

인재는 '기어'가 아닌 '엔진'이다

류촨즈 회장은 기업 경영에 있어 남들보다 잘했다고 생각하는 한 가지로 '사람을 키우는 것을 아주 중시했다'는 점을 꼽는다. 그는 레노버가 세계적 기업으로 성장한 제1의 원동력 역시 인재를 중시했다는 점이라고 확신한다.

"조그마한 회사에서는 일하는 게, 큰 회사에서는 사람을 관리하는 게 중요하다고 생각해요. 일을 할 때마다 인재 양성을 중요하게 생각했습니다. 오늘의 레노버가 다양한 영역에서 새로운 일을 전개할 수 있는 것은 젊은 인재들이 나왔기 때문인데 이는 '감성'과 관계가 있다고 생각합니다. 좋은 실적을 모두 나 자신의 공으로 돌리거나, 모든 권력을 내가 행사하거나 하지 않았습니다. 직원들에게 능력을 발휘할 수 있는 무대를 제공했습니다."

류촨즈 회장의 인재 양성 노하우는 '엔진 문화'라는 말로 압축된다. "간부는 큰 엔진이고, 그 밖의 모든 직원들은 큰 엔진과 함께 돌아가는 작은 엔진이 되어야 합니다. 밑의 직원들이 엔진에 따라 움직이는 기어가 되어서는 절대로 안 됩니다. 어떻게 하면 일을 더 잘할 수 있는지 스스로 생각하게 만들어야 합니다. 이렇게 해야 원동력이 더 커지게 됩니다."

그의 개인적인 성공 역시 '엔진'의 관점에서 설명이 가능하다. 그는 수많은 사업에서 성공한 비결로 3가지를 꼽았는데, 첫째가 중국의 개혁·개방이다. 류촨즈는 자신의 인생에 가장 큰 영향을 미친 사람으로 덩샤오핑을 꼽으며, "그가 없었다면 개혁·개방이 없었을 것이고 중국은 아주 가난했겠죠. 그리고 오늘의 저도 없었을 것입니다"라고 설명했다.

즉, 덩샤오핑의 원대한 비전이 류촨즈라는 '큰 엔진'을 낳았고, 류촨즈 회장의 비전이 모든 직원들에게 전파돼 수많은 '엔진'들이 오늘의 레노버를 낳은 셈이다.

류촨즈 회장의 성공비결 두 번째는 높은 목표를 세우고 그것을 실현하기 위해 늘 노력한 것이다. 그는 목표를 높게 세워야 그 목표를 향해 나아갈 수 있다고 강조한다. 언제나 공부하는 것은 그가 꼽는 세 번째 성공비결. 그는 책에 나온 지식뿐 아니라, 외국 회사들로부터도 많은 것을 배웠다고 했다. 특히 미국 회사들의 중국 주재원들은 그에게 더할 나위 없이 좋은 스승이었다.

인재 양성에 대한 류촨즈 회장의 신념은 그의 경영철학에서도 엿볼 수 있다. 그는 비즈니스라는 것은 3개의 단어로 압축할 수 있다고 했다. '젠반쯔建班子(핵심적인 관리팀을 세우는 것), 딩잔뤠에 定戰略(발전 전략을 수립하는 것), 다이두이우 帶隊伍(직원들을 경쟁력 있는 인재로 키우는 것)'가 그것이다. 기업 경영에 있어 이 3가지가 가장 핵심이며, 기업 경영의 처음이요 끝과도 같다는 것이 그의 주장이다. 그러나 그가 끝없이 기업을 확장하고 부를 늘려가는 데만 몰두했다면, 결코 존경받는 기업가 반열에는 오르지 못했을 것이다. 그는 일찍부터 나눔의 경영을 실천해 중국인들의 존경을 받아왔다.

류촨즈가 회장으로 있던 레전드홀딩스는 레노버의 지주회사로 주식의 46%를 보유하고 있었다. 그러나 그가 가진 레전드홀딩스 주식은 2%에 지나지 않았다. 65%는 그의 창업 당시 자금을 대주었던 중국과학원이 소유했고, 나머지는 임직원이 보유하고 있었다. 그는 중국 최초로 스톡옵션(1989년)과 종업원지주제(1993년)를 잇달아 도입해, 중국 기업에 소유권 개혁 물결을 일으킨 장본인이다. 아무리 대의를 품었다고 해도 쉽지는 않았을 일. 그 배경엔 류촨즈 회장의 '가족이 없는 가족회사'론이 있었다.

"회사의 핵심 관리층을 양성해서 그들을 회사의 주인으로 만들어야 하며, 그러려면 레노버는 '가족이 없는 가족회사'가 돼야 합니다. 가족들이 기업을 운영하다보면 개인의 재산처럼 되기 쉽습니다. 또 경영권을 가족에게만 넘겨주면 다른 능력 있는 인재를 잃기 쉽습니다. 레노버는 이런 기업이 되어서는 안 됩니다. 직원들이 모두 한 가족이 되어 단합해야 됩니다."

혼은 큰 꿈이다. 큰 꿈은 대의다. 혼과 비전, 가치는 개인의 차원을 뛰어넘는 대의일 경우에 가장 본질적이고 존재론적인 의미를 가지며, 큰 울림을 갖게 된다. 또한 큰 꿈은 '나눔'이다. 꿈은 나눌수록 커진다. 나누지 않는 꿈은 작다. 작은 꿈을 가진 사람은 욕망과 이기심으로 성공의 크기를 제약한다. 하지만 큰 꿈을 가진 사람과 기업은 나눔으로 성공을 키우고 지속가능하게 만든다. 큰 꿈을 가진 사람과 기업에게 인생은 내가 이기면 다른 사람이 지는 제로섬 게임이 아니다. 이것을 실천한 살아 있는 사례가 바로 류촨즈 회장이다.

머리가 아닌 영혼에 호소하라
필립 코틀러 켈로그경영대학원 교수의 마케팅 3.0

개인이 스스로 움직이는 데, 그리고 기업이 조직원의 마음을 움직이는 데 혼이 필요한 것처럼, 기업이 소비자의 마음을 움직이는 데도 혼이 필요하다. 필립 코틀러 교수는 마케팅에도 혼이 매우 중요한 시대가 됐다고 강조한다.[25] 이른바 '마케팅 3.0'이다.

마케팅 1.0, 즉 초창기의 마케팅은 소비자의 '머리'에 호소하는 방식이었다. 예컨대 세제회사가 있다고 치자. 그 회사는 무엇보다 제품의 품질을 강조하고 싶을 것이다. 그래서 '우리 회사 세제의 세탁력이 가장 뛰어나다'라고 광고했다. 여기서 한발 나아간 마케팅 2.0은 '감성'을 자극하는 방식이었다. '이 브랜드를 입으면 당신도 연예인처럼 될 수 있다'는 메시지를 던진 것이다.

그러면 마케팅 3.0이란 무엇일까? 코틀러 교수는 "사람들의 '영혼'에 호소하는 것"이라고 설명한다. '환경에 신경 쓰고, 사회에 좋은 일도 하는 회사라면 내게 특별히 무엇을 주지 않더라도 그냥 좋다.' 이렇게 생각하는 것이 요즘의 소비자들이다. 현명한 기업들은 그런 소비자들에게 다가서고 있는데, 이것이 바로 마케팅 3.0이라는 것이다.

마케팅 3.0은 빌 게이츠 마이크로소프트 창업자가 2008년 1월 다보스포럼 연설에서 주창한 '창조적 자본주의'와도 일맥상통한다. 이 연설은 자본주의의 새로운 방향을 제시한 명연설로 꼽힌다.

"자본주의는 인간의 본성 중 자기 이익을 활용해 경제와 사회 발전을 이루었으나, 돈이 있는 사람들에게만 혜택을 주었고 가난한 사람은 정부 원조와 자선의 힘을 빌릴 수밖에 없었다. 21세기 창조적 자본주의는 이를 재정비해 시장의 힘과 제도 혁신을 통해 가난한 사람에게 이바지해야 한다. 새로운 시스템은 2가지 사명을 갖게 될 것이다. 이익을 창출하는 동시에, 시장의 힘으로부터 충분한 혜택을 누리지 못하는 사람들의 삶을 개선하는 것이다."

 물론 기업이 가난한 사람들에게 서비스를 제공한다고 항상 수익을 얻을 수 있는 것은 아니다. 하지만 빌 게이츠는 그런 기업에게는 시장에 기반한 또 다른 인센티브가 있다고 말한다. 시장의 인정recognition이 그것이다. 기업이 선행을 통해 사회에서 인정을 받으면 평판이 향상됨과 동시에 소비자들에게도 호감을 주게 된다. 또 기업의 인지도가 높아져 우수한 인재를 끌어들일 수 있다는 것이다.

 소비자트렌드 조사업체 트렌드워칭닷컴이 내놓은 2010년의 '글로벌 소비자 트렌드 10가지' 역시 마케팅 3.0과 일맥상통한다. 10가지 트렌드 중 3가지가 마케팅 3.0과 관련이 있기 때문이다.

 트렌드워칭닷컴은 우선 세계경제가 글로벌 금융위기를 겪고 난 후여서 '여느 때와 다른' 기업문화가 더 진지하게 요구될 것으로 봤다. 위기 이전에 흥청망청하던 세계는 위기를 겪으며 지속가능성을 고민하게 됐고, 따라서 기업들도 더 투명하고 더 정직해야 하며 협력과 상호 소통을 고민할 때라는 것이다.

 당시 트렌드워칭닷컴은 '친환경'이나 '자선 연계 상품' 같은 '착한 소비'도 트렌드의 한 축을 이룰 것으로 전망했는데 역시 마케팅 3.0과 부합한다. 가령 19.99달러짜리 이케아의 책상용 램프는 하나 팔릴 때마다 또 다른 램프 하나가 유니세프에 기부됐다. 전기도 없이 지내는 난민촌 어린이에게 전달하기 위해서였다.

2010년엔 기업의 사회적 책임에 대한 국제 표준인 'ISO 26000'이 공식 발표돼 기업 경영에 중요한 가이드라인이 될 전망이다. 한국에서도 2009년에 다우존스의 지속가능경영지수인 'DJSI 코리아'가 발표되는 등 사회책임경영에 대한 관심이 제고되고 있다.

정말 기업에 너무나 많은 것을 요구하는 시대인 것 같다. 요즘 기업들은 사람으로 치자면 마하트마 간디나 테레사 수녀처럼 훌륭한 품성과 배려하는 마음, 그리고 진정성을 갖추어야 한다.

화장품회사 시세이도가 철학을 공부하는 이유

세계적인 화장품회사 시세이도 資生堂의 성장을 이끌었던 마에다 신조 전 회장은 취임 직후 판매 사원(시세이도에선 '뷰티 컨설턴트'라고 한다)의 평가 척도에서 '매출' 항목을 없앤 것으로 화제를 모았다.[26] 그 대신 그는 고객이 판매 사원의 서비스에 대해 평가한 앙케트 엽서를 평가 척도에 넣었다. 판매 사원은 고객을 아름답게 하기 위해 활동하고 있지만, 그들의 활동이 매출 목표 달성에 얽매이게 되면 고객의 만족감은 소홀하게 생각하기 쉽다는 판단에서였다. 매출 목표는 사원이 마음에서부터 고객이 아름다워지길 바라고 그 열의가 고객에게 전해짐으로써 고객이 계속 시세이도를 방문하게 됨에 따라 자연스럽게 도달된다는 것이다.

하지만 그가 매출 목표 철폐를 결심했을 때 사내에선 모두 불안해했다. 판매 사원들이 게으름을 피우지 않을까 하는 것이었다. 그러나 그의 생각은 정반대였다.

"매출 목표는 한 번 달성한 뒤에는 대충 달려가면 된다는 마음이 됩니다. 그러나 고객의 만족도를 평가 척도에 포함시키면 움직이고 있는 시간 모두를 고객을 위해 쓰지 않으면 안 됩니다. 그 결과 모든 고객들과의 만남이 진검 승부가 되는 것이죠. 이 개혁이 성공한 것은 실시 2년 반 만에 고객으로부터 160만 통의 앙케트 엽서를 받은 것으로 증명됩니다. 그중 90%는 칭찬하는 말로 채워져 있었습니다."

당시 마에다 회장이 직원들에게 늘 "제품에 정신을 담으라"고 강조한 것도 같은 맥락에서 해석할 수 있다. 제품에 정신을 담으라는 것은 고객의 외모를 바꿔주는 것은 물론, 마음까지 풍요롭게 바꿔줄 수 있도록 하라는 의미다.

"(화장품회사로서 우리가 말하는) 진정한 아름다움은 사람의 내면에 작용하는 것입니다. 화장품은 기본적으로 피부를 아름답게 가꾸는 제품입니다. 하지만 사실 한 단계 더 들여다보면 화장품은 사람의 내면에 작용하는 제품입니다. 사회 공헌활동을 하다보면 이 점을 좀더 뚜렷이 느낄 수 있습니다.

저희 임직원은 매년 2,000여 곳의 노인 시설과 장애인 시설을 방문해 화장을 해드립니다. 저도 가끔 나가는데, 그때마다 무한한 화장의 힘을 절감합니다. 예를 들면 거동이 불편한 노인분들에게 화장을 해드리면 생활 자체가 활기를 찾으시는 경우가 많습니다. 즉, 화장한 얼굴에 만족을 느끼시면서 세수를 한다거나, 옷을 갈아입는다거나, 스스로에게 신경을 쓰게 됩니다. 심지어 기저귀를 쓰던 분께서 스스로 기저귀를 쓰지 않게 되시기도 합니다. 이런 게 진정한 아름다움입니다."

시세이도엔 기업 내 대학인 '에콜 시세이도'라는 게 있다. 2007년 개교한 이 학교엔 다양한 커리큘럼이 있는데, 철학이나 문학도 포함돼 있다. 화장품회사 임직원들이 모여 데카르트에 대한 강의를 듣고 토론하는 것은 이 회사만의 진풍경일 것이다. 왜 화장품회사에서 철학을 공부하는 걸까? 그것이 무슨 도움이 되는 걸까? 이에 대한 마에다 회장의 설명은 다음과 같았다.

"향후 10년간 일어날 가장 본질적인 변화가 무엇일까요? 글로벌화일 것입니다. 그리고 글로벌화의 파도가 비즈니스맨에게 요구하는 것은 다양성의 대응력일 것입니다. 철학이나 문학을 배우는 의도도 거기에 있습니다. 경리부나 인사부 사람들이 평소 생각하지 않던 철학이나 문학에 대해 진지하게 생각해보는 것으로 다양성의 대응력을 단련하게 되는 것입니다."

즉, 직원들의 철학 공부는 제품에 정신을 담는 데 그치지 않고, 직원 스스로 영혼을 살찌우고, 그래서 고객들의 혼에 호소하라는 마에다 회장의 의지가 담긴 프로젝트였던 것이다.

지금까지 살펴봤듯, 혼은 '사람을 움직이는 힘'이며 '내가 여기에 있어야 하는 이유'이고 '개인을 뛰어넘는 대의'다. 각각 다른 정의 같지만 이 모든 정의는 하나의 메시지로 귀결된다. 즉, 혼은 우리를 움직이게 하고, 버티게 하고, 극복하게 하는 근본적인 힘이라는 것이다.

사람에겐 누구나 아무리 노력해도 넘을 수 없는 한계가 존재하기 마련이다. 하지만 넘으려는 노력을 멈추지 않는 자에게 결국 벽은 스스로를 낮춘다. 하나의 벽을 넘어서면 또 하나의 벽이 있겠지만, 이미 하나의 벽을 넘은 사람에게 벽은 더 이상 장애물도 방해물도 아니다. 당신이 가슴 속에 혼을 품었다면, 그 어떤 역경과 고난도 당신을 주저앉힐 수 없을 것이다. 그 강렬한 혼을 원동력 삼아, 이제는 창의 길로 나아가보자.

魂・創・通

2부

창
創

창은 '혼을 노력과 근성으로 치환하는 과정'이다
창은 '매일 새로워지는 일'이다
창은 '익숙한 것과의 싸움'이다

2007년 아카데미 최우수조연상을 받은 배우이자 음악가 앨런 아킨이 이런 말을 했다.
"사람은 성장하고 있거나 썩어가고 있거나, 둘 중 하나이다. 중간은 없다. 가만히 서 있다면 썩어가고 있는 것이다."
'창'의 필요성을 단적으로 나타내는 말이 아닐 수 없다.
우리가 창을 추구하지 않으면 썩어가고 있는 것이다.
중간은 없다.

이 장에서는 빛의 속도로 변화하는 시대에 어떻게 새로움을 만들어내고, 늘 새로워질 수 있는지에 대해 살펴볼 것이다. 특히 창을 길어 올리는 5가지 처방과 창을 얻기 위해 피하거나 죽여야 할 것에 대해 살펴볼 것이다.

"누구도 해낸 적 없는 성취란,
누구도 시도한 적 없는 방법을
통해서만 가능하다."

If we are to achieve results never before accomplished,
we must expect to employ methods never before attempted.

- 프랜시스 베이컨

꿈은 공짜로
얻어지지 않는다

큰 뜻과 큰 꿈에서 혼을 길어 올리고 스스로의 마음속에, 그리고 몸담고 있는 조직에 혼을 심어넣었다면 이미 절반은 성공한 셈이다. 다음 단계는 '창'이다.

    창은 혼을 노력과 근성으로 치환하는 것이다. 그래서 수확을 하는 것이다. 혼이 씨앗을 뿌렸다면, 창은 밭을 갈고 물을 주고 가꿔서 수확하는 일이다. 뿌려진 씨앗이 스스로 자랄 리 만무하다. 잡초를 솎아내고 비료로 영양분을 공급하는, 끊임없는 보살핌이 있어야 한다. 꿈은 공짜로 얻어지지 않는다.

    창은 날마다 새로워지려는 노력이기도 하다. 우리가 혼을 세우고, 그 씨앗으로부터 결실을 맺는 데 성공했다고 하자. 그렇다면 그것으로 끝일까? 아니다. 결실을 지속하려면 우리는 늘 변하지 않으면 안 된다.

창에는 여러 가지가 있다. 좁쌀처럼 작은 창도 있고, 태산만큼 큰 창도 있다. 참새처럼 5미터 위를 나는 창도 있고, 봉황처럼 1만 미터 상공 위를 나는 창도 있다. 어차피 한 번뿐인 삶, 기왕이면 큰 창, 최고의 경지에 도전하는 것이 멋있지 않은가?

"제 소리에 제가 미쳐 득음을 하면 부귀보다도 좋고, 황금보다도 좋은 것이 이 소리판인 것이여."

영화 〈서편제〉에서 왜 소리를 하느냐고 묻는 딸에게 소리에 미친 아버지가 들려주는 말이다. 어느 분야이든 최고의 수준에 오르면 누구도 모르는 경지를 경험할 때가 있다고 한다. 미친 듯이 북을 치다 보면 북도 없고 나도 없이 오직 소리만이 울리는 경지를 알 수 있다는 고수鼓手도 있고, 스파이크를 하려고 떠오른 순간 시간과 공간이 정지하고 우주 전체가 한눈에 보이는 경험을 했다는 배구선수도 있다.

그렇다면 큰 창을 얻기 위해선 무엇이 필요할까? 바로 '혼'이다. 창은 혼의 바탕 위에서만 꽃필 수 있다. 혼을 이루고자 하는 마음이 창을 끌어내기 때문이다. 물론 혼이 없는 창도 흉내 정도는 낼 수 있다. 그러나 최고의 경지에 오르기 위해서는 혼이 없이는 안 된다.

어느 치과의사가 있었다.[1] 개업의로 20년 이상 일하던 그는 불혹을 훨씬 넘긴 나이에, 세계 최고의 기술을 배우기 위해 미국으로 떠났다.

그는 치과수술 분야의 세계적인 대가가 일하는 모습을 한동안 가까이서 지켜보며 배웠다. 고수의 '칼솜씨'는 실로 대단했다. 물 흐르듯이 부드럽게, 아름답다는 것이 무엇인지 확실하게 보여주는 멋진 수술이었다. 나름대로는 '한칼 한다'고 자부하던 의사는 슬슬 호승好勝기가 발동하기 시작했다. '저 영감도 되는데 나라고 못하랴. 별 것 있겠어? 열심히 하면 되겠지!'

그러나 비슷하게는 되는데 가장 쉬워 보이는 '일자로 똑바로 그어진 부분'이 아무리 해도 잘 되지가 않았다. 영감이 분명 한 수를 숨긴 것이라고 단정한 그는 당시로는 흔치 않던 비디오카메라까지 들이대고 그 수를 캐내기 시작했다. 하지만 없었다. 정지동작, 구분동작 어디에도 비장의 한 수가 보이지 않았다. 나중에는 열이 올라 학생 때나 하던 보조 시술자 노릇까지 해가면서 들여다보았지만 별 묘수가 없었다.

억울하지만 꼬리를 내릴 수밖에 없었던 그는 결국 직접 물어보기로 했다. "나는 왜 당신처럼 안 되는가?" 대가가 답했다. "톱날처럼 된 것을 물결모양으로 만드는 방법은 책에 다 있다. 누구나 책을 보고 연습하면 된다. 한데 물결모양을 일자로 만드는 방법은 당신 마음에 있다. 한 가지 일을 오래 한 사람에게는 향기가 있다. 그런데 그 향기는 자신도 향기를 가진 사람만이 맡을 수 있다."

최고의 경지에 도달하는 길은 오직 혼에 있음을 보여주는 이야기다. 이루고자 하는 마음, 달성하고자 하는 의지가 삶의 나침반이 되고 길잡이가 되어, 그 누구도 쉽게 따라할 수 없는 창을 만들어내는 것이다. 창이 탄생할 때까지, 숱한 좌절과 실패에도 포기하지 않게 만드는 힘이 혼이다. 혼을 지지대 삼으면 쉼 없는 노력이 가능하고, 그 노력이 결국 창을 꽃피운다.

꿈을 얻기엔 1만 시간도 짧다
경영 구루 말콤 글래드웰의 1만 시간 법칙

많은 사람이 창이란 단어에서 새로운 것, 독특한 것, 기발한 것 등을 떠올린다. 하지만 창으로 가는 길은 이런 멋진 단어와는 거리가 멀다. 구루들이 이구동성으로 이야기하는 창의 비결은 '부단한 노력'이라는, 진부하기 짝이 없는 말이었다.

　영국 최고의 배우 중 한 명으로 꼽히는 주디 덴치(그녀는 007영화에 늘 제임스 본드의 상사인 M으로 등장하곤 한다)가 이런 고백을 했다. "지난 51년 동안 딱 3번을 빼곤 출연하는 연극마다 모두 무대에서 넘어졌다. 쉽게 한 연극은 한 편도, 정말이지 하나도 없다. 나는 끊임없이 배우는 느낌이다. 내가 해온 사소한 일 하나하나에서도 말이다."

　그녀는 영국에서 가장 영예로운 무대예술상인 로렌스 올리비에상을 6회, 토니상과 골든글로브상을 각각 2회, 아카데미상 1회,

BAFTA상(영국의 아카데미상)을 9회 수상한, 전설적인 배우다. 영국 왕실로부터 남자의 기사Knight에 해당하는 데임Dame 작위까지 받았다. 그런 그녀, '무대의 살아 있는 전설'이라고 해도 무방할 그녀가 오늘도 무언가를 배우고 있다니….

경영 구루로 불리는 세계적인 비즈니스 작가 말콤 글래드웰은 저서 《아웃라이어》에서 비범한 성취를 이룬 사람, 즉 아웃라이어들의 공통적인 성공비결로 딱 한 가지를 지목했다.[2] 다름 아닌 '1만 시간의 경험'이다. 그는 1만 시간은 어떤 분야에서 숙달되기 위해 필요한 절대 시간이라고 했다. 1만 시간이라면 하루 3시간씩, 10년을 보내야 확보되는 시간이다. 작곡가나 야구선수·소설가·스케이트선수·피아니스트, 그밖에 어떤 분야에서든 이보다 적은 시간을 연습해 세계 수준의 전문가가 탄생한 경우를 발견하기 힘들다는 것이다.

글래드웰은 우리가 성공에 대한 잘못된 신화에 얽매여 있다고 주장한다. 그것은 바로 가장 똑똑하고 영리한 사람이 정상에 오른다는 신화이다. 우리는 흔히 비범한 성공을 이룬 사람들을 논할 때, 그의 IQ를 가장 궁금해한다. 그러나 글래드웰에 따르면, 아웃라이어가 되는 데 제1요인은 천재적 재능이 아니라 소위 '1만 시간의 법칙'이라고 불리는 쉼 없는 노력이다.

위클리비즈가 글래드웰을 인터뷰한 것은 2009년 초, '허드슨강의 기적'으로 불리는 여객기 불시착 사건의 발생 직후였다. 당시 미국 언론은 155명의 목숨을 구한 체슬리 설렌버거 기장의 영웅담으로 넘쳐나고 있었다. 글래드웰에게 설렌버거 기장의 성공요인을 묻자 그는 단호하게 말했다. "1만 9,000시간의 비행 경험." 그러고는 기장의 성공담을 월스트리트의 은행가들과 비교하며 설명했다.[3]

"허드슨강의 기적에서 가장 중요한 것은 적절한 훈련을 받은 기장이 있었다는 사실이다. 그런 훈련이 없었다면 성공적으로 비행기를 허드슨강에 착륙시킬 수 없었다. 이 사건은 월스트리트의 실패한 은행들과 분명히 대비된다. 월스트리트의 문제는 적절한 경험을 쌓지 못한 데서 비롯됐다. 월스트리트의 많은 사람이 1만 시간의 훈련을 받지 못했다. 월스트리트에서 일하는 매우 젊은 사람들은 적절한 경험 없이 엄청나게 중요한 결정을 내려왔다. 결국 한 사건에선 필요한 훈련과 경험을 쌓은 사람 때문에 보상을 받은 반면, 월스트리트에서는 이런 원칙이 무너지면서 엄청난 실패를 겪고 말았다."

아웃라이어들은 창의적이라는 특징을 갖고 있다. 그러나 1만 시간 법칙은 반복 훈련의 중요성을 강조한다. 얼핏 모순되게 보인다. 이에 대해 글래드웰은 다음과 같이 설명한다.

"빌 게이츠와 비틀즈, 체스게임 챔피언들은 한결같이 창의적이고 창조적인 사람들이다. 하지만 창의와 창조는 일정한 시간의 준비를 필요로 한다. 그들 스스로를 표현하기 위해서다. 창의적인 음악을 하기 위해서는 먼저 음악을 숙달해야 한다. 탁월한 바이올리니스트가 되려면 먼저 바이올린을 잘 다뤄야 한다. 그냥 일반적인 차원이 아니라 대단히 전문적인 수준에서 숙달돼야 한다. 지식의 기초가 있어야 창의와 창조의 핵심에 도달할 수 있다. 이것이 1만 시간의 법칙이다. 특별한 일을 하기 위한 훈련 단위다."

루틴한 습관에서 창이 꽃핀다

글래드웰은 가난한 학생들을 대상으로 방학과 방과 후에 주입식 교육을 실시하는, 뉴욕의 실험적 공립학교 '아는 것이 힘 프로그램 KIPP(knowledge is power program)' 모델을 예찬한다. 1만 시간 법칙을 달성하도록 강제로 기회를 부여하는 수단이라는 주장이다. 그는 '주입식'이라는 비판을 듣는 한국식 교육에 대해서도 우호적이었다.

"KIPP는 지금까지 방치돼왔던 어린 학생들을 위한 교육 모델이다. 고등학교도 제대로 졸업하지 못하는 학생들이 대상이다. 부모들은 매우 가난하고, 아이들이 좋은 직업을 얻을 가능성은 매우 희박하다. 그래서 그들에게 대학에 갈 기회를 주는 것이다. 절대적인 바닥에서 빠져나올 기회를 말하는 거다.

그런 학생들에게 한국은 완벽한 모델이다. 물론 상위의 사람들에게서 창의적인 것을 만들어내는 것은 완전히 다른 별개의 이슈다. 그러나 그런 사람들도 어릴 때 기본적인 것을 가르치는 교육에서부터 출발해야 한다. 열심히 공부하고, 끈질기게 붙들고 늘어지는 것을 가르쳐야 한다.

책에는 쓰지 않았지만 수학자 앤드루 와일즈를 예로 들 수 있다. 그는 '페르마의 마지막 정리'를 증명해냈다. 그는 그의 세대, 아마도 20세기의 가장 위대한 수학자일 것이다. 그런데 그가 페르마의 마지막 정리를 증명하는 데 무려 7년이 꼬박 걸렸다. 바로 그 한 문제를 풀기 위해서 매일 매달렸다. 가장 위대한 수학자가 되기 위해서는 매일 꾸준하게 정말 열심히 공부해야 하는 것이다.

주입식 한국 교육이 문제라고 제기했는데, 나는 이것을 기본적인 것을 달성하기 위해 필요했던 일이라고 말하고 싶다. 한국의 다음 과제는 바로 그 기반 위에서 새로운 것을 쌓는 일이다. 이미 획득한 것을 바탕으로 다음 단계로 나가는 도전을 해야 한다. 그렇다고 지금까지 한국이 쌓아온 것이 문제인 것은 아니다. 필수적인 것이었다. 미국에서는 많은 어린이가 기본적인 훈련을 제대로 받지 못하고 있다."

글래드웰이 말하는 '노력하는 아웃라이어'의 모습을 가장 잘 보여주는 인물 중 하나가 세계적 무용가 트와일라 타프Twyla Tharp일 것이다. 그녀는 "창조성은 선천적인 것이 아니라 노력을 습관화하는 데서 싹튼다"라고 했다. 타프가 쓴 《창조적 습관》이란 책에 다음과 같은 말이 나온다.[4]

"나는 매일 아침을 나만의 의식으로 시작한다. 새벽 5시 30분에 일어나 연습복을 입고 후드티를 걸치고 모자를 쓴다. 그리고 집 밖으로 나와 택시를 불러 세우고 퍼스트 애비뉴 91번가에 있는 헬스장으로 가자고 한다. 그곳에서 앞으로 2시간 동안 운동을 할 것이다. 내 의식의 시작은 바로 택시다."

또한 그녀는 노력의 과정에서 발생하는 실패에 대해서도 우호적이다. 그녀는 〈하버드 비즈니스 리뷰〉와의 인터뷰에서 이렇게 말한 바 있다.

"가장 바람직한 실패는 공개되지 않은 사적인 실패다. 이를테면 내가 사무실에서 만들어보는 안무의 실패와 성공의 비율은 6대 1 정도가 될 것이다. 즉, 나는 최종적으로 쓸 작품보다 6배나 많은 작품을 만들어본다. 내 자신의 성공을 위해서는 그 사용되지 않은 습작들이 반드시 필요한 것이다."[5]

지극히 루틴한 습관에서 창조성이 싹튼다니 역설적이지 않은가? '다중지능 multiple intelligence 이론'을 창안한 세계적 심리학자이자 경영 구루인 하워드 가드너 하버드대 교수는 "박스 밖에서 생각하려면 먼저 박스가 필요하다"고 했는데, 역시 비슷한 맥락일 것이다.[6] 그는 위클리비즈와의 인터뷰에서 "박스란 훈련 마인드와 통합 마인드를 의미한다. 이 기본 조건이 있어야 박스 밖에서 생각할 수 있다"라고 설명한 바 있다. 즉, '박스 밖 생각'이라는 창의성을 위해서는 기본적으로 훈련이라는 박스가 필요하다는 것이다.

"노름을 공부한다는 이야기는 처음 들었다"

노력의 중요성과 위력을 보여주는 또 다른 일화를 보자. 차민수라는 인물을 인터뷰한 적이 있다.[7] 10년 동안 미국 프로 포커 랭킹 1위에 올랐고, 프로 바둑기사이기도 한 사람이다. 이병헌 배우가 주인공으로 나온 드라마 〈올인〉의 실제 주인공으로도 유명하다.

승부의 세계는 비슷하다. 늘 중요한 결정을 내려야 하고 치열한 경쟁에 시달리는 최고경영자들의 고민도, 도박사와 크게 다르지 않을 것이다. 그래서 그를 만났다. 차민수 씨는 자신이 세계적인 고수가 된 결정적 계기는 엄청나게 깨져본 경험 때문이었다고 했다. LA에서 이민생활을 하던 그는 도박으로 꽤 많은 돈을 벌게 된다. 당시 그는 '파이브 카드 드로 Five card draw'라는 카드 게임을 주로 했는데, 자신이 100등쯤은 된다고 생각했다.

그런데 1985~1986년쯤에 '스터드 Stud'나 '홀덤 Holdem' 게임 등이 시작되면서 라스베이거스를 비롯해 전국의 고수들이 몰려오기 시작했다. 그러자 그는 자기 실력이 200등인지, 2만 등인지 가늠하기 힘들어졌다. 포커를 포기하려다가 오기가 발동해 한 미국인 포커 고수를 찾아갔다. 고수는 차민수 씨의 포커 실력을 보더니 "그 실력으론 포커로 먹고살긴 힘들다"면서 지나가는 말처럼 한마디를 던졌다. "공부를 해라."

차민수 씨는 노름을 '공부한다'는 이야기는 그때 처음 들었다고 한다. 그는 그 뒤 6개월간 고수로부터 포커를 배웠다. 주로 확률을 계산하는 방법이었다. 상대의 패와 심리를 정확하게 읽어내는 방법도 배웠다.

그 정도 되는 고수라면 자주 포커를 같이 치는 사람이 50~200명 정도 된다고 한다. 그런데 그들을 이기려면 그들의 실력, 매너, 습관을 마치 사진을 찍듯이 기억에 넣어놓고, 필요하면 사진 현상하듯이 꺼내 쓸 수 있어야 한다. 이미 나왔던 패들, 딜러가 끝난 카드를 걷어가는 순서도 외워버린다. 단 1%의 쓸모라도 있으면 외워둔다는 것이다. 책을 다 외웠는데 시험에 한 문제도 안 나올 수도 있지만, 한 문제라도 맞히기 위해 전부 외우는 것과 마찬가지다.

그의 승부 방법은 6대 4의 확률이 올 때까지 기다렸다가 그런 기회가 오면 올인하는 것이다. "1% 정도 유리하다면 큰 승부를 하지 않는다. '상당히' 유리해질 때까지 기다린다. 6대 4 정도로 유리하다 싶은 기회가 오면 올인한다. 그래서 상대가 못 들어오게 한다." 6대 4라면 그리 크지 않은 차이처럼 보일 수 있다. 그러나 그는 모든 것을 건다. 너무 위험하게도 보인다. 이 의문에 대해 그는 이렇게 대답했다.

"프로는 승부를 연年으로 따진다. 6대 4라면 비슷한 기회가 10번 왔을 때 6번은 이긴다는 것 아닌가? 1년에 똑같은 승부를 100번, 1,000번 하면 이긴다는 확률을 믿는 것이다. 내가 세계 1위였다지만, 100위 혹은 1,000위와 실력 차가 얼마나 될까? 손톱만큼이나 될까? 그래도 평생을 뒤집지 못한다. 바둑에서 이창호를 한 번은 이길 수 있겠지만, 단번 승부는 의미가 없다. 연으로 따져 앞서는 것이 중요하다."

그의 말은 결국 평소에 공부를 해서 확률을 높이라는 결론으로 귀결된다. 포커에서도 '1만 시간의 법칙'은 예외가 아닌 것이다.

100-1이 0인 이유
경영 컨설턴트 왕중추의 디테일론

작은 창조와 큰 창조의 차이는 어디에서 비롯될까? 바로 디테일이다. 뭔가 크게 이룬 사람들의 또 다른 공통점은 디테일에 충실하다는 것이다. 중국의 경영 컨설턴트 왕중추汪中求가 쓴 《디테일의 힘》이란 책이 국내에 출간돼 베스트셀러가 된 게 2005년 말이었는데, 위클리비즈가 인터뷰한 것은 2008년 말이었다.[8] 그런데도 2차 폭풍이 엄청났다. CEO들이 직원들에게 읽히기 위해 단체 주문을 하는 바람에 불과 몇 달 만에 몇만 부 이상이 팔렸다. 그만큼 경영자들이 디테일에 대해서 불만이 많다는 방증인 것이다.

왕중추의 말은 매우 원론적이었지만 경영자들의 폐부를 찔렀다. 그의 주장은 '100-1 = 0'이란 말로 요약된다. 100가지를 다 잘했어도 한 가지를 잘못하면 허사라는 것이다. 그의 책엔 디테일에 실패해 큰 일을 놓친 극적인 사례들이 많다.

이를테면 중국 저장성에서 냉동새우를 판매하는 한 회사가 유럽의 수입업체로부터 이미 공급한 제품에 대한 수입을 거부당했다. 수입업체는 손해배상까지 청구했다. 유럽 현지 검역소에서 이 회사가 수출한 1,000t의 냉동새우를 검사한 결과, 항생물질의 일종인 클로람페니콜 0.2g이 발견됐다며 통관 불허 판정을 내렸기 때문이었다. 이는 총 수출량의 50억 분의 1에 불과했다. 왜 그런 일이 벌어졌을까? 이유는 정말 어처구니없었다. 새우껍질을 벗기는 일을 하던 일부 직원들이 손에 습진이 생기자 클로람페니콜이 함유된 소독약을 바르고 일을 하다가 새우에 그 성분이 묻게 된 것이다.

그는 디테일 문제를 집요하게 파고들게 된 이유를 이렇게 설명했다.

"보면 일을 대충대충 하는 사람이 많아요. 예전에 데리고 있던 비서는 제가 가져오라는 서류를 한 번도 제대로 가져온 적이 없었습니다. 부하 직원이 적당히 한 일이 잘못되어 제가 다시 고치느라 시간을 허비한 적도 한두 번이 아닙니다. 어떤 회사에서는 중요한 협상 내용이 담긴 팩스를 보내야 하는데, 실수로 단축번호를 잘못 눌러 경쟁업체에 정보를 고스란히 갖다 바친 적도 있었어요. 그로 인한 손실은 그 직원의 몇 년치 연봉보다 더 컸죠. 이래서는 도저히 안 되겠다는 생각에 디테일에 관한 책을 여러 권 쓰고 강연도 하게 됐습니다. 유능한 사원과 무능한 사원, 초일류기업과 아닌 기업, 선진국과 아닌 나라의 차이는 모두 디테일에서 비롯됩니다. '대충대충 적당히'는 절대 안 됩니다."

그러나 무조건 일만 열심히 할 것이 아니라 우선 전략과 방향을 제대로 잡은 다음에 움직여야 하지 않을까? 이에 대해 왕중추는 "원대한 전략도 결국 세세한 디테일에서 시작된다"고 설명한다.

"혁신적인 기업으로 유명한, 중국 최대의 가전 회사 하이얼그룹Haier Group의 설립자 장루이민張瑞敏 명예회장도 '혁신은 기업의 모든 디테일한 부분에서 나온다'고 강조합니다. 사람들의 태도와 정신을 바꾸는 것이 중요합니다. 처음에는 불편해도 스스로에게 강제하고 단계적으로 반복 훈련을 하면 습관이 됩니다. 습관은 들이기는 어렵지만 나중에는 자연스럽고 편안해지죠. 개인뿐 아니라 조직이나 기관도 이런 식으로 변해야 합니다."

그렇다면 디테일이란 과연 무엇일까? 왕중추는 디테일을 어떤 일의 중심이나 기초가 되는 부분이라고 정의한다. 책상 위에 있는 연필꽂이를 예로 들면 색깔이나 모양, 재료가 다 디테일에 속한다. 물건을 만들 때 반드시 신경을 써야 하는 핵심 부분인 것이다. 하지만 이 제품을 어떤 종이로 싸서 무슨 박스에 넣느냐는 것은 간단한 '잔일'에 해당한다고 볼 수 있다. 핵심 제품에 영향을 주는 것이 아니기 때문이다. 물론 아주 귀중한 물건을 포장할 때는 포장 재료도 디테일이 될 수 있지만 말이다. 그는 "예전에 한 방송사 기자와 인터뷰를 한 적이 있는데, 2시간 동안 이야기를 하다가 갑자기 기자가 마이크를 켜놓지 않은 사실을 발견했다. 가장 기본적인 디테일을 소홀히 한 경우"라고 덧붙여 설명했다.

디테일을 중시하자는, 어쩌면 평범할 수도 있는 목소리에 중국인들이 열광하는 이유는 그만큼 중국인들 스스로가 전통적으로 디테일에 약하다는 사실을 잘 알기 때문일 것이다.

중국인의 성격을 잘 보여주는 민담 중에 '차부둬差不多(차이가 크지 않다는 뜻인데 흔히 대충 비슷하다는 의미로 쓰임) 선생'이라는 얘기가 있다. 차부둬 선생이 병이 나서 왕汪씨 성을 가진 의사를 찾아가야 하는데, 이름이 비슷한 수의사 왕王선생을 찾아갔다가 제대로 치료를 못 받고 죽었다는 우스갯소리다. 그는 죽으면서도 자기가 뭘 잘못했는지 인정하지 않고 "대충 비슷하잖아(차부둬)"라고 우겼다고 한다.

이와 관련, 왕중추는 '대장부는 사소한 일에 신경 쓰지 않는다'라는 식의 중국인의 전통적인 사고방식을 신랄히 비판했다.

"하이얼그룹의 장루이민 회장이 이렇게 말한 적이 있습니다. 일본인 직원에게 하루에 책상을 6번씩 닦으라고 하면 그대로 하는데, 중국인 직원은 처음 이틀간은 6번 닦고, 다음 날부터는 5번, 4번으로 차츰 횟수가 줄어든다고요. 중국산 제품이 해외에서 비싼 값에 팔리지 못하는 것은 다 이런 디테일이 부족하기 때문입니다."

저우언라이周恩來 전 중국 총리가 가장 싫어하는 말도 '대충'과 '적당히'였다고 그는 전했다. 저우언라이 전 총리는 국빈 만찬이 있을 때 자신은 먼저 국수로 간단히 배를 채운 뒤 손님을 맞았다고 한다. 실제 연회에 나가서는 먹는 시늉만 하면서 손님이 식사를 잘 하는지 정성껏 챙기기 위해서였다.

그러나 요즘 경영자들은 창의성과 혁신을 강조하는 추세다. 디테일을 지나치게 강조하면 창의성을 억압하지 않을까? 왕중추의 생각은 이와 다르다.

"모든 일에는 정도가 있어요. 작고 사소한 부분까지 모두 완벽한 사람은 이 세상에 없습니다. 모든 고객을 만족시키기도 불가능하죠. 하지만 디테일은 태도에 관련된 문제입니다. 일을 잘 해내고 싶은 욕구, 완벽함을 추구하는 마음이 있어야 합니다. 작고 사소한 걸 무시하면 만회할 수 없는 심각한 타격을 입을 수 있습니다. 천리 둑도 작은 개미구멍 때문에 무너집니다."

그는 중국시장에서 대대적인 인기를 끌고 있는 KFC에 도전장을 냈던 현지 패스트푸드업체 룽화지榮華鷄를 예로 들었다. 1990년대에 이 업체는 'KFC가 가는 곳에는 우리도 간다'는 캐치프레이즈를 내걸고 중국 사람의 입맛에 맞는 메뉴를 개발해 호기롭게 덤벼들었다. 하지만 초기에 반짝 실적을 올렸을 뿐, 6년 만에 수도인 베이징에서 사업을 접고 지방으로 철수하는 신세가 됐다. KFC는 양념 배합비율, 고기와 야채 써는 순서, 조리시간, 청소 순서까지 엄격한 규정을 만들어 직원을 교육하는 반면, 룽화지는 치킨에 뚜껑도 덮어놓지 않고 고객이 보는 앞에서 파리채로 파리를 잡았으니 경쟁이 될 리가 없었던 것이다.

　왕중추의 말처럼 큰 성공을 거둔 사람과 작은 성공을 거둔 사람의 차이는 바로 종이 한 장 차이, 즉 디테일에 있다. 기업도 마찬가지다. 기업이 제품의 어떤 한 곳에서 디테일을 개선할 경우 소비자에게는 1%의 편리함을 증대시켜줄 뿐이더라도, 시장점유율에서는 그 1%의 편리가 몇 배의 차이를 가져올 수 있다. 이유는 간단하다. 비슷비슷한 상품의 홍수 속에서 동일한 성능이 모두 상쇄되고 나면, 마지막 남은 1%의 디테일이 부각되기 때문이다.

진짜 모험가는 소심한 사람

모험을 하는 사람은 무모하다고 생각하기 쉽다. 하지만 진짜 모험가들은 보통 사람보다 훨씬 세심하다. 히말라야 8,000미터급 16좌를 모두 오른 산악인 엄홍길 씨는 철저하게 준비하고 계획하는 사람으로 유명하다. 그 이유에 대한 설명이 《엄홍길의 휴먼 리더십》이라는 책에 나와 있다.[9]

　"평지에선 웃어넘길 수 있는 사소한 실수가 높은 곳에서는 팀 전체를 죽음으로 몰고 갈 수 있다. 장비의 매듭 하나가 풀리는 사소한 부주의 때문에 목숨이 왔다 갔다 한다. 따라서 고산 등반이란 처음부터 끝까지 아주 섬세하게 관리하지 않으면 성공할 수 없다. 서울에서는 깜빡 잊고 못 챙긴 물건도 다시 사면 되지만, 히말라야에선 그럴 수 없다."

숙소에 도착해 여장을 풀고 난 뒤에 엄홍길 씨와 대원들은 더 바빠진다. 사흘 동안 7t이 넘는 짐을 꾸리는 병참기지로 변하는 것이다. 텐트와 아이젠, 산소통, 의약품, 고소 식량, 쌀, 김치에서부터 철사, 못, 이쑤시개까지 수백 가지 품목을 점검해야 한다. 엄 씨의 등산철학은 '인간은 최선을 다하고, 신이 허락하면 정상을 잠깐 빌린다'는 것이다.

암벽 등반을 하는 사람들 중에서 대가들은 암벽을 타기 전에 입체 사진을 몇백 장이고 찍어서 분석한다고 한다. 그래서 발을 거는 곳은 여기, 손을 짚는 곳은 여기 하고 미리 정해둔다. 만일의 경우에 대비해 첫 번째 후보 외에 두 번째 후보도 준비하고, 날씨의 변화에 대비해 대피 장소까지 면밀하게 계산한다. 이런 식으로 정상에 오르기까지 모든 과정을 전부 시뮬레이션해서 완전히 기억한 뒤에야 비로소 산에 오른다.

일반인이나 기업도 마찬가지다. 밖에서 보면 무모한 짓을 하는 것같이 보여도, 사실은 치밀하게 계획을 세우지 않으면 살아남을 수 없다. 진짜 모험가는 디테일에 목숨을 거는 소심하고 세심한 사람이다.

실행력 없는 비전은 비극이다

꿈을 이루는 데 있어 노력과 디테일은 중요하다. 하지만 모든 꿈도 비전도 이것이 없으면 결국 무용지물이다. 바로 실행이다. '구슬이 서 말이라도 꿰어야 보배'라고 했고, 램 차란Ram Charan은 "실행력 없는 비전은 비극이다"라고 했다. 실행력이란 개인과 기업이 추구하는 목표와 열망을 가시적 성과로 이끌어내주는 연결고리다.

《이노베이터의 10가지 얼굴》이란 책에 따르면, 이노베이터는 언제나 구름 위에다 머리를 놓고 있는 사람이 아니다.[10] 구름 위를 둥둥 떠다니는 사람은 더더욱 아니다. 그들은 대지 위에 발을 굳건히 내딛고 있다. 좋은 아이디어를 가지고 있는 것만으로는 충분하지 않다. 행동하고 실천할 때 진정으로 이노베이션이 된다. 앞서 언급한 예술가 척 클로스 역시 《위즈덤 아이디어》라는 책을 통해 "영감이 떠오를 때를 기다리고 있지 말라"고 조언한다.[11] 일단 실행부터 하라는 의미다.

"영감은 아마추어를 위한 거예요. 작가는 '작업'을 하지요. 구름이 갈라지고 천둥번개 같은 것이 내 뒤통수를 치거나 기다려서는 작업을 할 수 없어요. 가장 좋은 아이디어는 모두 작업을 하는 과정에서 나옵니다. 작업 그 자체에서 나온다는 말이지요.

작품을 만드는 과정에서 작가에게 많은 일이 일어납니다. 가만히 앉아서 위대한 창작 아이디어가 떠오르기를 기다린다면 아마 무척

오랫동안 그렇게 앉아 있어야 할 겁니다. 반대로, 묵묵히 작업을 하다 보면 그 과정에서 생각도 떠오르고 일도 벌어지는 것이지요. 영감은 절대적으로 불필요하고, 기만적이기도 해요.

사람들은 작업을 본격적으로 시작하기 전에 뭔가 그럴싸한, 멋진 아이디어가 있어야 할 것 같다는 생각을 해요. 그러나 내 경험으로 작품은 대부분의 경우 절대 그렇게 해서는 나오지 않아요."

미니스커트와 핫팬츠의 창시자 중 한 사람이며, 1960년 영국 패션의 디바였던 메리 퀀트는 "살면서 배운 중요한 것 중 하나는 '아이디어를 담고 있지 말기'"라고 했다. 담고 있으면 이미 진부해져버리거나, 시의적절하지 않은 아이디어로 변하기 때문이다. 그래서 그녀는 "어떤 아이디어든 일단 쏟아놓고 보라"고 충고한다.

사람들은 가끔 이런 경험을 할 때가 있다. 뭐든 하면 할수록 더 하게 되는 경험 말이다. 아이디어가 리듬을 타게 돼서 주체할 수 없게 되는 것이다. 그 첫 단추는 '실행'이다. 세계적인 경영 구루 피터 드러커는 "늦게 내려진 올바른 결정보다 빨리 내린 틀린 결정이 낫다"고 역설했다. 제때 결정하지 못해 일을 그르치는 경우가 많다는 것이다.

'혼'에서 언급한 마에다 신조 시세이도의 전 회장은 '창'과 관련해서도 일가견이 있는 인물이다.[12] 그는 2005년 부임하자마자 현장 중심 개혁에 착수했다. 그리고 자신의 경영 방침으로 '60% 즉결주의'를 내걸었다. 60%의 확률로 할 수 있는 일이 있으면 40%의 위험이 있어도 바로 실행에 옮긴다는 것이다.

"상품을 파는 것은 타이밍이 중요합니다. 100%의 안전성을 추구한다면 상품을 팔 기회를 놓치게 됩니다. 따라서 60%의 가능성이 있다고 판단하면 망설이지 않고 실행에 옮겨야 합니다. 물론 그런 판단을 내리기 위해서는 시대 조류의 본질을 확실하게 파악해둬야겠지요."

100개가 넘던 시세이도의 브랜드를 핵심 브랜드 6개로 줄인 결정도 60% 즉결주의에서 나왔다. 너무 많은 브랜드는 인건비와 판촉비 부담으로 회사에 짐이 된다고 본 것이다. 그의 결정에 이해관계가 걸린 사업부들은 반발했고, '회장의 독단'이라는 이메일까지 날아왔다고 한다. 그러나 그가 밀어붙인 브랜드 통합의 효과는 그 모든 반발을 불식시켰다. 핵심 브랜드에 마케팅 비용이 집중되면서 각 브랜드가 분야별 1위로 올라섰다.

60% 즉결주의는 앞에서 강조한 디테일 중시와는 모순된 것으로 보이기도 한다. 그러나 둘은 180도 다른 상황에서 적용된다는 사실에 주의해야 한다. 즉, 60% 즉결주의는 아무리 해도 100%의 보장이 불가능한 불확실성 속에서 중요한 전략적 판단을 내릴 때 필요한 덕목이다. 반면 디테일 중시는 노력에 따라 100%를 기할 수 있는 운영적 차원에서 필요한 행동원리다.

사실 전략적 차원의 판단에는 늘 리스크가 수반되기 마련이다.

2008~2009년의 글로벌 금융위기는 리스크 관리의 중요성을 다시 한번 일깨워줬지만, 그렇다고 해서 우리가 무조건 리스크를 피해야 한다는 것은 아니다. 투자의 구루이자 《리스크》라는 책을 쓴 피터 번스타인은 유명을 달리하기 직전 위클리비즈와 가진 인터뷰에서, "투자할 때 우리는 왜 리스크를 감수해야 합니까? 그걸 피할 수는 없나요?"라는 질문에 이렇게 대답했다.[13]

"왜 없겠어요. 현찰을 그냥 쥐고 계세요. 해답은 명확합니다. 하지만 리스크가 없으면 수익도 없죠. 미래를 알지 못하는 한 리스크는 존재할 수밖에 없어요. 리스크란 예상됐던 것보다 더 많은 일이 벌어질 수 있다는 뜻입니다. 달리 표현하면 '앞으로 무슨 일이 생길지 모른다'라고 말하는 것이죠. 수익을 기대하면서 기꺼이 리스크를 무릅써야 전진할 수 있습니다. 리스크를 감수할 기회가 가장 많이 주어진다는 점에서 자본주의는 최고의 시스템입니다."

그는 이와 관련, 자신의 책 《리스크》에서도 다음과 같이 설명했다. "현대와 과거를 결정짓는 것은 바로 '리스크에 대한 지배'다. 인류는 리스크를 지배할 수 있었기에 신의 변덕에 따라 좌지우지되는 미래에서 벗어날 수 있었다. (중략) 리스크 감수는 현대 서구사회를 이끌어가는 기폭제가 됐고, 프로메테우스와 마찬가지로 신에 대항해 미래를 어둠 속에서 끌어내 적대의 대상에서 기회의 대상으로 바꾸었다."

이렇듯 창으로 가는 길은 지난하다. 끊임없이 노력해야 하고, 아주 작은 디테일에까지 세심한 주의를 기울여야 하며, 리스크를 감수하고라도 실행에 옮겨야 한다. 이 모든 과정을 충실히 이행할 때, 비로소 창은 우리를 성취와 성공의 길로 안내한다.

손이 진흙으로 더러워지는 것을 두려워하지 마라

고인 물은 썩는다. 썩지 않기 위해 개인과 조직 모두 항상 새로움을 추구해야 한다. 손이 진흙으로 더러워지는 것을 두려워하지 않고, 진흙을 만져 새로운 무언가를 만들어내야 한다.

그렇지 않으면 개인과 조직 모두 진보하거나 발전할 수 없다. 현상 유지에 만족하는 순간, 개인과 조직 모두 결국 쇠퇴의 길로 들어설 뿐이다. '이것으로 괜찮은가?' '더 좋은 방법은 없을까?' 늘 고민하며 날마다 조금씩 나아지기 위해 노력해야 한다.

대가들은 늘 새로워지려고 노력한 사람들이었다. 그들은 성공과 명성에 안주하지 않았다. 명성은 사람을 정체시키고 박제화할 수 있다. 더구나 지금은 영원한 위기의 시대가 아닌가. 늘 변하지 않으면 살아남기조차 어려운 시대다.

2009년 11월 서울에서 열린 테크플러스 포럼에서 미국의 미래학자인 다니엘 핑크의 강연을 들을 기회가 있었다. 그는 우리가 왜 새로워지고, 창조적이지 않으면 안 되는지의 이유를 '3A'로 요약했다. '아시아Asia'와 '자동화Automation' '풍요Abundance'가 그것이다.

우선, 아시아를 보자. 예를 들어 인구가 10억인 인도의 15%가 엔지니어가 된다고 해도 1억 5,000만 명에 이르러 미국의 전체 근로소득자 1억 3,000명을 초과한다. 그럼에도 그들의 연봉은 미국 엔지니어의 30~40% 수준에 불과하다. 이처럼 아시아의 신흥시장 인력이 급성장할 경우, 루틴한 업무는 일상재가 될 것이다. 남들이 하지 않는 창조적인 일을 하지 않으면 안 된다.

둘째, 자동화다. 다니엘 핑크는 "기계가 인간의 노동을 대체하고, 소프트웨어가 인간의 두뇌를 대신하고 있다"고 말한다. 예를 들어 북미 지역은 소득세법이 복잡해 예전에 회계사들이 1,000달러쯤 받고 업무 대행을 해줬다. 하지만 인도 등에 경쟁자가 생기면서 500달러로 내려갔고, 소득세 계산 소프트웨어인 '터보택스Turbo Tax' 같은 프로그램도 개발돼 30달러면 처리할 수 있게 됐다. 결국 컴퓨터가 대체할 수 없는, 인간의 우뇌만이 할 수 있는 창조적인 일을 하지 않으면 안 된다.

셋째, 풍요다. 다니엘 핑크는 "부모 세대에는 미국 가정의 10%만이 냉장고를 갖고 있었지만 지금은 99%가 갖고 있다"고 설명했다. 그는 또 "지금은 아이폰으로 비디오카메라와 이메일 전송, 음악 청취, 게임을 모두 할 수 있는데, 몇 년 전만 해도 사람들이 이런 기능의 필요성조차 느끼지 못했다"라고 말했다. 결국 이처럼 생활이 풍족해지면서 사람들의 새로운 욕구를 충족시키는 창의성 있는 인재가 날로 중요해진다는 것이다. 당장은 사람들이 필요하다고 느끼지 못하지만, 사람들의 잠재된 욕구를 충족시킬 수 있는 상품을 개발하는 역량이 중요하다는 제언이다.

그렇다면 창의성은 어디서 생겨나는 것일까? 제프리 다이어 브리검영대 교수와 클레이튼 크리스텐슨 하버드 경영대학원 교수 등 3명의 교수는 창조적인 기업가 25명의 습관을 집중 분석했다. 제프 베이조스 아마존 창업자, 허브 캘러허 사우스웨스트항공 전 회장, 피에르 오미디야르 이베이 창업자, 마이클 델 델컴퓨터 창업자 등을 포함해서 말이다. 그리고 이들의 습관 중 5가지의 공통점을 추출해 〈하버드 비즈니스 리뷰〉에 실었다.[14] 그 5가지는 다음과 같다. 연결, 질문, 관찰, 실험, 네트워킹이 그것이다. 공교롭게도 이 5가지는 위클리비즈가 인터뷰한, 많은 창조경영의 대가들 역시 공통적으로 강조한 것이기도 하다. 그래서 이 5가지의 개념적 틀을 기초로 해서 창에 대해 설명해보려고 한다.

다른 꽃의 꽃가루로 꽃을 피워라 – 연결

스티브 잡스는 "창조성이란 서로 다른 것들을 연결하는 것"이라고 했다. 피아노 건반이 수동 타자기를 낳았고, 유원지의 놀이기구가 에스컬레이터로 발전한 것처럼 말이다. 14~16세기의 문예부흥운동인 르네상스를 낳은 것 역시 연결이었다. 중세 이탈리아의 권력과 부를 장악했던 메디치 가문은 르네상스의 발상지인 피렌체에 세상의 온갖 창의적인 사람들을 불러 모았다. 조각가와 과학자, 시인, 철학자, 화가, 건축가들이 모두 모였다. 그들이 모이고 서로 연결됨으로써 창조적 폭발, 즉 르네상스가 일어났다. 연결의 힘, 바로 '메디치 효과'이다.

작곡가 데이비드 앰램은 "예술은 다른 사람과 함께 작업하는 게 언제나 유리하다"라고 말한다. 자신의 음악에 대한 다른 사람들의 의견이나 피드백이 이제까지와는 전혀 다르게 창조적으로 생각할 수 있게 해주기 때문이다. 전혀 다른 접근, 다른 아이디어를 떠올릴 수 있다는 것이다.

미국 로드아일랜드 디자인 스쿨의 존 마에다 총장은 이 시대 기업에 새로운 르네상스가 필요하다고 말하는데, 그 요체 또한 연결이다. 그는 특히 '예술과의 연결'을 강조한다. 정보기술의 괴리가 줄고 기술 수준이 평평해지면서, 창조성과 예술성이야말로 기업들의 새로운 전장이 됐다는 것이다. 그는 이 새로운 경쟁의 영역을 '포스트 디지털 르네상스'란 표현으로 불렀다.[15]

창조경영의 대가이자 《생각의 탄생》의 저자 로버트 루트번스타인 교수는 위클리비즈와의 인터뷰에서 "창의적 인재란 미술, 음악, 시 등 다른 영역의 세계도 자유자재로 활용할 수 있는 사람들"이라면서 "국가든 기업이든, 한 분야의 전문가보다 모든 분야를 자유자재로 넘나들 수 있는 신新르네상스인을 키워야 한다"고 주장했다.[16] 기업이 끊임없이 늘 고민해야 하는 것은 '어떻게 직원들에게 자유를 줄까' 하는 것이라는 의견도 덧붙였다.

"천재를 키우기 위해선 직원들에게 노는 시간을 줘야 돼요. 금요일 오후나 월요일 점심 등 시간을 정해 뭔가 다른 경험을 해보도록 하는 거죠. 단순히 영화를 보러 간다거나, 유희시간을 주는 것도 좋지만 독특한 업무상황을 주는 것도 고려해볼 만해요. 예를 들어 '혁신 실험실'을 설치해 예상하지 못한 프로젝트를 주고, 예상치 못한 마감시간을 제시하는 겁니다. 이렇게 뭔가 신선한 경험을 줘서 다르게 생각할 수 있는 공간을 열어줘야 해요."

그는 또한 "훌륭한 기업들은 예술의 진흥을 위해 힘써야 한다"고 말했다. 예술 작품은 창조적 사고의 가장 좋은 도구이기 때문이다. 예술은 '독특한 경험'을 제공해 기존의 사고방식을 뒤흔들어놓는다는 것이다.

그에 따르면, 기업이 예술을 가치 있게 생각한다는 것은 곧 창의적인 인재의 가치를 높이 산다는 의미도 된다. 창의적인 인재들은 미술 작품이나 연극, 뮤지컬을 후원하는 기업에 끌리게 돼 있기 때문이다.

미국의 디자인회사 아이데오IDEO의 창립자인 톰 켈리 역시 저서 《이노베이터의 10가지 얼굴》에서 한 분야의 아이디어를 다른 분야로 접목시키는 것을 혁신의 중요한 덕목으로 꼽았다.

그는 조직 내에서 이런 역할을 하는 사람을 '타화수분자他花受粉者'라고 부른다. 타화수분이란 곤충이나 바람, 물 따위의 매개에 의하여 다른 꽃에서 꽃가루를 받아 열매나 씨를 맺는 일을 말한다. 곤충이나 바람, 물처럼 다른 분야의 아이디어와 컨셉트를 가져와서 새롭고 더 좋은 것을 만들어내는 사람이 바로 타화수분자다.[17]

아이데오는 고객 기업의 타화수분 역량을 높이기 위해, 고객 기업 대표에게 그들의 업무 영역과는 전혀 다른 회사를 견학하게 한다. 어떤 고객사 사장은 자신의 사업이 전통적인 분야라서 전혀 혁신할 게 없다고 생각하고 있었다. 그래서 아이데오는 그를 데리고 한 장의葬儀업체를 방문했다. 장의업체야말로 인류 역사만큼이나 오래된 전통적인 분야이지 않은가? 그런데 장의업체에서도 예상과 달리 많은 혁신을 감행하고 있었다. 큰 스크린을 통해 유족들에게 주문제작하는 관들의 모습을 보여주는 것에서부터 고인의 재를 멋진 다이아몬드 형으로 꾸며주는 것까지, 다양한 혁신을 실행하고 있었던 것이다. 이를 본 고객사 사장은 그제야 비로소 혁신의 필요성을 인정하게 되었다.

T자형 인재가 혁신을 낳는다

타화수분자를 양성하기 위해 아이데오는 다양한 배경을 가진 사람들을 고용한다는 인사 원칙을 갖고 있다. 예를 들어 이 회사엔 기계공과 석공, DJ를 두루 거친 직원도 있고, 독일인 아버지와 브라질계 어머니 사이에서 태어나 캘리포니아에서 살았던 직원도 있다. 퇴사해 다른 일을 하다가 다시 입사한 이른바 '부메랑 직원'들도 많다.

이러한 직원들은 요즘 많이 쓰는 말로 'T자형 인재'라 표현할 수 있다. 다양한 분야에서 폭넓은 지식을 쌓아올렸지만, 동시에 한 분야에서 전문가 뺨칠 정도로 깊은 지식을 갖고 있는 인재가 T자형 인재인 것이다.

특수 등산복 소재로 쓰이는 고어텍스로 유명한 고어사의 테리 켈리 전 CEO 역시 "최고의 혁신, 그리고 가장 가치 있는 혁신은 '다른 관점'과 '독특한 시각'에서 나온다"고 강조했다.[18] 그녀는 의료 사업부문을 예로 들면서 의료 전문 지식을 갖고 있는 동료보다는 관련 지식이 없는 동료들로부터 깜짝 놀랄 만한 아이디어가 훨씬 많이 나오고, 그 아이디어가 큰 수익으로 연결된다고 전했다. 바야흐로 T자형 인재의 시대다.

요즘 유행하는 '개방형 혁신 Open Innovation'의 요체도 연결에 있다. 왜 혁신이 내부에서만 이뤄져야 하는가? 기업 바깥의 혁신 역량과 기업 내부를 연결시킴으로써 우리는 훨씬 폭넓은 혁신의 기회를 창출할 수 있다.

위클리비즈는 아이데오의 샌프란시스코 사무실을 찾아간 적이 있다.[19] '전 세계의 이노베이션 공장'이라 불리는 이 회사는 사무실 인테리어에서부터 파격의 연속이었다. 사무실 지붕은 몽골의 이동식 가옥 유르트를 연상시켰다. 보통 사무실 높이의 5배는 족히 돼 보이는 천장엔 난데없이 자전거 6대가 공중에 매달려 있다. 직원들이 통근용으로 타고 다니는 자전거를 매달아놓았다는 설명이다. 입구 한쪽 벽에는 아이들이 휘갈겨 쓴 것처럼 보이는 낙서 수십 장을 붙여놓았다. 직원들의 브레인스토밍에서 나온 습작들이다.

회사 인테리어부터 이노베이션을 추구하는 회사, 아이데오. 업무에서는 어떻게 이노베이션을 실현할까? 당시 팀 브라운 CEO는 아이데오의 이노베이션 방법론을 '인류학적 접근 방법'이라고 요약했다.

"인류학적 접근은 인간지향적인 접근방식이라고도 합니다. 이 방법을 통해 소비자들의 입맛에 맞는 제품이나 서비스가 나올 수 있습니다. 맥킨지 같은 컨설팅회사는 재무나 회계, 마케팅 등 MBA의 시각으로 기업을 해부합니다. 하지만 우리는 소비자들이 기업과 상품을 바라보는 시각 그 자체를 추구합니다."

인류학적 접근의 출발은 '관찰'이다. 남태평양 문화를 연구한 마거릿 미드처럼 문화인류학자의 눈으로 보는 것을 말한다. 앞서 살펴본 톰 켈리의 책에 인류학적 관찰 방법에 대한 설명도 나온다.[20]

"만약 기차역에서 청량음료를 더 팔 수 있는 방법을 알아내려면 기차역에서 서성거리는 잠재 소비자들을 관찰해야 한다. 문화인류학적 시각으로 살핀다면, 대부분 사람들이 플랫폼에 서서 고개 너머로 음료수 매점을 바라보고, 손목시계를 바라보다가 기차가 들어오는지 살피는 것을 관찰할 수 있다. 승객들이 뭔가 마실 것을 사고 싶은 욕망과 기차를 놓치고 싶지 않은 마음 사이에서 갈등한다는 사실을 알아낼 수 있다. 그렇다면 청량음료 판매대 옆에 커다란 시계를 갖다 놓는다면? 승객들은 시계도 보고 동시에 음료 판매대도 볼 수 있다. 결국 그 기차역의 음료 매출이 상승한다."

연결이 큰 그림을 만든다

우리는 연결함으로써 '큰 그림'을 볼 수 있게 된다. 요즘 유행하는 말 중에 '우뇌형 인간'이란 말이 있다. 좌뇌가 논리를 대변한다면 우뇌는 감성과 창조를 대변한다. 이에 대해 다니엘 핑크는 다음과 같이 말했다.

"글로벌 경제위기 탓에 어느 분야에서든 넓고 큰 시야를 갖고, 큰 그림을 그릴 줄 아는 전문가를 원하게 됐다. 이런 '하이 컨셉의 능력', '우뇌의 능력'은 갈수록 가속화될 자동화가 결코 대체할 수 없다는 점에서 더욱 각광받을 수밖에 없다."[21]

요즘 경영계의 화두 중 하나인 '스토리텔링'의 요체 역시 연결, 즉 엮어내는 데 있다. 다시 다니엘 핑크의 이야기를 들어보자.

"이제 우리에게는 팩트들이 너무나 넘쳐난다. 그런 팩트들을 스토리로, 문맥으로 엮어내지 못하면 팩트는 증발된다."

이는 고미야마 히로시 전 도쿄대 총장의 말과도 일맥상통한다. 그는 "이번 글로벌 경제위기는 지식이 너무 많아져 결국 '전체상全體像'을 아무도 파악할 수 없게 된 데서 기인한다"고 설명한다. 이 문제의 해결을 위해서는 지식의 통합과 이종異種 학문 간의 토론이 필요하다는 것이 그의 주장이다.[22]

"글로벌 경제위기 같은 큰 문제를 해결하려면 한 사람의 힘으로는 불가능합니다. 셜록 홈즈 소설을 보면 홈즈라는 천재가 순간적인 '번득임'으로 문제의 본질을 파악하고 해답을 내놓죠. 천재니까 가능하지만, 사실 우리 같은 평범한 사람들도 그런 번득임을 만들 수 있습니다. 방법은 이종 학문 간의 토론입니다. 환경 문제만 해도 농업, 화학, 정부 등 각 부문의 사람들이 모여 밤새 의논하다보면 지식의 통합이 이뤄지고, '천재의 번득임'을 만들 수 있습니다."

영국의 전설적인 펀드매니저 앤서니 볼턴이 훌륭한 투자자가 되기 위해서는 '디테일에 강한 제너럴리스트'가 돼야 한다고 했는데 비슷한 맥락일 것이다. 그의 책 《투자의 전설 앤서니 볼턴》에 이런 대목이 나온다.[23]

"훌륭한 펀드매니저는 주식시장에서 자신이 담당하는 광범위한 기업과 산업에 대해 합당한 양의 지식을 갖추고 있어야 한다. 각각의 영역마다 폭넓고 깊이 있는 지식이 필요하다. 그러나 자기 전문 분야에 대해서만 갖는 지식보다, 소상하게까지는 아니더라도 포괄적인 분야와 기업에 대해 합당한 지식을 갖추는 것은 도움이 된다. 성공한 펀드매니저를 만나보면 주식시장과 관련되지 않은 화제에까지 미치는 그들의 광범위한 지식에 깊은 인상을 받게 된다."

즉, 각론에 강한 전문가이되, 총론과 큰 그림, 숲도 볼 수 있는 사람이 되라는 의미다. 투자자뿐만 아니라 창을 꿈꾸는 모든 개인과 조직이 새겨들을 만한 말이다.

'순진한 왜'가 기적을 낳는다 - 질문

"아빠, 하늘은 왜 파래요?" "엄마, 새는 왜 날아다녀요?" 어린아이들은 "왜?"라는 질문을 많이 한다. 어른들은 당연히 여기는 것들이라도 천진한 눈으로 보면 새롭고 신기하기 때문이다. 홍성태 한양대 명예교수에 따르면, 이렇게 어린아이처럼 순진한 마음에서 나오는 질문을 '순진한 왜innocent why'라고 한다.[24] 상담심리학에서 가져온 용어다.

영화감독 스필버그는 "가장 위대한 업적은 '왜'라는 아이 같은 호기심에서 탄생한다. 마음속의 어린아이를 포기하지 말라"고 조언했다. 존 마에다 총장을 만나 창조적인 기업이 되는 비결을 물었더니,

그의 대답 역시 "끊임없이 '왜'라고 물으라"는 것이었다.[25] 그는 예술가나 디자이너들은 '왜'라고 묻는 것이 습관화되어 있다며 그들을 배우라고 말했다.

많은 기업이 그저 크레용으로 그림을 그리고, 고무공을 주물럭거리고, 카펫을 깔면 창조적이 된다고 생각한다. 하지만 마에다 총장은 절대 그렇지 않다고 단언한다. 예술가와 디자이너들이 어떤 방식으로 사고하는지, 창조적인 디자인·예술 스쿨이 어떻게 훈련하는지를 기업이 잘 알아야 한다는 것이다. 그에게 좀더 자세한 설명을 들어봤다.

"예술가와 디자이너들은 훈련과정에서 동료로부터 비평을 즐겨 듣는다. 또 스스로 끊임없이 '왜?'를 묻는다. 그에 따라 매 순간 스스로의 마음을 바꾸는 것을 서슴지 않는다. 그야말로 변신에 완전히 열려 있는 것이다.

예술의 목적은 아름다움이 아니다. 예술은 어떤 특정 주제에 관해 극단적으로 몰입하고 이해한 후, 또 그걸 그런 몰입으로 표현해내는 것이다. 예술가는 연필이든 나무든 컴퓨터든 필요한 수단을 사용하고, 경험과 열정을 쏟아부어 그걸 표현한다. 반면 과학과 기술은 논리와 규칙에 근거해 '흑백'으로 갈라진다. 단 하나의 정답만을 가르치려 한다. 예술은 다양한 톤의 '회색' 전망과 해석에 마음을 열라고 한다. 우리는 지금 극단적으로 복잡한 세계, 카오스에 살고 있으므로 사회의 '회색성'을 편안하게 받아들일 준비가 돼 있어야 한다. 이게 우리가 예술가적 기질에서 배우라는 이유다."

이 같은 맥락에서 마에다 총장은 '권위적 리더십'과 대비되는 개념으로 '창조적 리더십'을 제시한다. 그가 말하는 권위적 리더십은 채찍 중시, 위계질서 중시, '예스 혹은 노'의 명쾌함 중시, 옳은 판단인지 따지기, 장군처럼 생각하기, 실수 회피, 제한된 피드백만의 허용으로 대표된다. 반면 창조적 리더십은 당근 중시, 네트워크 중시, '아마도'와 같은 모호함 인정, 현실적 판단인지 따지기, 예술가처럼 생각하기, 실수로부터의 학습 환영, 무제한적 비판 허용 등으로 상징된다는 게 그의 분석이다.

그는 인생에 수많은 멘토가 있었다고 했다. 하지만 그중에 그가 가장 좋아하고 영감을 받은 멘토들은 "그건 내가 잘 모르겠는데, 너는 아니?"라고 자신에게 되묻는 현인들, 달리 말하면 창조적 리더십을 지닌 인물들이었다고 한다. 모르는 것을 모른다고 말할 줄 아는 데에서 진정한 지혜와 독창성이 시작된다는 설명이다.

실제로 새로운 비즈니스 모델과 혁신적인 신제품의 출발 역시 '왜?'라는 질문이었다. 1980년대 초 마이클 델은 컴퓨터를 분해해본 결과, 부품 값을 다 합쳐도 기껏해야 600달러밖에 되지 않는다는 사실을 알 수 있었다. 그런데 컴퓨터는 3,000달러에 팔리고 있었다. '컴퓨터 가격이 컴퓨터에 들어가는 부품 값을 모두 더한 것보다 5배나 비싼 이유는 뭘까?' 이 질문을 계속하던 그는 '다이렉트 세일'이라는 혁명적인 비즈니스 모델을 떠올렸다.

델컴퓨터는 고객이 온라인으로 주문한 사양에 맞춰 부품을 조립한 다음, 미국 어디든 48시간 내에 배달하는 것을 원칙으로 한다. 덕분에 결코 저렴한 가격이 아님에도 불구하고 오랫동안 미국시장에서 부동의 1위를 지킬 수 있었다. 컴퓨터 가격이 비싼 이유에 대한 질문을 거듭한 끝에, 고객의 관점에서 그 이유를 만들어낸 것이다.

스웨덴의 세계적 가구회사인 이케아의 출발 역시 '왜'라는 의문이었다. 가구를 사려는 고객들은 정확히 원하는 모양과 기능이 아니더라도, 대충 비슷한 것 중에서 고를 수밖에 없다. 게다가 커다란 가구를 배달하려면 비용도 많이 들고 다루기도 만만치 않다. 누구나 당연히 여기는 이런 불편함에 대해 '왜 그래야만 하지?'라는 질문을 던진 결과, 표준화된 부품을 고객이 직접 골라서 쉽게 조립하도록 만들어 성공한 것이 바로 이케아다.

하버드대학에서 화학을 공부했던 에드윈 랜드는 편광偏光기술을 이용한 여러 사업을 하고 있었다. 어느 날 가족과 함께 해변으로 놀러 가서 사진을 찍던 중, 어린 딸에게서 "아빠, 사진을 찍으면 왜 금세 볼 수 없는 거예요?"라는 질문을 받는다. 그에 대한 대답이 4년 후인 1947년에 발명된 폴라로이드라는 브랜드의 즉석카메라였다.

통찰력을 자극하는 뜻밖의 질문은 고객으로부터 나오기도 했다. 오리온은 후라보노이드 성분과 녹차 추출물을 함유한 기능성 껌을 출시하는 과정에서 소비자들에게 껌의 특징을 설명하고 의견을 구했다.

그때 한 소비자가 "그렇게 좋은 껌이라면, 왜 100원만 받아요?"라고 물었다. 그때까지 껌 값은 으레 100원이었다. 이렇게 탄생한 200원짜리 후라보노 껌은 비싼 가격 때문에 오히려 소비자들에게 껌의 우수성을 알리는 계기가 되었고, 롯데가 독주하던 껌시장에 새로운 돌파구를 마련하게 됐다.

하지만 무조건 '왜'라고 묻는 것이 능사는 아니다. 홍성태 명예교수는 "'왜'라는 질문을 던질 때 중요한 것은 질문이 고객의 관점에 놓여 있어야 한다는 점"이라고 설명한다. '왜'라는 질문을 기업의 관점에서 하다보면 자칫 사고가 분석적으로 되기 쉽기 때문이다. 가령 백화점에서 '왜 매출이 떨어지지?'라는 기업 중심의 질문에 대해서는 불황이나 비싼 가격, 치열해진 경쟁 등의 핑계가 생각날 뿐이고, 결국 제3자로서의 분석이 되어버리고 만다.

레고를 살린 2가지 질문

덴마크의 '블록쌓기 왕국' 레고 LEGO는 창립 후 오랜 세월 장난감, 특히 블록 분야에서 제대로 된 적수를 만난 적이 없었다. 그런데 1990년대 들어 뜻밖의 경쟁자를 만나면서 고전을 겪게 됐다. 기존 장난감과는 차원이 다른 비디오·컴퓨터 게임이 바로 그것이었다. 그것이 어린 고객들의 마음을 레고로부터 빼앗아가기 시작한 것이다. 더욱이 세계적으로 출산율이 떨어지면서 레고의 활동 영역은 점차 줄어들었다. 트렌드를 선도하던 레고가 오히려 시대에 뒤떨어지는 상황에 직면한 것이다.

그러나 레고 역사상 가장 큰 변화는 바로 이 시기에 찾아왔다. 레고는 스스로에게 2가지의 큰 의문을 제기했다. "왜 레고는 움직여서는 안 되지?"가 그 하나이고, "왜 어른은 레고의 고객이 될 수 없지?"가 다른 하나였다.[26]

레고는 이 2가지 생각의 굴레를 깨뜨렸다. 1998년 MIT대와 손잡고 움직이는 레고 로봇인 '마인드스톰'을 출시했고, 1999년에는 어른과 마니아 고객층을 겨냥한 '스타워즈' 시리즈를 내놓았다. 특히 성인 고객층을 공략한 전략은 뒤에 회사의 큰 자산이 되었다. 레고엔 'Afols Adult Fans of Lego'라는 성인 동호회가 있는데 전 세계 회원이 100만 명 이상이다. 어른이 고객이 됨으로써 제품의 가격대가 올라간 것은 물론이다.

레고는 인터넷 해커들을 자기편으로 끌어들인 일화로도 유명하다. 마인드스톰을 개발했을 때의 일이다. 소비자들이 제어장치 프로그램을 해킹해 마음대로 바꾸어 인터넷에 올렸다. 레고의 기술을 무단으로 도용한 셈이다. 그런데 레고 경영진은 숙고 끝에 소비자들이 마음껏 활용하도록 프로그램 원본을 아예 공개해버렸다. 기술을 스스로 유출해버린 것이다. 과연 어떤 일이 일어났을까?

소비자들이 경쟁적으로 프로그램을 업그레이드시키는 과정에서 성능에 엄청난 혁신이 일어났다. 예전에는 단순 동작만 가능했는데 이후에는 계단 오르기 등 복잡한 동작도 가능하게 됐다.

탄력을 받은 레고는 2003년 아예 고객 스스로 온라인에서 레고 모델을 설계할 수 있게 했다. '레고 디지털 디자이너' 프로그램이 그것이다(2022년부터 '브릭링크 스튜디오'로 대체되었다).

당시 레고에 고용된 제품 디자이너는 고작 120명 정도인 데 반해 온라인에서 활동하는 자발적인 디자이너는 12만 명이었다. 물론 이들은 돈 한 푼 받지 않았다. 레고는 이들 자발적인 디자이너 가운데 활동이 활발하고 아이디어가 뛰어난 사람을 가려 '레고 대사deputy'로 임명했다. 그리고 이들을 본사로 초청해 디자이너와 직접 만나 아이디어를 나누는 기회를 제공하고, 좋은 아이디어는 실제 상품으로 만들기도 했다.

이를 통해 회사는 신선한 아이디어를 얻을 뿐만 아니라 고객의 충성도도 높이는 일석이조의 효과를 얻을 수 있다. 즉, 고객의 아이디어 참여를 유도함으로써 '우리가 당신의 아이디어를 소중하게 다루고 있다'는 메시지를 주게 되는 것이다.

레고야말로 '개방과 공유'라는 디지털 비즈니스 환경에 가장 성공적으로 적응한 기업이다. 요즘 화두로 떠오른 '개방형 혁신'은 다른 사람의 아이디어를 적극적으로 수용함으로써 창을 얻고자 하는 시도다. 개방형 혁신이란 전통적인 기업의 경계를 무너뜨려 지적 재산과 아이디어, 사람이 조직 내외부로부터 자유롭게 흘러들어오고 나가는 혁신 생태계를 의미한다.

2009년 개방형 혁신의 성공 사례로 아이폰을 빼놓을 수 없다. 아이폰의 인기비결은 여러 가지다. 컴퓨터와 인터넷, GPS, 감각적인 터치스크린 등 첨단 IT기술을 집약, 통신만 가능하던 기존 휴대전화의 개념을 바꿨다. 손가락 두 개를 화면에 대고 오므렸다 폈다 하면서 그림이나 지도를 확대·축소하는 멀티터치 기능도 그중 하나다. 여기에 빼어난 디자인까지 결합, 소비자들을 빨아들였다.

하지만 이게 다가 아니었다. 아이폰의 최대 강점은 수십만 개의 응용 프로그램을 이용할 수 있다는 점이다. 애플의 앱스토어에서 구매할 수 있는데 당시 누적 다운로드 수가 20억 건을 넘었다. 아이폰에 다양한 응용 프로그램이 많은 것은, 개발자가 자기만의 프로그램을 개발해 판매할 수 있도록 애플이 문호를 개방했기 때문이다. 아이폰의 기능을 최대한 활용하기 위해 '대중의 힘'을 빌리겠다는 의도였다.

이처럼 창을 얻기 위해서는 마음이 열려 있어야 한다. 우리는 어떤 결정을 내리면 자신의 생각이 틀릴 수도 있다는 생각에 대해 개방적으로 되기 어렵다. 자신의 결정의 근거를 부정하는 모든 사실에 대해 마음을 닫기 쉽다. 그러나 창을 얻기 위해서는 다른 사람의 충고와 비판에 열려 있어야 한다. 무엇이 잘못됐는지 말해주는 다른 사람의 충고를 허심탄회한 마음으로 들어라. 그리고 앞장서서 자신이 잘못하고 있는 점이 무엇인지 의견을 구하라. 비판을 받아들일 준비가 돼 있어야 한다.

모든 일상을 관찰하라 - 관찰

대가들의 공통점 중 하나는 늘 열심히 관찰한다는 것이다. 새로운 것을 찾기 위해 세계 어디든 누구보다 많이 돌아다니는 사람도 그들이다. 그들은 늘 '현장'을 금과옥조로 삼는다. 세계적 건축가인 존 포트먼은 디자인에 대한 영감을 얻는 비결로 '모든 일상을 관찰하는 것'을 꼽았다.[27]

"모든 것으로부터 영감을 얻습니다. 바람, 작은 풀잎에서부터요. 저는 어릴 때부터 몇 시간씩 앉아서 사람들을 관찰하곤 했어요. 일상의 현장을 잡아내는 거죠. 거기에 진실이 있거든요. 의자에서부터 빌딩, 혹은 전체 도시에 이르기까지 이런 사소한 생활을 반영해야 좋은 작품이 나옵니다."

소설가 베르나르 베르베르 역시 글의 좋은 소재를 찾기 위해 "뭐든지 관심을 두고 집요하게 관찰한다"고 했다.

"풍부하고 다양한 호기심은 타고나는 것이지만, 그 이후에는 끊임없이 정보와 지식을 습득하는 노력이 필요합니다. 나는 날마다 배웁니다. 뭔가 새로운 것을 얻지 않은 날에는 '시간을 잃어버렸다'고 여깁니다."[28]

많은 성공 벤처기업의 창업 아이디어는 멀리 있지 않았다. 다른 사람들이 일하고 생활하는 모습을 유심히 관찰하는 데서 비롯된 경우가 많다. 열심히 보다 보면 아이디어가 떠오른다. 그러나 그 스쳐 지나가는 아이디어 혼자서는 열매를 맺지 못한다. 혼과 비전을 가진 이만이 그 아이디어로 열매를 맺는다. 재무관리 소프트웨어회사 인튜이트Intuit의 창업자 스콧 쿡의 창업 아이디어는 2가지 관찰에서 시작됐다.

첫째, 그는 부인이 가계부를 정리하느라 고생하는 것을 지켜봤다. 그냥 스쳐갈 수 있는 생각이었지만, 그는 골똘히 고민하기 시작했다. '왜 저렇게 고생하지? 뭔가 다른 방법은 없을까?' 둘째, 어느 날 애플에서 일하던 그의 친구 한 명이 아직 출시되기 전인 '리사Lisa'라는 프로그램을 슬쩍 보여줬다. 그는 친구와 헤어지고 돌아오던 길에 가까운 식당에 들러 리사에 대해 보았던 것들을 모두 써내려간다. 잊어버리지 않기 위해서다. 스콧은 이 2가지 관찰로부터 개인 재무관리 프로그램인 '퀴큰Quicken'을 만들게 된다.

인도 최대 재벌인 라탄 타타Ratan Tata가 초저가 자동차 '나노Nano'를 내놓게 된 배경에도 세심한 관찰이 있었다. 2003년의 일이다. 비 오는 어느 날 인도 뭄바이에서 4명의 가족이 스쿠터 한 대에 아슬아슬하게 매달려 가고 있었다. 아빠는 운전하고, 큰아이는 아빠 앞에 앉아 있었고, 그리고 뒤에 앉은 엄마는 작은아이를 안고 있었다. 그 모습을 지켜보던 타타는 누가 떨어지지는 않을까 조마조마했다. 충격을 받은 그는 얼마 뒤 서민도 살 수 있는 4인승 국민차 개발에 들어간다. 그리고 2008년 200만 원대의 세계 최저가 자동차 나노가 첫선을 보이게 된다.

《이노베이터의 10가지 얼굴》에 등장하는 일본의 저가 백화점 체인 세이유의 이야기도 관찰의 힘을 잘 보여준다.[29] 1970년대에 세이유는 새로운 자체 하우스 브랜드 론칭을 준비하고 있었다. 디자인 팀은 해외로 출장을 가 새로운 아이디어를 찾아보기로 했다. 그중 한 팀이 미국에 파견됐는데, 일행 중엔 나중에 미술평론가가 된 가주코 코이케라는 인물이 있었다. 그녀는 세계의 맥주캔을 수집하는 친구를 위해, 슈퍼마켓에 들렀다가 '상표 없는' 맥주를 발견했다. 그 맥주에는 당시 유행하던 흑백의 소박한 레이블만 부착돼 있었다. 그녀는 일체의 장식이 없는 간결한 디자인이 마음에 들어서 그 아이디어를 일본에 가져왔다. '상표는 없지만 좋은 제품'을 표방한 '무인양품 無印良品'의 출발이었다.

몇 년 뒤 세이유는 도쿄의 유행 첨단 지역인 아오야마에 최초의 단독 무인양품숍을 개점했다. 생산과정을 간소화하고 가격 거품을 걸어낸 무인양품은 현재까지 세계적으로 선풍적인 인기를 끌고 있다. 오늘날 일본에 250여 개를 비롯해 런던, 뉴욕, 서울 등 주요 도시에 매장을 가지고 있다.

이처럼 이노베이터들은 사람들 행동의 매우 작은 디테일을 주의 깊게, 유심히, 그리고 꾸준하게 관찰한다. 새로운 것을 만들고, 일하는 새로운 방법을 찾아내는 통찰력을 얻기 위해서다. 프랑스의 미생물학자 루이 파스퇴르가 "관찰의 세계에서 기회는 준비된 사람에게만 찾아온다"라고 말했듯, 끝없이 관찰하고 탐구하는 사람만이 기회를 잡을 수 있음을 보여주는 사례들이다.

현대카드의 인사이트 트립

여의도에 있는 현대카드 사옥을 견학하고 당시 정태영 현대카드 사장과 대화를 나눌 기회가 있었다. 이 회사의 사옥은 많은 기업인, 최고경영자과정 등의 견학 코스가 됐다. 너무 많은 사람이 방문을 원해서 요즘은 사양하고 있다고 한다.

과연 이 회사는 소문대로 다른 데가 많았다. 아니, 별나다고 해야 하나. 현대카드 사옥엔 마케팅의 귀재라는 정 사장의 철학이 그대로 녹아 있었다. 사무실은 물론, 복도, 엘리베이터 안, 구내식당, 책상 하나, 의자 하나, 찻잔 하나까지 디자인에 고집스런 일관성이 보였다. 마케팅 교과서에서 본 '통합적 마케팅 커뮤니케이션'을 그대로 보는 느낌이었다. 현대카드 마케팅의 백미는 자기만의 색깔을 갖고 있는 광고라고 한다. 누가 보더라도 현대카드 광고임을 알 수 있을 정도로 개성이 뚜렷하다. 그런 개성 있는 마케팅철학이 사옥에도 그대로 녹아 있었다.

직원들을 위한 배려도 인상적이었다. 사옥을 돌아보면서 '이 회사는 직원들이 회사를 떠나면 불편함을 느끼도록 해서 회사에 오래 잡아두려는 것 아냐?'라는 생각까지 들었다. 구내식당은 고급 레스토랑 수준이고, 사내에 사우나, 골프 연습장, 스크린 골프장을 비롯해 직원들의 구두를 닦아주는 코너도 별도로 마련돼 있었다.

일하는 방식도 남다른 데가 있었다. 9시간 안에 결재하는 것이 원칙이고, 회의시간에 상석이 없고 오는 순서대로 앉는다. 일주일에 한 번씩 전 임원이 한데 모여 일함으로써 스킨십을 다진다. 업무와 관련된 이메일 내용은 관련 임직원 모두가 공유한다.

현대카드는 국내 서비스 마케팅 분야에서 보기 드문 성공 사례 중 하나다. 삼성카드에 비해 12년이나 늦게 카드시장에 진출했음에도 불구하고, 카드업계에 돌풍을 일으켰다. 고객이 받을 수 있는 혜택을 알파벳으로 뽑아낸 알파벳 마케팅, 국내 최초의 VVIP카드인 '더 블랙', 그리고 '더 퍼플', '더 레드'로 이어지는 컬러 마케팅 등으로 기존 카드업계에서 제공하지 못한 새로운 고객가치를 창출했다.

다소 서론이 길어졌지만, 현대카드의 사례를 '창', 그중에서도

'관찰' 속에 넣는 이유는, 이 회사가 이처럼 창조적인 아이디어를 얻었던 방법 중 하나를 소개하기 위해서다. 그것은 바로 '인사이트 트립 insight trip'이다. 당시 정태영 사장과 마케팅 관련 부서장, 임원 등 10명 정도가 함께 세계를 돌아다니며 트렌드를 주도하는 대가들을 만나던 여행을 일컫는 말이다. 통찰력, 즉 인사이트를 얻기 위한 여행이라고 해서 인사이트 트립이란 이름을 붙였다.

해외의 마케팅 컨설팅사, 디자인 전문회사, 신축 건물, 도시개발 현장, 박물관, 갤러리, 콘서트홀, 식당 등이 모두 방문 대상이 되었다. 벤치마킹할 요소가 있는 기업 역시 사업종목을 불문하고 방문 대상이 되었다. 많은 것을 보려는 욕심에 바쁜 일정을 강행군하기에 몇 사람은 도중에 몸져눕기도 했다고 한다.

예를 들어 뉴욕 카네기홀의 구조와 운영철학을 보고, 요즘 가장 인기가 좋다는 뉴욕 뒷거리의 20평짜리 선술집을 찾아간다. 뉴욕현대미술관 MoMA에서는 전시가 끝난 저녁에 대가들과 함께 사적인 모임을 따로 가지면서 '어떻게 독일 바우하우스가 좁은 의미의 예술을 뛰어넘어 건축, 가구, 생활용품까지 아우르는 영향력을 발휘하며 모든 것들의 통합적 상관관계를 만들어냈는가'를 공부했다. 세계적인 화장품회사가 그 많은 브랜드를 어떻게 독립적으로 유지하는가를 벤치마킹하기도 했다.

정 사장은 "이런 방문들을 통해 세계 각국에서 재능 있는 사람들의 생각과 방향을 알게 되고 장래의 트렌드를 읽게 된다"고 설명했다.

그는 또 "다른 기업이나 분야의 성공 에센스를 이해하고 그 요소들을 사업에 어떻게 접목할 수 있을까도 고민하게 된다"고 말했다.

이렇게 보고 들은 것을 일에 당장 접목할 수 없다 해도, 그것은 회사의 DB나 임직원의 머릿속에 남아 있게 되고 적절한 때에 투입될 수 있다는 생각이다. 정 사장은 "당장은 회사 일과 무관해 보여도 평소 많은 것을 광범위하게 보고 알고 있는 회사와 그런 노력이 없는 회사는 매일 닥치는 사업 전개의 창의력 수준이 다를 것이라는 믿음에서 시작한 일"이라고 강조했다.

인사이트 트립은 과거 '신사유람단'처럼 집단적으로 아이디어를 찾아다니는 관찰여행이었다. 이 여행이 주로 마케팅 부분에 치우쳐 있기에 금융, 조직 운영 등에 관해서는 1년에 몇 건의 세계적인 베스트 케이스를 선정해서 배울 점을 도출하기도 했다고 정 사장은 설명했다. 예를 들어 미국 어느 은행의 콜센터 운영을 파헤치거나 유럽의 카드사 DB 매니지먼트를 케이스 스터디하는 식이다.

그러나 그는 "배워서 꼭 일에 접목하라는 의무감은 전혀 없었다"고 강조했다. "이슈의 관련 해당자들도 긴장감 없이 재미있게 본다는 것이 중요합니다. 그러나 이 일을 통해 전 세계적 기준으로 우리가 어디에 있는지를 알게 되므로 혹시나 우물 안의 개구리가 되는 일도 막고, 도입할 요소는 도입하고, 장차 어느 분야에 관한 논의가 있을 경우 참고 역할을 하게 됩니다."

닌텐도 '위'의 엄마 지상주의

닌텐도의 히트작 '위 Wii'의 성공 역시 세심한 관찰의 결과였다. 2009년 2월 이명박 대통령이 "닌텐도 같은 게임을 만들자"라고 말한 뒤 닌텐도는 한국에서 더욱 유명한 이름이 됐다. 몇 달 뒤 삼성전자의 이재용 회장(당시 전무)이 닌텐도 본사를 방문했다. '창조 머신' 닌텐도는 아이디어를 찾아 헤매는 많은 경영인들의 동경의 대상이다.

그런데 닌텐도의 남다른 창조의 비결은 따지고 보면 전혀 남다르지 않다. 늘 '왜'라고 묻는 것, 그리고 남들이 스쳐 지나가는 것을 유심히 관찰하는 것이 전부다. 온 가족이 즐기는 게임기 위의 탄생 역시 그랬다.

위의 개발이 시작된 것은 2003년이었다.[30] 당시 게임기, 특히 거치형 게임기는 PC의 진화와 함께 무한기술경쟁으로 치닫고 있었다. 게임 제조업체들은 더 사실적인 화면을 더 빨리 움직이게 만들기 위한 경쟁을 벌이고 있었다. CPU(중앙처리장치)와 그래픽프로세서 같은 반도체, 그리고 DVD를 비롯한 디스플레이장치, 무선 랜 등의 눈부신 기술 진보가 밑바탕이 됐다.

그러나 2003년 초 이와타 사토루 당시 닌텐도 사장은 정반대의 길을 모색하고 있었다. 그는 종합개발본부장을 맡고 있던 다케다 겐요 전무에게 그 생각을 전했다.

"전무, 이제 이 이상 성능을 높이는 데만 매달려서는 안 되겠어요."

"이제 기술 로드맵에서 벗어나자는 말씀이시죠?"

"예. 이제 그만 벗어납시다."

모든 업체가 고성능에만 몰두하고 있다면, 거기서는 오히려 차이를 나타낼 수 없다. 승부처는 다른 데 있다는 생각이었다. 이와타 사장이 생각한 것은, 게임기로서 기본적으로 필요한 성능을 넘는 기술은 오히려 과감히 버리고, 가족 모두에게 사랑받는 게임기를 만들자는 것이었다. 이른바 '엄마 지상주의'였다.

그는 엄마의 관점에서 게임기를 전혀 새롭게 관찰했다. 이와타 사장은 당시를 회상하며 이렇게 말했다. "어린아이가 TV 게임을 즐긴 뒤 컨트롤러(게임기를 제어하는 데 쓰는 입력장치)를 정리하지도 않고 나간다. 이걸 본 엄마는 화가 치민다. 더구나 집에는 이미 게임기가 여럿 있다. 엄마로선 '게임기는 한 대도 필요 없다'거나 '게임기는 귀찮은 것'이라고 생각하기 마련이다. 따라서 가족 누구도 싫어하지 않는 게임기가 아니라면, 게임 인구의 확대란 불가능하다는 생각이 있었다."

엄마라면 게임기의 고성능 따위엔 절대 기뻐하지 않는다. 따라서 기술을 중심으로 한 개발은 의미가 없다. 그렇다면 엄마는 무엇을 싫어하고, 무엇을 좋아할까? 이렇게 엄마를 기점으로 한 발상이 오늘날

위가 가진 여러 가지 특징을 규정짓게 된다.

위의 중요한 특징 중 하나는, 본체가 경쟁 게임기에 비해 매우 작다는 것이다. 면적은 절반 이하이고, 부피는 5분의 1에서 6분의 1 정도밖에 안 된다. 물론 엄마들이 공간을 많이 차지하는 것을 싫어한다는 관찰에서 나온 설계다. 더구나 본체가 작으면 전기 사용이 적고, 소리도 작아지는 이점이 있다.

위의 컨트롤러에 대해서는 개발 초기 단계부터 2가지 목표가 결정돼 있었다. 첫째, 무선이어야 한다는 것, 둘째, 다루기에 까다로워 보여서는 안 된다는 것이었다. 무선이어야 하는 이유는 간단했다. 청소하려면 복잡한 전기선은 번거로우니까. 또 까다로워 보여서는 안 된다는 것은, 컨트롤러 디자인의 경향에 대한 반성에서 비롯됐다. 당시 컨트롤러에는 전통적인 십자 키 이외에 여러 가지 버튼과 장치들이 곳곳에 돌기물처럼 솟아 있어, 보기만 해도 피하고 싶은 마음이 들 정도였다. 따라서 단순하고도 까다로워 보이지 않는 디자인이 필요했다.

돌파구가 된 것은 동작 인식 기술이었다. 위의 컨트롤러는 종래의 TV 리모컨처럼 간단하지만, 동작 인식 기술을 이용해 온몸을 조이스틱이나 마우스처럼 쓸 수 있다. 더구나 나이 많은 사람도 쉽게 게임을 배우고 즐길 수 있다. 위를 가지고 놀기 위해 게임 조작법을 다시 배울 필요가 없이 몸으로 하던 동작을 그대로 하면 되기 때문이다.

더 중요한 것은 손가락이 아니라 몸을 써서 게임을 해본 사람들은 이제 몸을 움직여도 게임기가 반응하지 않으면 심리적으로 불편해한다는 것이다. 닌텐도가 게임의 본질을 바꾼 것이다. 이 모든 것이 게임 마니아층이 아닌, 주부의 관점에서 게임을 다시 생각하는 발상의 전환, 그리고 주부의 일상에 대한 인류학적 관찰에서 비롯된 것이다.

최대한 집적거려라 - 실험

나심 니콜라스 탈레브는 저서 《블랙스완》에서 이런 말을 했다.[31]

"검은 백조 현상에 노출될 기회를 최대한 늘리면 기대 밖의 유리한 결과를 뜻밖에 얻는 행운도 늘어날 수 있다. 사회과학의 상식과는 정반대로 대부분의 발견이나 발명은 의식적으로 계획하거나 설계하지 않은 상태에서 얻어진다. 이것들이 바로 검은 백조다.

나는 마르크스나 애덤 스미스의 후예들과 견해가 다르다. 자유시장이 작동하는 것은 기술이 뛰어난 자에게 주어지는 보상 혹은 인센티브 때문이 아니라 누구든 공격적인 시행착오 끝에 행운아가 될 수 있기 때문이다. 따라서 성공의 전략은 간단하다. 최대한 집적거려라. 그리하여 검은 백조가 출몰할 기회를 최대한 늘려라."

여기서 우리는 '최대한 집적거려라'라는 말에 주목할 필요가 있다. 이것은 실험에 대한 새로운 정의다. 우리는 흔히 실험이라고 하면 흰 가운을 입은 과학자를 떠올린다. 그러나 누구든 저마다의 방법으로 실험을 할 수 있다. 개인은 새로운 업무 방법을 실험해보고, 기업은 새로운 마케팅 방법을 실험해본다. 창의적인 사람에게 세상은 온통 실험실이다.

실험이 없다면 어떤 아이디어도 머릿속에만 머물 뿐, 실체로 구체화되지 않는다. 움직이지 않고 생각만 하고 걱정만 한다고 해서 일이 해결되는 것은 아니다. 언제까지나 보조 바퀴를 매달고 달리면 자전거를 배울 수 없고, 경사가 있다고 해서 망설이면 스키를 배울 수 없다.

3M의 전 CEO인 리처드 칼튼은 "우리 회사는 정말 우연히 새로운 상품을 개발해왔다. 그러나 무엇인가 시도조차 하지 않는다면 우연히라도 무엇인가 새로운 것을 만들 수 없다는 사실을 잊지 마라"라고 했다. 새로운 일은 분명히 어렵게 느껴진다. 그러나 실제로 해보면 처음의 고민은 거짓말처럼 사라지고 이윽고 감이 잡히기 시작한다. '두드려라! 그러면 문이 열릴 것이다!'라는 말은 비즈니스에도 해당된다.

아마존이 실험을 일상화하지 않았다면, 지금도 창업 초기의 사업 아이템이었던 온라인 서점에 머물고 있을 것이다. 그러나 아마존은 수많은 실험을 통해 책은 물론 세상의 온갖 물건들을 인터넷으로 판매하는 거상이 될 수 있었다. 아마존은 요즘 전자책 '킨들Kindle'을 통해 혁신적인 전자제품 제조업체로 탈바꿈하려 하고 있다.

또다시 존 마에다 총장의 이야기에 귀를 기울여보자면, 그는 "창조라는 과정에서 중요한 것은 손이 더러워지는 것을 무서워하지 않는 것"이라고 했다. 그는 지난 수십 년 동안 기술의 진보가 완벽에 대한 집착을 낳았다고 말한다. 식스시그마와 클린룸Clean Room이 이를 상징한다.

하지만 마에다 총장은 새로운 불확실성의 시대는 새로운 접근법을 필요로 한다고 강조한다. '더러운 손dirty hands'이 그것이다. 이는 늘 현장과 소비자에게 가까워지려는 노력, 실패를 두려워하지 않는 실험정신으로 풀이할 수 있을 것이다. 2009년 12월 테크플러스 포럼 참석차 방한한 그는 학생들의 창의성을 북돋우기 위해 어떻게 하는가에 대해 주제 발표를 했다.

"로드아일랜드 디자인 스쿨 학생들이 다른 대학 학생들과 다른 점은 늘 손이 더럽다는 점이다. 학생들은 엄청난 고열의 유리 용해로에서 직접 실험을 하고, 교내 자연사박물관에서 8만 5,000종의 동식물 견본을 직접 만지고 체험하며, 희귀 목재 컬렉션이 내뿜는 얼얼한 냄새를 맡는다. 학생들이 머릿속으로 생각하는 데 혹은 구글로 보는 데 머물지 않고 무엇이든 직접 만져보고 느끼고 실험하게 하는 것이야말로 로드아일랜드 디자인 스쿨의 특징이다."

마에다 총장은 한국의 인천국제공항에 설치된 '전통문화 체험관'을 더러운 손의 훌륭한 사례로 칭찬하기도 했다. 전통문화 체험관은 외국인을 포함한 공항 방문객들이 연이나 매듭, 한지, 부채를 만드는 방법을 배우고 직접 체험하는 코너다.

"만일 만질 수 없는 것이라면 그것은 진짜가 아니다"라는 그의 이야기는 창조성을 갈망하는 모든 조직과 개인에게 큰 화두를 던진다.

손님마다 Wow! 이 호텔의 비밀은?

창조적인 기업은 늘 새로운 실험을 한다. 전 세계 트렌드 리더들에게 열광적인 찬사를 받고 있는 W호텔도 그렇다.[32] 이 회사가 얼마나 실험을 장려하는 조직인지는 이 회사 직원들이 쓰는 단어 하나하나만 봐도 알 수 있다. 예를 들어 이 호텔에선 객실 청소담당을 '룸 스타일리스트'라고 부른다. 소파의 쿠션이 흐트러져 있다면 그 위치를 바로 잡는 것도 스타일링이기 때문이다.

W호텔이 가장 중시하는 것은 디자인이다. 그러나 디자인은 물리적 디자인에 머물지 않는다. 이 호텔은 직원들의 행동 일거수일투족을 모두 디자인의 관점으로 본다. 그러한 개념을 강조하고, 직원들의 창의를 북돋우기 위해 이런 독특한 용어를 만들어 쓰고 있는 것이다.

호텔의 총지배인을 '스타일 폴리스'라고 부르는 것도 비슷한 이유에서다. 비주얼 디자인 전시물에서부터 고객을 응대하는 직원들의 태도에 이르기까지 W호텔스럽지 않을 경우, 그것을 바로잡는 사람이란 의미다. 고객에게 집 같은 편안함을 주자는 취지에서 호텔 로비는 '거실', 프론트데스크는 '웰컴 데스크'라고 부른다. 명칭을 바꿔 부르는 소소한 실험이지만 그 효과는 예상 외로 크다. 직원들에게 자신이 하는 일에 대한 색다른 시각을 제공하기 때문이다.

또한 이 호텔은 W호텔스러운 서비스를 제공하기 위해 직원들에게 'W 언어-W 라이프스타일 훈련'을 시킨다. 이를테면 2시간짜리 'W-웁스! W-OOPS!' 과정은 직원들이 실수를 저질렀을 때 어떻게 하면 혁신적인 W스타일로 대처할 수 있는지를 가르친다. 또 '신체 언어' 과정은 몸짓이나 표정 등 비언어적 요소에서도 W스타일로 정보를 주고받을 수 있는 노하우를 공유하도록 한다.

이러한 훈련에 대해 W호텔의 글로벌 브랜드 리더인 이바 지글러는 "소비자와의 접점인 직원들의 말과 행동을 디자인함으로써 소비자에게 신선한 경험을 전달하는 것"이라고 설명한다. W호텔이 고객들에게 주고 싶은 것이 무엇이냐는 질문에 그녀는 "한마디로 감탄사 '와우!'"라고 말했다. 고객의 오감을 자극하는 것만으로는 고객들을 만족시킬 수 없다는 것이다.

"정말 독특하고 모든 게 살아 있는 경험을 해야 고객의 입에서 '와우!' 하고 감탄사가 터져 나옵니다. 여기에 위트가 있는 '윙크'라는 센스까지 곁들이면 더욱 매혹적이지요. 그래서 우리는 오감에다 '와우'와 '윙크'를 가미한 '7감 마케팅'을 추구합니다."

성공 기업은 이렇게 늘 작은 실험들을 함으로써 고객에게 늘 새로운 회사로 포지셔닝하는 한편, 스스로에게 늘 변해야 한다는 메시지를 상기시킨다.

기업이 실험에 적극적으로 뛰어들 때 창조적 기업으로 거듭나듯이 개인 역시 숱한 실험 끝에 창조적 인간으로 재탄생한다. 1968년 멕시코 올림픽 높이뛰기 경기에서 벌어진 일이다. 경기장 안에 모인 8만 관중은 한 선수가 높이뛰기를 할 때마다 입을 딱 벌리고 아무 말도 하지 못했다. 바로 미국 육상선수 딕 포스베리였다. 그는 그때까지 어디서도 볼 수 없었던, 완전히 새로운 높이뛰기 방식을 선보였던 것이다.

포스베리는 가로대로 달려가선 몸을 비틀어 머리부터 뛰어넘었고, 이때 등은 공중에서 바닥을 향했다. 이와 같은 방식을 포스베리 뛰기, 혹은 배면背面 점프라고 한다. 포스베리가 이 방식을 시도하기 전까지 모든 선수들은 가로대를 정면으로 바라보며 다리를 벌리고 뛰어넘는 가위뛰기 방식을 사용했다. 포스베리가 우승한 뒤에도 대세는 계속 가위뛰기였다. 그러나 10년 정도가 지나자 거의 모든 선수들이 포스베리 방식을 채택했다. 수십 년 뒤 전문가들은 포스베리의 뛰기 자세를 분석, 그 우수성을 생체역학적으로 입증했다.

포스베리가 갑자기 이 방식을 알아낸 것은 아니었다. 그는 여러 스타일을 실험하는 과정에서 새로운 방식을 발견했다. 코치들이 잘못된 방식이라면서 교정하려 한 적도 있지만, 자신의 스타일을 계속 실험하고 자신의 생각을 첨가해 서서히 기술을 완성시켰다. 많은 혁신이 그러하듯이 그는 처음엔 그 방식이 아주 비참하게 실패하고 말 것이라는 이야기를 자주 들었다. 하지만 실험을 멈추지 않았고, 결국 '그 누구도 본 적 없는 새로운 창조'를 이룩할 수 있었다.

아사히야마 동물원의 아이디어는 어디서 나왔나

일본에 아사히야마 旭山라는 동물원이 있다. 일본 최북단 홋카이도에 있는 시골 동물원인데, 일본에서 혁신의 상징으로 열광적인 찬사를 받고 있다. 이곳은 동물원에 세계 최초로 '행동 전시' 디자인 개념을 도입한 곳으로 유명하다. 동물들이 야성의 기질을 최대한 발휘할 수 있도록 해서 관람객이 생생한 동물의 삶을 관찰할 수 있게 한 것이다. 이를테면 펭귄이 사람의 머리 위를 날아다니는 전시를 처음 도입했다. 사람의 머리 위에 유리 터널을 만들어 펭귄이 헤엄쳐 다니게 함으로써 사람들이 펭귄의 배까지 관찰할 수 있게 한 것이다. 2004년 〈닛케이 트렌디〉는 이 동물원을 일본 10대 히트 상품으로 꼽았다.

《아사히야마 동물원에서 배우는 창조적 디자인 경영》에 따르면, 이 동물원은 사육사들이 서로의 경험과 지식을 공유하는 문화가 오래전부터 자리하고 있다.[33] 특히 주목할 것이 실패의 공유와 격려이다. 이 동물원의 임직원들은 성공담보다는 실패담의 공유에 더 적극적이다. 선배 사육사들이 후배들에게 가르쳐주는 가장 큰 노하우와 정보는 자신의 실패담이다. 실수 때문에 발생한 동물 관련 사건 사고 등 실패 사례의 공유는, 최고의 '동물 디자이너'로서 아사히야마 사람들을 성공으로 이끄는 보약이 됐다.

2005년 거미원숭이와 카피바라(중남미에 사는 세계에서 가장 큰 쥐의 일종)가 함께 전시된 공생共生 전시관을 개관했을 때, 거미원숭이가 카피바라에게 물려 사망하는 사고가 발생했다. 하지만 아사히야마 동물원 사람들은 책임자를 추궁하지 않았다. 대신에 그들은 사고 원인을 분석하고, 공생 전시관의 취지를 살리면서 보완하는 방법을 연구했다. 공생 전시관은 이 동물원에서 가장 인기 높은 전시관 중 하나다.

작은 실험이 뜻하지 않은 결실을 맺기도 했다. 게시판이 좋은 사례다. 이 동물원의 게시판은 다른 동물원과 다르다. 예를 들어 호랑이관에는 사육사가 직접 자필로 '호랑이의 비밀, 사실 호랑이는요!!'라는 제목의 글을 써 붙였다. 바다표범관에는 '바다표범은 도대체 몇 분 동안 숨을 멈추고 있을 수 있을까요?'라고 써 붙였다.

이렇게 했더니 그동안 스쳐 지나가던 관객들이 게시판을 주목하기 시작했다. 게시판을 읽는 사람이 7배나 늘어났다. 새끼가 태어났다는 뉴스나 다른 동물원에서 새 식구가 왔다는 소식도 바로 써서 게

시한다. 아사히야마 동물원은 실험과 창조성의 상관관계를 잘 보여준다. 그들의 창조적 아이디어의 배경에 수많은 실험이 있었다는 사실에 주목하라.

제프 베이조스의 판단 기준은 '후회 최소화'

실험을 하는 것이 두렵다면, 지금으로부터 약 30년 전 제프 베이조스가 아마존을 창업할 때 그의 마음 상태로 들어가보자.[34] 1994년 그는 월스트리트의 헤지펀드회사인 D.E.쇼의 최연소 부사장으로 일하고 있었다. 당시 38세.

어느 날 그는 결심한 듯 상사에게 가서 말했다. "나는 미친 짓을 할까 해요. 인터넷으로 책을 파는 회사를 창업할 겁니다." 그는 이미 여러 차례 비슷한 이야기를 했었지만, 구체적으로 말한 것은 처음이었다.

상사는 잠시 함께 걷자고 제안했다. 두 사람은 2시간 동안 센트럴파크를 걸었다. 상사가 말했다. "자네 아이디어는 매우 훌륭하지만, 그 아이디어를 자네처럼 좋은 직장이 없는 사람이 갖고 있다면 더 좋지 않을까 하는 생각이 드네." 그러고는 베이조스에게 최종 결정을 하기 전에 48시간 동안 더 생각해보라고 조언했다. 같은 계획을 들은 그의 아내는 이렇게 말했다. "내가 당신을 100% 믿고 있다는 것 알죠? 당신이 무엇을 하든 말이에요."

결국 최종 결정은 베이조스 본인에게 달려 있었다. 이때 그의 판단 기준이 된 것이, 그 유명한 '후회 최소화 프레임워크regret minimization framework'였다. 그는 자신이 여든 살이 되었을 때를 가정해보기로 했다. 그리고 지금이 그때 시점이라면 인생을 되돌아보면서 후회할 일을 가장 줄이는 방법을 생각하기로 했다.

그는 자신이 여든 살이 되더라도 창업한 일을 후회하지는 않을 것이라고 생각했다. 앞으로 엄청난 기회가 될 수 있는 인터넷 신천지에 참여한 것 역시 후회하지 않을 것이다. 거기 뛰어들어 설사 실패하더라도 후회하지 않을 것이다. 그러나 그는 한 가지만은 후회할 게 틀림없다고 생각했다. 즉, 그것을 시도조차 하지 않은 일이었다. 그렇게 된다면 장차 그 생각이 하루도 머리를 떠나지 않을 것이라고 생각했다.

그렇게 생각하니 결정이 매우 쉬워졌다. 제프 베이조스는 당시를 회상하며 이렇게 말한다. "만일 당신이 여든 살이 됐다고 가정하고 '그때 나는 어떻게 생각할 것인가'라고 생각해보라. 그러면 당신은 일상적인 판단의 혼란으로부터 벗어날 수 있다."

결국 베이조스는 월스트리트의 좋은 직장을 떠났다. 그래서 그는 두둑한 연말 보너스를 스스로 걸어찼다. 그런 것은 분명 단기적으로는 사람의 판단을 어렵게 하는 것임에 틀림없다. 하지만 그는 아주 긴 시간을 생각함으로써 나중에 후회하지 않을 결정을 할 수 있었다. 실험을 두려워하는 사람이라면 참고할 만한 방법이다.

자신을 색다른 경험에 노출시켜라 – 네트워킹

창의적인 사람들은 하는 일과 생각, 의견이 다른 사람들과 만나려고 노력한다. 요즘 우리나라 CEO들이 조찬 모임이나 최고경영자과정, 각종 세미나와 컨퍼런스 등을 통해 다양한 경험을 쌓으려고 하는 것은 매우 고무적인 일이 아닐 수 없다. 그들은 강의실에서 벗어나 할리 데이비슨 모터사이클을 타며 마니아 문화를 체험하고, 서울 신사동 가로수길을 탐방하며 젊은이들이 사는 방식을 직접 느껴보기도 한다. CEO를 대상으로 한 강연에 경영과는 무관한 인문학 강의가 인기를 끌고, 가수 겸 기획자 박진영 대표나 드라마 〈대장금〉을 연출한 이병훈 PD 등 전혀 다른 분야의 전문가가 강연을 한다.

책상머리에만 앉아 있지 말고, 새로운 경험을 향해 의도적으로 크고 작은 여행을 떠나보자. 다양한 사람들과의 네트워크를 구축하는 데 시간과 에너지를 쏟으라. 이것은 이노베이터들에게 전혀 다른 시각을 선물해준다.

캐나다의 통신기기 제조업체 리서치인모션 Research In Motion 의 창업자인 마이크 라자리디스는 1987년의 한 컨퍼런스에서 스마트폰인 블랙베리의 아이디어를 처음 떠올렸다고 한다.[35] 블랙베리는 통화 기능 외에도 무선 이메일과 인터넷 기능을 탑재한 고성능 휴대전화로, 당시에 애플이 내놓은 아이폰의 강력한 경쟁 상대였다.

한 연사가 코카콜라를 위한 무선 데이터 시스템을 설명했다. 자판기에서 코카콜라가 떨어지면 더 가져다 놓으라고 무선으로 자동적으로 신호를 보내는 시스템이다. 그때 그는 불현듯 고교 시절 선생님의 말이 떠올랐다고 한다. "컴퓨터에 너무 몰두하지 마라. 앞으로 진정한 차이를 만드는 사람은 컴퓨터를 만드는 이가 아니라, 무선기술과 컴퓨터를 결합하는 사람일 것이니까."

라자리디스가 책상머리에만 앉아 있지 않고, 네트워킹을 위해 컨퍼런스에 참석했기에 코카콜라를 위한 무선 데이터 시스템에 대한 정보를 얻을 수 있었고, 그것이 '무선기술과 컴퓨터의 결합'이라는 생각으로 이어져 결국 블랙베리를 탄생시킨 것이다. 네트워킹의 힘이다.

번트 슈미트 교수는 "큰 생각을 하려면 자신을 색다른 경험에 수없이 노출시켜보라"고 조언한다. 그는 기업 역시 뭔가 아이디어를 짜내려면 전혀 엉뚱한 분야의 기업을 벤치마킹하고, 전혀 연관성이 없어 보이는 것들을 연결시켜보라고 말한다.

몇 년 전 슈미트 교수가, 당시 컨설팅을 해주던 아모레퍼시픽의 이해선 전무와 제주도 녹차 재배 농장을 가던 길이었다. 슈미트 교수는 느닷없이 "화장품에 녹차를 넣어보는 걸 생각한 적 있느냐?"고 물었다. 이 전무는 수첩에 메모를 했고, 뒤에 실제로 녹차 화장품을 내놓았다. 슈미트 교수에 대해 이 전무는 "그의 시각은 항상 달랐고 그건 큰 아이디어로 연결되곤 했다"라고 설명한다.

로버트 루트번스타인 교수는 "다른 구조의 언어로 생각하는 것도 창의성에 도움이 된다"고 말한다. "내 친구 중에 아주 재미난 친구가 있어요. 그는 영어, 스페인어, 독일어를 구사합니다. 그런데 그는 뭔가 다른 해답을 구하고 싶을 땐 다른 언어로 생각한다고 하더군요. 다른 언어의 단어로 어떤 것을 표현하는 게 창의성에 도움이 된다고 합니다."

무용가 트와일라 타프는 사전에서 단어를 찾을 때, 그 단어 바로 앞에 있는 단어와 다음에 있는 단어도 함께 읽는다고 한다. 다음번에 좋은 아이디어가 어디서 올 것인지 모르기 때문이다. 한 번에 성격이 다른 여러 작품을 동시에 하고, 한 작품이 끝나면 그와 전혀 성격이 다른 작품에 도전하는 것도 창조성을 유지하는 그녀만의 노하우다.

우뇌형 그룹 '빅뱅'

혁신가의 5가지 DNA와 비슷한 개념으로 다니엘 핑크가 꼽은 우뇌형 인재의 5가지 조건을 들 수 있다. '① 디자인이란 언어를 익히라 ② 스토리를 만들라 ③ 큰 그림으로 생각하라 ④ 공감하라 ⑤ Play하라'가 그것이다.

그런데 우리나라 가요계에 우뇌형 인재의 5가지 조건을 구현했던 그룹이 있다. 바로 빅뱅이다. 데뷔 초 음악평론가 김작가 씨는 "빅뱅은 '기획'이라는 거대한 컨베이어 벨트에서 뛰쳐나온 첫 아이돌 스타로 기록될 것"이라며 "각자의 개성이 살아나는 활동과 창작을 통해 음악과 멤버가, 멤버와 대중이 예전보다 훨씬 달라붙게 하는 호소력을 발휘하고 있다"고 진단했다.[36] 다른 대부분의 아이돌 그룹과 달리, 대중들은 빅뱅에게서 그룹 이름이나 기획사에 눌린다는 느낌을 받지 않는다는 분석이었다. 그런가 하면 세계경영연구원IGM 최철규 부원장은 "빅뱅은 이야기의 힘, 스토리텔링 마케팅의 본질과 그 위력을 정확히 꿰뚫고 있다"고 말했다.

2006년 〈리얼다큐 빅뱅〉이라는 다큐멘터리 프로그램은 빅뱅 멤버들이 연습생에서 고생 끝에 아이돌 스타로 재탄생하는 과정을 고스란히 보여줬다. 이 프로젝트는 빅뱅 소속사인 YG엔터테인먼트의 철저한 기획이었다. 그리고 빅뱅은 자신들의 성공담을 '청소년을 위한 자기계발서' 형식으로 엮어 《세상에 너를 소리쳐!》라는 책으로 내놓았다. 이 책은 폭발적 공감을 얻었다. 그래서 빅뱅을 두고 열린 아이돌 그룹, '아이돌 2.0'이라는 조어가 나왔다.

빅뱅의 리더 지드래곤의 표현에 의하면, 빅뱅 멤버들은 무대에 오를 때 "자, 놀러 가자!"라고 말한다고 한다. 약간의 계획을 짜두기는 하지만 무대 위에서의 '자연스러운 돌출행동'을 즐길 줄 아는 것이 그들이 스스로 생각하는 빅뱅의 장점이라는 것이다.

이 지점에서 빅뱅은 다른 아이돌 그룹, 예컨대 동방신기와 선명하게 대비됐다. 잘 맞춰 입은 의상과 통일감 있는 안무로 무대를 압도하는 동방신기와 달리, 빅뱅의 멤버들은 스타일이나 춤이 제각각이다. 하지만 각자가 자신의 개성을 드러내는 자연스러운 무대는 오히려 더욱 대중의 마음을 끌기도 한다. 더구나 이 자연스러움은 마구 분출되지 않고 꼼꼼하게 절제된다. 빅뱅은 외모도 다른 아이돌 그룹에 비해서는 '자연스럽다'는 평을 들었다.

이렇게 잘 연출된 자연스러움, 혹은 무심한 듯한 분위기 가운데 배어나는 '시크함'을 두고 서울대 생활과학연구소 소비트렌드분석센터는 오프에어 태도 Off-Air Attitude 라고 명명하기도 했다.

Off-Air는 방송 중을 의미하는 On-Air의 반대말이다. 방송 중에는 모두 긴장하고 최선을 다한다. 카메라가 꺼지면 긴장을 풀고 자연스러운 모습이 된다. 그러나 그 순간에도 방송인들은 누군가의 주목을 받고 있다는 점을 잘 알고 있다. 그래서 우수한 방송인들에게는 그 자연스러움도 실은 잘 꾸며진 것이다. 이것이 오프에어 태도, 즉 '자연스럽게 보이도록 세심하게 연출된 스타일'이다. 빅뱅은 평범한 순간의 특별함을 잡아내는 지점에서 탁월한 경지의 내공을 보여준 것이다.

빅뱅의 사례에서 볼 수 있듯이, 창의 완성을 이루기 위해서는 여러 가지 요소가 한데 어우러져야 한다. 혼·창·통이 유기적으로 결합할 때 완전한 성공을 이룰 수 있는 것처럼, 혁신가의 5가지 DNA 역시 한데 어우러질 때야 완전한 시너지를 발휘해 창을 구현할 수 있는 것이다.

현실에 안주하는 순간,
창은 시들고 만다

미국 속담에 이런 말이 있다. '평소 알고 있던 악마가 낫다.' 그만큼 사람들에게 변화를 싫어하는 보수적 본성이 있다는 뜻이다. 설사 지금 처해 있는 상황이 썩 만족스럽지 않더라도, 새로운 상황으로 이동하는 것을 더 싫어한다는 뜻이다. 이런 성향이 사람들, 그리고 조직이 변화하는 것을 막는다.

미국 코넬대에서 재미있는 실험을 한 적이 있다. '삶은 개구리 증후군 실험'으로 불리는데, 먼저 물이 담긴 비커에 개구리를 넣는다. 그리고 물의 온도를 서서히 높인다. 아주 느린 속도로 서서히 가열하기 때문에 개구리는 자기가 삶아지고 있다는 것도 모른다. 견딜 수 없는 온도에까지 이르렀는데도 개구리는 아무런 변화를 못 느낀다. 결국 개구리는 한 번 뛰어올라보지도 못한 채, 기분 좋게 잠을 자면서 죽어가게 된다. 변화에 대한 둔감증이 죽음을 가져온 것이다.

    변화를 싫어하는 것은 기업도 마찬가지다. 게리 해멀 교수와의 인터뷰에서 이런 이야기를 들은 적이 있다.[37]

    "요즘 기업들은 서비스 혁신, 제품 혁신을 외쳐대지만 주기적으로 혁신적인 아이디어를 내놓는다는 것은 말처럼 쉽지가 않습니다. 왜 그런 줄 아십니까? 바로 기업의 경영 구조 자체가 혁신을 생산하도록 설계된 것이 아니라, 같은 일을 반복하도록 설계돼 있기 때문입니다.

    기업에 혁신을 가르치는 일은 개에게 두 발로 걸어 다니도록 훈련을 시키는 과정과 비슷합니다. 조련사가 먹이를 이용해 열심히 개에게 두 발로 서는 법을 가르쳤다고 칩시다. 하지만 조련사가 뒤돌아서는 순간부터 개는 다시 네 발로 앉습니다. 개는 네 발 동물이지, 두 발 동물이 아니기 때문입니다. 즉, 개에게는 두 발 DNA가 없습니다."

    그는 "세상의 변화에 맞춰 실시간으로 혁신을 쏟아내는 기업이 되기 위해선 경영 구조 자체가 혁신적이어야 한다"고 말하면서 소니의 예를 들었다.

    "소니는 아날로그에서 디지털로 넘어가는 과정이 다른 기업보다 몇 년이 늦었어요. 의사 결정을 하는 소니의 최상층 경영진이 거의 대부분 50대 이상의 아날로그세대였기 때문이죠. 그들의 세계는 아날로그이고, 하드웨어였죠. 어쩔 수 없어요. 블루치즈에 푸른곰팡이가 박혀 있는 것처럼 옛날 조직은 과거의 유물이 온통 마블링돼 있어요. 디지털과 소프트웨어를 이해하기 힘들죠."

혁신이 얼마나 어렵기에 세계 최고의 경영대가가 "혁신을 가르치는 일은 개에게 두 발로 걸어 다니도록 훈련을 시키는 것과 비슷하다"고 말하고 있는가. 그 원인엔 여러 가지가 있겠지만 대표적으로는 인간의 타고난 속성인 '타성'을 꼽을 수 있다.

타성이 창의 발목을 잡는다

범죄 수사기법 중에 '프로파일링'이라는 것이 있다. 범행 현장에 남겨진 증거에서 범행의 패턴을 추론, 용의자의 범위를 줄여가는 기법이다.

그런데 프로파일링은 기본적으로 '범인은 특정한 범행방식, 즉 패턴을 고수하는 경향이 있다'라는 가정에서 출발한다. 예를 들어 담장을 넘는 버릇이 있는 절도범들은 설사 대문이 열려 있더라도 굳이 담장을 넘는다는 것이다.[38] 도대체 왜 열린 대문을 두고 담장을 넘는 것일까? 그 이유는 바로 타성 때문이다. 그런데 많은 기업이 실패하는 원인을 분석해보면, 이 타성이 중요한 실패 원인 중 하나임을 알 수 있다.

MIT 슬론 경영대학원의 도널드 설 교수는 이를 '활동적 타성active inertia'이라는 개념으로 설명한다.[39] 환경이 변화하는데도 과거의 성공방식만을 고수하다가 몰락하는 기업이 많더라는 것이다.

흔히 실패하는 기업의 문제를 '자동차 헤드라이트 빛에 놀라 꼼짝 않고 서 있는 사슴'에 비유하곤 한다. 그러나 도널드 설 교수는 그보다는 '바퀴 자국에 끼인 자동차'가 더 적절한 표현이라고 말한다. 파괴적인 기술 혁신이 일어나는데도 오히려 과거의 성공방식, 과거에 하던 방식에 더 집착한다는 것이다. 경영자들은 바퀴 자국에서 빠져나가려고 액셀러레이터를 더 세게 밟지만, 그럴수록 바퀴 자국은 더 깊어지는 것이다.

활동적 타성의 대표적 예로 거론되는 것이 1960년대 미국 타이어산업이다. 당시 미국 타이어산업은 빅4가 장악하고 있었다. 그런데 유럽에서 미쉐린이란 회사가 전혀 새로운 기술인 레이디얼 타이어radial tire(고속 주행용 타이어)라는 것을 들고 나왔다. 그럼에도 미국 타이어회사들은 새로운 레이디얼 기술 대신 기존 기술에 투자했다. 그들은 활동적 타성에 빠져 있었던 것이다. 결국 몇 년 후 빅4는 도산하거나 합병됐다.

IBM도 마찬가지다. 한때 그들은 컴퓨터산업을 완전히 장악하고 있었다. PC가 등장하자 IBM은 '그래. 위협적이다'라고 인정했다. 그리고 그들 역시 PC를 개발하긴 했다. 그러나 그들은 PC가 세상을 지배하게 될 것이라고는 생각하지 못했다. 때문에 IBM은 PC 개발에 온 힘을 기울이지 않았다. 그들은 여전히 기존 메인프레임 컴퓨터에 집중했다. 또한 PC 운영체제os의 중요성도 가볍게 생각해 이를 외부에 위탁하여 개발했다. 그 결과 IBM은 PC의 세계 표준을 만들었음에도 불구하고 세계 PC시장을 지배하지는 못했고, 몇 년 전 PC사업을 중국의 컴퓨터업체 레노버에 팔아버렸다. 반면 마이크로소프트는 20세기 후반 혜성같이 떠올라 IT업계를 석권했다.

렌터카시장을 평정했던 허츠Hertz 역시 '주 고객은 여행자'라는 고정관념에 빠졌다. 그 결과 차를 수리하기 위해 정비소에 맡긴 후 렌터카를 필요로 하는, 새로운 수요를 간과했다. 결국 그 새로운 시장을 공략한 엔터프라이즈Enterprise에 추월을 허용했다.

이들 기업의 공통점은 과거 성공에서 비롯된 지나친 자신감이 독이 돼 변화의 흐름을 감지하면서도 대비를 소홀히 했다는 점이다. 또한 '현재의 강점을 개선하는 것만으로도 변화에 충분히 대응할 수 있다'는 자만심에 함몰됐다는 것도 공통점이다.

역사에서도 활동적 타성의 사례를 쉽게 찾을 수 있다. 18세기 초 유럽의 맹주는 프로이센이었다. 프로이센이 유럽을 호령할 수 있었던 이유는 바로 프리드리히 대왕이 즐겨 구사했던, 이른바 사선斜線 전투 대형 때문이었다. 적을 우회해서 적의 측면과 후방을 치는 방식이다.

100년이 지난 1806년 나폴레옹이 이끄는 프랑스군과 프로이센군이 한판 붙었다. 바로 예나전투다. 그런데 이 전투에서 프로이센군은 나폴레옹군에게 무참히 패했다. 이유는 바로 프로이센이 자랑하던 사선 전투 대형 때문이었다. 당시 나폴레옹군은 여기저기 흩어져서 지형지물 뒤에 매복하고 기습전을 벌였는데, 사선 전투 대형은 이처럼 변칙적인 전술로 싸우는 나폴레옹군에 맞서기에는 매우 부적합했던 것이다.

프로이센군이 이 전술을 고집했던 이유는 무엇일까? 그것은 바로 100년간의 성공을 거치면서, 사선 전투 대형이 굳은살처럼 조직 내에 굳어졌기 때문이다.

경로 의존성과 닻 내리기 효과

그런데 왜 우리는 타성으로 인해 실패하는 사례를 수없이 목도하면서도, 타성에서 벗어날 수 없는 걸까? 그것은 타성이 인간의 타고난 습관이기 때문이다.

인간 두뇌의 질량은 몸 전체의 2%에 불과하다. 그런데 가장 편안한 자세를 취하고 있을 때에도 뇌는 우리 에너지의 20%를 소모한다. 심장(10%)이나 2개의 허파(10%), 2개의 신장(7%)보다 훨씬 많은 양이다. 더구나 생각에 몰두하게 되면 뇌의 칼로리 소모량은 급속히 증대된다.

그래서 우리의 몸은 두뇌가 에너지를 최소한으로 사용하도록 고

안되어 있다. 그 장치의 하나가 사람들로 하여금 자연스럽게 스테레오타입에 의존하도록 하는 것이다.[40] 사람들은 어떤 사물에 대해 한 번 판단하고 나면 그와 유사한 사물에 대해서는 다시 생각하거나 평가하지 않고, 거의 무의식적으로 기존의 스테레오타입을 이용하려 한다.

2007년 8월 발사된 우주왕복선 엔데버호에 쓰인 추진 로켓의 너비는 4피트 8.5인치(143.51센티미터)였다. 사실 기술자들은 추진 로켓을 좀더 크게 만들고 싶었다. 하지만 그럴 수가 없었다. 열차 선로 폭이 문제였다. 로켓은 기차로 옮겨지는데, 중간에 터널을 통과하려면 너비를 열차 선로 폭에 맞춰야 했기 때문이다.

그렇다면 열차 선로의 너비는 어떻게 정해졌을까? 19세기 초 영국은 석탄 운반용 마차 선로를 지면에 깔아 첫 열차 선로를 만들었다. 그럼 영국 마차 선로 폭은? 2,000년 전, 말 두 마리가 끄는 전차 폭에 맞춰 만들어진 로마 가도의 폭이 기준이 되었다. 결국 인간은 2,000년 전 말 두 마리의 엉덩이 폭으로 길을 정한 굴레를 벗어나지 못하고 있는 것이다.[41]

책 《지식 e 시즌 4》는 이 사례를 '경로 의존성path dependency'이라는 개념으로 설명한다. 한 번 일정한 경로에 의존하기 시작하면 나중에 그 경로가 비효율적이라는 것을 알고도 여전히 그 경로를 벗어나지 못하는 사고의 관습을 일컫는 말이다. 스탠퍼드대의 폴 데이비드 교수와 브라이언 아서 교수가 주창한 개념인데, 매너리즘이나 사고의 관성이란 개념으로도 바꿔볼 수 있겠다.

동전 옆면의 빗금도 경로 의존성의 대표적 사례로 꼽힌다. 수백 년 전, 금화나 은화를 쓰던 금·은본위제 시절, 사람들은 금화나 은화를 미세하게 깎아내 빼돌렸다. 그래서 이를 막기 위해 동전 옆면에 빗금을 쳤다. 그러나 금화나 은화는 물론 금·은본위제도 사라진 지금은 빗금을 칠 필요가 없다. 하지만 아직도 많은 나라가 옆면에 빗금을 쳐서 동전을 발행한다. 경로에서 벗어나지 못한 것이다.

2008~2009년 지구촌을 휩쓴 금융위기도 경로 의존성과 무관하지 않을 것이다. 파생금융상품의 급성장 등 경제 여건이 급변하고 있는데도, 경제 주체들이 과거의 관습과 제도에서 벗어나지 못하고 적절한 대응을 하지 못한 것이 화를 불렀다.

사람들은 여러 가지 이유로 현재의 상황을 고수하려는 경향을 보인다. 행동경제학자 윌리엄 새뮤얼슨과 리처드 젝하우저는 이를 '현상 유지 편향 status quo bias'이라고 이름 붙였다. 이를테면 지정좌석제가 아닌 학교에서도 학생들은 대체로 늘 같은 자리에 앉는다.

행동경제학자 리처드 탈러는 저서 《넛지》에서 미국의 은퇴연금제도인 401(k)를 현상 유지 편향의 대표적 예로 든다. 401(k)에 가입한 대부분의 직장인들은 처음에 한 가지 자산배분방식을 선택하고는 뒤에 그에 대해 까맣게 잊어버린다는 것이다. 대학교수들조차 연금

프로그램인 TIAA-CREF에 가입한 뒤 평생에 걸쳐 자산배분방식을 변경하는 횟수가 평균 0회로 나타났다.[42]

심리학자이면서 노벨 경제학상을 받은 대니얼 카너먼이 어느 고등학교의 A반 학생들에게 다음과 같은 곱셈 문제를 내주고 5초 안에 그 값을 추정하도록 했다. '8×7×6×5×4×3×2×1 = ?' 그리고 B반 학생들에게는 곱셈에 포함된 숫자의 순서만을 바꿔 그 값을 추정하게 했다. '1×2×3×4×5×6×7×8 = ?'

물론 두 곱셈의 값은 같다. 그렇다면 A반과 B반 학생들의 추정치도 같았을까? 아니다. 완전히 달랐다. A반 학생들의 추정치는 2,250이었던 반면, B반 학생들의 추정치는 512에 불과했다. 왜 이렇게 다를까? 처음 나오는 숫자가 무엇이냐에 따라 그 추정치가 달라지기 때문이다. A반의 경우, '8×7=56, 56×6=336…'과 같은 식으로 시작된다. 5초 내에 암산을 마칠 수 없기 때문에 초기 값으로 어림짐작하게 된다. 당연히 A반의 학생들이 B반의 학생들보다 더 많은 값을 추정하게 된다.

카너먼은 이런 실험도 했다. 피실험자를 두 집단으로 나눈 뒤 아프리카 국가 중 UN 회원국이 얼마나 될지에 대해 물어봤다. 그런데 물어보는 방식이 달랐다. A집단에는 "45%보다 작을까?"라고 물어봤고, B집단에는 "65%보다 클까?"라고 물어봤다. 실험 결과 A집단은 B집단보다 평균적으로 낮은 수치를 답으로 제시했다. 문제에서 제시되는 예가 사람들의 생각을 구속하는 역할을 한 것이다.

이를 '닻 내리기 효과 anchoring effect'라는 용어로 설명할 수 있는데, 닻을 내린 곳에 배가 머물듯이 처음 입력된 정보가 정신적 닻으로 작용해 뒤의 판단에 계속 영향을 미치는 현상을 말한다. 사고의 관성, 즉 타성을 뜻하는 또 다른 용어다.

'닻 내리기 효과'는 군중심리를 설명하는 데도 유용하다. 이런 실험이 있다. 먼저 피실험자들을 두 집단으로 나누었다. 두 집단 모두에게 눈을 감으라고 한 뒤 정확히 72초가 지나서 눈을 뜨라고 했다. 그리고 A집단에는 각자 자신이 눈을 감고 있는 동안 몇 초가 흘렀다고 생각하는지 적어보라고 했다. 반면 B집단에는 한 사람씩 일어나서 자신이 눈 감고 있는 동안 몇 초가 흘렀다고 생각하는지 말하게 했다.

실험 결과 A집단에 속한 사람들이 적은 숫자는 30초부터 60초, 90초, 120초 등 편차가 크게 나타났다. 반면, B집단 사람들이 말한 숫자는 편차가 적고 서로 비슷했다. 앞에 말한 사람들의 의견이 일종의 닻이 되어 뒤의 사람들의 의견에 영향을 미친 것이다.

이처럼 사람은 태생적으로 타성에서 벗어나기 힘들게 만들어졌다. 타성에서 벗어나기 위해 의도적으로 노력하지 않으면 안 되는 이유가 여기에 있다.

성우를 죽이지 않는 한, 지루한 전쟁은 계속된다
번트 슈미트 컬럼비아대 교수의 '성우 죽이기'

타성의 위험성을 강조하는 학자로 번트 슈미트 교수를 들 수 있다. 그는 리더들에게 "틀에 박힌 '작은 생각'들을 쓰레기통에 처박아버리라"고 강조한다. 다시 말해 통념과 성역을 깨라는 것이다. 타성에서 벗어나라는 말로도 이해할 수 있다.

그가 자주 드는 비유가 힌두교에서 신성시하는 '성우聖牛'다. 성우는 기업이나 조직이 절대로 반대할 수 없는 통념, 관행, 경영 신조의 의미로도 쓰인다. 위클리비즈는 그와의 인터뷰에서 이에 대한 자세한 설명을 들을 수 있었다.[43]

"성우를 죽이세요. 인도에서는 도저히 상상할 수 없는 일이지만 비즈니스에서 한번 저질러보세요. 기업이 큰 생각을 하기 위해 가장 중요한 부분이 이것입니다. 통념을 깨라는 겁니다. 저는 기업들이 '성우 죽이기' 워크숍을 진행할 것을 제안합니다. 기업 내에 존재하는 성우를 모두 끄집어낸 다음 대안을 제시하면서 하나씩 줄여나가는 거죠. 세미나 형식으로 진행하면 조직원들은 성취감을 갖고 재미있게 참여합니다."

그는 "트로이 목마야말로 큰 생각을 가장 잘 보여주는 신화"라며 설명을 이어갔다.

"트로이를 정복하려 했던 아가멤논은 그리스의 훌륭한 장군이었지만, '작은 생각'의 한계 때문에 똑같은 전법을 되풀이해 10년 동안 지루한 전쟁을 계속할 수밖에 없었지요. 결국 트로이를 함락시킨 장본인은 오디세이였습니다. 트로이에 선물로 바치는 대형 목마에 아군을 몰래 싣고 가 하룻밤 만에 트로이를 손에 쥐었습니다. 내가 이 이야기를 좋아하는 이유는 비즈니스에서도 소비자들이 정말 좋아하는 창조적인 방법을 이용하면 상황을 완전히 바꿀 수 있기 때문입니다."

성우를 죽이기 위해 출발점이 되는 것은 '질문'이다. '왜 신용카드는 사각형이어야 하지?' '왜 세제는 늘 화학약품 냄새가 나야 하지?' 이렇게 질문을 통해 마음속의 성우들을 죽여나가는 과정에서 큰 생각이 싹트고 '트로이의 목마'가 탄생한다는 것이다.

스티브 잡스가 아이팟으로 MP3플레이어시장을 하루아침에 석권한 것 역시 남들과 다르게 생각하는 걸 두려워하지 않았기 때문이라고 슈미트 교수는 해석한다. 사실 MP3를 처음 만든 것은 애플이 아니었다. 그러나 잡스는 음악 다운로드 사이트 냅스터Napster의 서비스 원리를 MP3플레이어에 접목함으로써 음악산업 자체를 바꿔놓았다. 즉, 메이저 음반회사의 음악을 아이튠즈를 통해 배급함으로써 엄청난 시너지 효과를 얻게 된 것이다. 슈미트 교수는 엄지손가락을 치켜들며 "이게 바로 큰 생각!"이라고 했다.

"시지프스가 저주에 걸려 매일 산을 향해 바위를 굴려야 하는 것처럼 수많은 기업들은 아무 의미 없는 일만 반복합니다. 기업이든 정부든 어느 조직에서든 큰 생각이 필요하지만, 현실은 정반대입니다. 늘 작은 생각만 하지요. 예컨대 기업이나 정부는 동일한 프로세스를 반복하고 다른 기업을 따라가기 바쁩니다. 시중에 나온 똑같은 비즈니스 지침서를 읽으면서 똑같은 경영 기법을 씁니다. 이래선 조직에 비전을 주지 못하죠."

성우에 얽매여 있는 현실은 한국 기업이라고 크게 다르지 않다. 슈미트 교수는 한국이 큰 생각 전략을 갖기 위해서는 3가지가 변화해야 한다고 조언했다. 첫째, 국제적이어야 한다. 그가 느끼기엔 한국은 여전히 국내에만 집중하고 있다는 것이다. 중국이 세계시장에 집중하고 있는 것과 너무나 비교된다는 설명이다. 둘째, 새로운 걸 시도해야 한다. 애플의 아이폰은 사람들의 라이프스타일을 바꿔놓은 혁신적인 제품이다. 그렇다고 어떻게 하면 아이폰처럼 만들까를 생각하면 안 된다. 베끼려 하지 말고 혁신하려고 노력하라는 것이다. 셋째, 서로에게 자신감을 불어넣는 분위기를 조성해야 한다. 실패했다고 비난하지 말고 항상 격려해주라는 것이다.

우리가 타성에 길들여져 현실에 안주하려 한다면 결코 창의 길에 다다를 수 없다. 성우를 죽이지 않는 한 지루하고 무의미한 소모전은 계속된다. 창을 꿈꾸는 모든 조직과 개인이 현실과의 처절한 싸움을 감행해야 하는 이유가 여기에 있다.

몸은 군중 속에 있어도,
눈은 홀로 볼 줄 알아야 한다

창을 위해서는 독립적으로 생각할 줄 알아야 한다. 몸은 군중 속에 있으면서도, 눈은 하늘 높이 나는 독수리처럼 홀로 볼 줄 알아야 한다. 때로는 아웃사이더의 길을 자처해야 한다.

앤서니 볼턴은 "펀드매니저는 측면적 사고lateral thinking에 능해야 한다"고 말한다. 문제를 외곬으로 보기보다는 다양한 각도에서 접근해보라는 것이다. 그는 다른 사람들이 당연하게 생각하는 것에 대해 늘 질문할 준비가 되어 있어야 한다고 했다. "내 생각이 세간의 여론과 일치하는지 점검하라. 만일 일치한다면 위험이 더 커진 것으로 받아들여야 한다."

볼턴은 1979년 말 세계적 자산운용회사인 피델리티 인터내셔널Fidelity International의 간판 펀드인 '글로벌 스페셜 시추에이션 펀드GSSF'의 운용을 맡아 2007년 말까지 28년간 연평균 19.5%의 경이적인 수익률을 기록했다. 더욱 놀라운 것은 28년간 한 해도 빠짐없이 시장 평균(주가지수)을 능가했다는 점이다.

볼턴은 스스로를 '역발상 투자가'라고 부르며, 20세기 최고의 투자대가였던 존 템플턴의 적자嫡子임을 부인하지 않는다. 템플턴의 투자철학은 곧 볼턴의 투자철학인 것이다. 템플턴은 이렇게 말했다.

"주식을 사기에 가장 좋은 시기는 시장에 '피'가 낭자할 때다. 설령 그 피 중 일부가 당신 것일지라도 마찬가지다. 다른 사람들이 미친 듯이 팔고 있을 때 사라. 그리고 다른 사람들이 탐욕스럽게 매입할 때 팔아라."

핌코의 엘 에리언 전 CEO 역시 성공 투자의 비결로 '스스로 질문하는 것', 즉 독립적인 생각을 하는 것을 꼽았다. 핌코는 여러 개의 펀드를 운용하는데, 그중 가장 큰 것이 '토털 리턴 펀드Total Return Fund'다. 이 펀드는 1,857억 달러(약 215조 원)의 자산을 운용하면서도 1999년 이후 11년간 2006년을 제외하고는 시장 평균을 웃도는 수익률을 올렸다. 코끼리가 춤추는 격이다.

엘 에리언은 그 비결이 '생각의 개방성'을 유지하는 데 있다고 말했다. 핌코의 경우 스스로 늘 질문을 던지는 시스템을 갖고 있다는 것이다. 예를 들어 이 회사는 '장기 포럼secular forum'이라는 것을 매년 개최하고 있다. 전 세계의 핌코 직원들이 모여 향후 3~5년 정도 투자의 틀을 결정하는 자리다. 이 자리에 핌코는 매년 다양한 분야에서 활동하는 외부 인사를 연사로 초청한다. 그들은 핌코의 임직원들과 다른 생각을 하는 사람들이다. 핌코는 외부 인사들에게 이렇게 부탁한다고 한다.

"지금 사람들이 생각하지 못하고 있지만, 당신만 가지고 있는 그런 생각을 우리에게 들려달라. 우리가 원하는 이야기가 아니라 당신이 하고 싶은 이야기를 해달라."

또한 이 회사에는 내부 임직원 10명으로 구성되는 투자위원회와 별도로 '그림자 투자위원회'라는 것이 있다. 그 역할은 투자위원회에 대해 늘 의문을 제기하고, 성가시게 잔소리를 하는 것이다.

독립적인 생각을 하라고 해서 시장을 완전히 무시하라는 뜻은 아니다. 엘 에리언의 말에 따르면 시장엔 늘 의미 있는 신호들이 넘쳐난다. 그런데도 사람들은 그것이 의미 있는 신호가 아니라 소음이라고 폄하한다. 과거 대부분의 경우에 그것이 소음이었기 때문에 이번에도 틀림없이 소음일 것이라고 말한다. 늘 그랬던 것처럼 미래도 그럴 것이라고 생각하는 것은 인간의 오랜 습관이다.

오죽하면 도널드 설 교수가 이런 습관을 '활동적 타성'이라고 했을까? 타성이라고 하면 뭔가 수동적인 것을 연상하는데, 사실 타성적인 생각은 우리의 창조적 사고를 늘 가로막을 정도로 활동적이라는 것이다. 여기에서 벗어나기 위해서는 스스로 늘 '왜'라고 묻는 개방적인 조직문화와 시스템을 만들지 않으면 안 된다. 다른 사람, 시장과는 다른 생각을 할 수 있어야 한다.

아웃사이더가 터뜨린 대박

2005년 어느 날, 헤지펀드매니저 존 폴슨은 센트럴파크가 내려다보이는 맨해튼 사무실에서 컴퓨터 스크린을 주시하고 있었다. 주택시장이 대호황을 누리고 있었고, 큰돈을 버는 이들도 있었지만, 그가 창업한 폴슨앤컴퍼니 Paulson&Company라는 헤지펀드회사의 성적은 눈에 띨 정도는 아니었다.

세상은 버블투성이었다. 그는 파올로 펠레그리니라는 애널리스트에게 "큰 버블이 있어 보이는 시장을 찾아보라"고 주문했다. 만약 버블이 있는 곳이라면 '숏short(매도)' 전략으로 돈을 벌 수 있으니까.

펠레그리니는 서브프라임모기지(비우량 주택담보 대출) 시장을 주목했다. 그는 1975년 이후 미국 전역의 주택 관련 데이터들을 면밀히 훑어본 뒤, 주택과 서브프라임모기지 가격이 더 이상 지탱할 수 없는 수준에 도달했다는 결론을 내렸다. 그 즉시 폴슨과 펠레그리니는 주택 가격이 떨어질 경우 돈을 벌 수 있는 방법을 모색하기 시작했다. 그것은 CDS(신용부도스왑)라는 파생금융상품이었다.

CDS는 원래 일종의 보험 같은 역할을 한다. 예를 들어 어떤 채권을 갖고 있는 사람이 그 채권의 채무불이행 가능성을 걱정한다면, CDS를 매입하면 된다. 만일 채권의 채무불이행 사태가 실제로 발생하면 CDS를 판 쪽에서 돈(일종의 보험금인 셈)을 지급한다. CDS는 채무불이행 가능성을 놓고 일종의 도박을 벌이는 데도 이용된다. 만일 어떤 채권의 채무불이행 가능성이 높다고 생각하면 CDS를 사면 된다. 나중에 채무불이행 사태가 생기면 큰돈을 벌 수 있다. CDS 매입 비용(수수료)은 보험료처럼 상대적으로 소액이니 말이다.

폴슨과 펠레그리니는 주택담보 대출을 대상으로 한 CDS를 사들이기 시작했다. 주택담보 대출에 채무불이행 사태가 생길 가능성은 당시로선 다들 높지 않다고 보았기 때문에 CDS 가격은 헐값이었다.

만일 두 사람의 예측대로 주택 가격이 폭락하면 주택담보 대출 이자를 내지 못하는 사람들이 늘어날 테고 CDS 가격은 폭등할 것이다. 자동차 사고율이 높아지면 보험료가 높아지는 이치와 비슷하다. 그때 CDS를 팔아 차익을 챙기면 된다. 그들은 1억 4,700만 달러를 모아서 이 방식으로 투자했다.

그들은 보다 창의적인 아이디어도 생각해냈다. 수많은 모기지들을 묶어서 재구성한 파생상품인 CDO(부채담보부증권)를 대상으로 한 CDS를 사들이는 것이다. CDO라는 상품은 시장 규모가 크기 때문에 한 번에 보다 큰돈을 베팅할 수 있다. 이런 방식으로 그들은 2006년 주택 가격 하락에 건곤일척의 베팅을 걸었다.

월스트리트의 많은 사람이 코웃음 쳤던 이들의 전략은 서브프라임모기지 사태가 터지면서 사상 최고의 '딜'로 바뀐다. 2007년 한 해 동안 폴슨앤컴퍼니는 150억 달러를 벌었고, 폴슨은 그중 40억 달러를 챙겼다. 1992년, 20세기 최고의 펀드매니저로 꼽히는 조지 소로스가 파운드화 투매로 벌어들인 돈이 10억 달러였음을 상기하면 얼마나 큰 금액인지 알 수 있다. 2007년 말 펠레그리니 부부의 휴가 중에 부인이 호텔 ATM기에서 계좌 잔고를 확인하고 깜짝 놀란다. 4,500만 달러가 입금된 것이다. 보너스의 일부였다.

이 이야기는 《사상 최고의 거래 The Greatest Trade Ever》라는 책에 소개된 내용이다.[44] 폴슨과 펠레그리니는 누구도 보지 못하는 것을 보았고, 그것을 투자로 연결했다. 이 사상 최고의 거래에서 최대의 아이러니는 두 사람 모두 주택시장이나 CDO, CDS의 전문가는커녕 초보자였다는 점이다. 폴슨은 원래 M&A 관련 차익거래를 전문 분야로 했다. 헤지펀드의 여러 전략 중 상대적으로 위험이 적은 분야다.

그러나 두 사람은 백지상태에서부터 새로 배워나갔다. 초기엔 그들의 예상과 달리 주택시장 활황이 오래가는 바람에 오히려 수억 달러를 잃기도 했다. 하지만 폴슨은 물러서기는커녕 베팅액을 2배로 키웠다.

투자대가들은 늘 군중과 시류에 휩쓸리지 말라고 강조한다. 또 생각의 독립성과 유연성을 유지하라고 한다. 요즘 강조되는 창조경영의 비결도 여기에 있다. 그러나 물결을 거슬러가기란 결코 말처럼 쉽지 않다. 진정 사고의 독립성을 유지하고 싶다면 일부러 아웃사이더를 자처해야 할지 모른다. 폴슨과 펠레그리니는 아웃사이더였기에 오히려 아무도 못 보는 현실을 볼 수 있었다.

창조성은 제약 조건을 사랑한다

우리가 군중의 의견에 휩쓸려 개인적인 생각을 펼칠 수 없는 이유 중 하나는 '현실적인 한계'를 무시할 수 없기 때문이다. 사람들은 새로운 아이디어를 펴는 데 현실에 제약 조건이 많다고 불평한다. 자금의 제한, 기술의 문제 같은 것들 말이다.

하지만 역설적이게도 이런 제약 조건이 오히려 전혀 새로운 아이디어의 발판이 되기도 한다. 제약 조건을 뛰어넘기 위해서는 스스로 '상자 밖'에서 생각할 수밖에 없기 때문이다. 실제로 구글의 9가지 혁신의 원칙 중 하나가 '창조성은 제약 조건을 사랑한다'이다.

《생각이 차이를 만든다》의 저자 로저 마틴 교수는 창조적 사상가의 특징으로 머릿속에 완전히 상반되는 2가지 아이디어를 동시에 가질 수 있다는 점을 꼽았다. 단순히 둘 중의 하나를 선택하는 데 만족하지 않고, 양극단의 아이디어보다 나은 제3의 종합안을 생각해낸다는 것이다.[45] 이베이의 창업자인 피에르 오미디야르도 이런 말을 한 적이 있다.

"나는 늘 남이 내게 말하는 것에 동의하지 않고, 반대 의견을 내세운다. 그러고는 다른 사람들로 하여금 자신들의 의견을 정당화해보라고 한다. 나의 모든 학습과정은 이렇게 진행된다."

창의적 아이디어를 얻기 위해서는 생각 속에서 일부러 제약 조건을 가정해보는 것도 좋다. 이를테면 '만일 지금 우리 제품의 소비자들에게 물건을 파는 것이 갑자기 법적으로 금지된다고 가정하자. 그렇다면 우리는 이제 어떻게 돈을 벌어야 할까'라고 상상해보는 것이다.

세계 1위의 분석·계측장비업체인 호리바제작소의 창업자인 호리바 마사오 최고고문은 획기적인 성과 뒤에는 반드시 2가지 필연이 존재한다고 했다.[46]

첫째, 백지에서 출발하는 것이다. 그는 획기적인 성과를 얻고 싶으면 리셋 버튼을 눌러 모든 것을 원점으로 돌린 후 생각해야 한다고 했다. 둘째, 자릿수를 바꾸는 것이다. 예를 들어 '부피를 10분의 1로 줄인다' '가격을 10분의 1로 줄인다' '시간을 10분의 1로 줄인다'라는 식으로 자릿수를 바꾸지 않으면 혁명이라 할 수 없다고 했다.

창조력은 한계를 만날 때 더 찬란히 빛나고, 경계 너머에서 새로운 관계를 찾아낸다. 창조적 기업인과 예술가, 공학자는 한계에 대해 끊임없이 의문을 품고, 한계를 넘어설 방법을 모색한다. 캔버스가 화가를 해방시키고, 5중주를 구성하는 악기가 작곡가의 창조력을 일깨운다. 창조적인 사람은 상황이 못마땅하고 따분하더라도 이것을 오히려 더 멋지게 일할 수 있는 발판으로 삼는다. 저주를 축복으로 바꾸는 것이다.[47]

창은 스스로를 '바보'로 만들어보는 일이다

우리가 창을 이루는 데는 타성 외에도 수많은 적이 있다. 그중 하나가 바로 실패를 두려워하는 마음과 실패를 처벌하는 문화다. 하워드 가드너 하버드대 교수는 창의성을 훈련하고 발전시키는 방법에 대해 이렇게 설명한다.[48]

"창의성에 대해 저는 항상 이것을 강조합니다. 즉, 누군가를 창조적으로 만드는 것보다 창조적인 것을 막는 것이 훨씬 쉽다는 점입니다. 누군가 뭔가 새롭고 다른 일을 할 때마다 벌을 주면 됩니다. '다른 사람과 똑같이 하라'고만 하면 되죠.

창의성은 도전하고, 실수하고, 스스로를 바보로 만들어보며, 다시 추슬러 도전하는 것입니다. 그런데 동아시아는 서구보다 규율이 강한 사회이고, 많은 사람이 실수하는 것을 두려워합니다. 이것은 창의성을 방해합니다. 실수를 두려워해선 안 됩니다. 중요한 것은 똑같은 실수를 되풀이해서는 안 되고, 늘 새로운 실수를 해야 한다는 것입니다."

'아이디어를 내면 괜히 피곤하다'거나 '실패하면 나만 손해'라는 인식이 팽배하면 개인과 조직 모두 정체되거나 후퇴한다. 실패에 대한 두려움을 버리고 도전할 때 비로소 창의 길이 열린다. 그 길을 쉼 없이 걸어갈 때 우리는 꿈꾸던 세상을 만날 수 있다. 프랑스 소설가 베르나르 베르베르와의 인터뷰에서 창의성을 발현하는 방법에 대해 이런 설명을 들은 적이 있다.[49]

"위험을 감수하는 것을 두려워하지 말아야 합니다. 위험을 받아들일 줄 모르면 아무것도 할 수 없어요. 승리 자체보다는, 위험을 수용하는 것을 칭찬해야 합니다. 만약 실패했다 하더라도 '나는 노력했고, 그 점은 잘한 일'이라고 생각해야 해요. 위험을 감수하지 않고서는 성공할 수도 없지요. 내가 소설《개미》를 쓸 때 아무도 관심을 갖지 않았지만 그런 위험을 두려워하지 않았어요. 마찬가지 이유로 나는 영화 제작에도 뛰어들었습니다. 프랑스에서 큰 성공을 거두지는 못했지만, 언젠가는 사람들이 이 영화를 이해하게 될 것이라고 생각하고 끝까지 밀고 나갔습니다."

2007년 기준 매출액이 98조 원에 이르는 세계 최대 비상장기업 코크 인더스트리 Koch Industries의 찰스 코크 회장은 '측정할 필요성이 있는 것은 반드시 측정해야 한다'는 과학적 경영의 신봉자다. 하지만 그러면서도 그는 작은 이익을 좇다가 큰 기회를 놓친다든지 하는 우愚를 피해야 한다고 늘 강조한다. 특히 그는 직원들이 위험을 두려워하는 태도를 갖게 해서는 안 된다고 주장했다.[50]

"신중한 위험 감수는 적극 장려돼야 합니다. 이를 위해서는 좋은 기회를 포기함으로써 장차 생길 수 있는 이익을 놓쳐버린 데 따른 손실이, 위험을 감수하고 사업을 벌였다가 실패한 데서 생긴 손실과 마찬가지라고 봐야 합니다." 그래서 그는 어떤 직원이 기회를 놓친 경우, 그에 따른 기회비용을 직원 평가 보고서에 포함시켜 다른 직원들도 알 수 있게 해야 한다고 말한다.

일본에서 '실패학'이라는 학문을 창안한 하타무라 요타로 畑村洋太郞 도쿄대 명예교수는 "지금까지 해보지 않았던 것, 경험하지 못한 것에 도전하고 창조적인 일을 하다보면 반드시 실패가 따를 수밖에 없다"고 말했다. 그렇기 때문에 '실패를 해선 안 된다', '실패가 나쁘다'고 생각해선 안 된다. 만약 실패가 싫다면 도전하지 않게 되고, 그것은 발전하지 않겠다는 말과 마찬가지이기 때문이다.[51]

소설 《모비 딕》의 작가 허먼 멜빌이 "모방에서 성공하기보다는 창조에서 실패하는 것이 낫다"고 한 것도 비슷한 맥락이다.

미국에 '포지티브 코칭 얼라이언스Positive Coaching Alliance'라는 비영리 전국 조직이 있다. 선수들이 스포츠를 할 때 긍정적인 자세를 갖고 즐길 수 있도록 선수와 코치, 부모들을 교육하는 기관이다.

1998년 스탠퍼드대학에 처음 설립된 이 조직은 아이들이 스포츠를 즐기지 못하는 이유가 실수에 대한 두려움이라는 것을 알게 됐다. 그리고 실수의 두려움을 이겨내는 방법을 가르치기 위해 소위 '실수 의식'이란 것을 도입했다. 만약 어떤 야구선수가 타석에서 삼진을 당했거나 병살타를 치면, 그는 더그아웃으로 돌아와 손바닥만 한 크기의 장난감 변기를 들고서 실수를 '씻어내는' 의식을 치른다. 타석에 들어선 선수들은 마음속에 그 변기의 이미지를 떠올리면서 실수에 대한 두려움을 지울 수 있었다. 집단적인 실수 의식도 있다. 힘들게 싸우고도 지는 경우에는 선수 모두가 빙 둘러서서 티셔츠를 찢어 바닥에 내던짐으로써 그 게임을 기억에서 지워버린다.

이 조직의 이사였던 스포츠 심리학자인 켄 레비자는 실수 의식을 캘스테이트 풀러턴대학의 야구팀에도 실험해보았다. 이 팀은 최다 연패 기록을 갖고 있었다. 그러나 실수 의식을 도입한 뒤 팀이 달라지기 시작했다. 시즌 초반 15승 16패라는 기록을 '씻어내고' 계속 이기더니 32승 22패의 기록을 달성한 것이다. 그리고 대학부 월드시리즈에서 전국 우승을 차지했다. 우리가 실패의 그늘에서 벗어났을 때, 어떤 성취를 이룰 수 있는지를 보여주는 사례다.

창을 이루고 싶다면 실패에 겁을 먹지 말아야 한다. 창조 기업이 되려면 무엇보다 실패의 위험을 줄여주는 것이 필요하다. 실패해도 안전에 위협을 주지 않는다는 보장을 해줘야 한다. 다만 여기엔 조건이 있다고 하타무라 요타로 교수는 말한다. 그는 "'실패는 성공의 어머니'라는 격언이 있는데 나는 이 말이 잘못됐다고 생각한다"고 말했다. 실패를 되풀이하더라도 '도전만 계속하면 잘되지 않을까'라고 착각할 수 있기 때문이라는 것이다. 그는 다음과 같이 부연 설명했다.

"그런 말이 그 사람을 격려하거나 위로하는 데 좋을지는 모르지만, 실패한 사람이 무엇을 어떻게 해야 할지 생각하지 않으면, 실패를 반복할 수밖에 없습니다. 실패의 원인과 과정을 깊이 있게 생각하지 않으면, '실패는 실패의 어머니'일 뿐입니다. 실패는 도전과 발전을 위해 그 원인을 분석하고 거기서 창조적인 아이디어를 도출해낼 때, 비로소 가치가 있는 것입니다. 부주의나 오판으로 똑같은 실수를 연발하는 것은 절대 용서받을 수 없는 실패입니다."

실패를 두려워하지 말라는 이야기는 무조건 실패를 용인하라는 뜻이 아니다. 실패에 주저앉지 말고 원인을 분석해 새로운 도전을 감행하라는 것이다. 그렇게 새로운 실패가 쌓이고 쌓일 때, 비로소 성공의 열매를 맛볼 수 있다.

'1승 9패'로 이뤄낸 유니클로 신화

실패를 통해 성공을 이룬 대표적인 인물로 이 사람을 꼽을 수 있다. 〈포브스〉는 2009년 일본의 최고 부자로 이 사람을 꼽았다. 재산 액수 (대부분 보유주식) 61억 달러. 닌텐도의 야마우치 히로시 명예회장 (45억 달러) 등 일본의 쟁쟁한 부자들을 밀어내고 1위에 등극한 주인공은 의류품 전문점인 유니클로의 모회사 패스트리테일링 Fast Retailing의 야나이 다다시 회장이다. 옷장사 사장이 일본 최고 부자가 된 것이다. 그것도 후리스 fleece와 같은 저가 의류를 팔아서 말이다.

2008년 9월 리먼 브러더스의 파산으로 전 세계가 최악의 경기침체로 치달았지만, 유니클로는 건재했다. 2009년 8월에 끝난 회계연도에 매출 6,820억 엔, 영업이익 1,080억 엔으로 과거 최고 이익을 달성했다.

그러나 오늘의 유니클로가 있기까지는 실패의 연속이었다. 1986년 유니클로 히로시마점이 영업 부진에 빠졌고, 1997년 스포츠 캐주얼점인 '스포클로'와 패밀리 캐주얼점인 '파미클로' 사업에서도 철수했다. 2003년엔 런던에 낸 유니클로 점포 16개를 폐쇄했고, 2004년엔 식품사업 브랜드인 '스킵 SKIP'에서 손을 뗐다. 론칭한 지

불과 1년 반 만의 일이다.[52]

이토록 무수한 실패를 거두고도 어떻게 일본 최고의 부자로 등극하는 성공을 거머쥘 수 있었던 걸까? 야나이 회장은 "실패에는 다음의 성공으로 이어지는 싹이 내포돼 있다"는 말로 설명을 대신했다. 즉, 그에게 있어 실패는 성공의 원동력인 것이다.[53]

물론 회복 불가능한 치명적인 실패를 하게 되면 한 번에 만사가 끝나고 만다. 이런 종류의 실패는 절대 피하지 않으면 안 된다. 그렇게 하기 위해서는 어떻게 해야 하나? 야나이 회장은 이렇게 말한다. "큰 실패를 하기 전에 작은 실패를 몇 번이고 경험해서, 그것을 통해 공부하는 것이 필요하다." 그리고 그런 작은 실패라면 가능한 한 빨리 경험하는 편이 오히려 낫다는 것이 그의 지론이다.

도전에는 늘 실패와 시행착오가 따르기 마련이다. 실패하지 않는 사람은 아무도 없다. 문제는 그 실패를 어떻게 받아들이느냐에 있다. 실패에 대한 야나이 회장의 철학은 '1승 9패'라는 말에 잘 녹아 있다. 그는 같은 이름의 책도 냈는데, 그 의미에 대해 다음과 같이 설명한다.

"사업이나 장사를 하는 사람들 중에 '연전연승하고 있다'고 하는 사람들이 있어요. 하지만 10전 10승, 이런 건 있을 수가 없지요. 만약 그렇게 생각하는 사람이 있다면 성공의 기준이 낮은 거겠지요. 대부분 장사하는 사람들은 이기는 순간은 알아도, 지는 순간을 잘 모릅니다. 새로운 것을 안 하기 때문이지요. 장사란 새로운 수요를 창출해서 비즈니스로 만드는 것입니다. 이것이 부가가치이고, 장사의 사회적 공헌이지요. 진짜 장사에서 성공하려면 10번 중에 한 번만 승리해도 됩니다. 뒤집어 말해, 9번 실패해도 계속 도전하라는 얘기이지요."

그는 그러나 "9번을 지는 과정에서 회사가 무너지면 안 된다"고 강조했다. 실패를 실패로 거듭하면 무너진다는 것이다. "유니클로가 많은 실패에도 불구하고 일어설 수 있었던 것은 넘어져도 골절까지는 하지 않기 때문입니다. 찰과상 정도라도 안 되겠다고 생각하면 거기서 그만두지요. 그래서 실패가 치명적인 실패로까지는 가지 않습니다. 그러나 많은 기업들은 골절을 당하고도 '그래도 계속한다'면서 미련한 싸움을 계속합니다. 결국 상처는 더욱 깊어지기 마련이에요."

실패를 통해 배우고, 실패를 통해 성장하는 야나이 다다시의 '1승 9패'론은 실패에 대한 걱정 때문에 도전할 엄두조차 내지 못하는 사람이라면 가슴에 깊이 새겨야 할 메시지다.

회사를 말아먹고도 잘리지 않은 남자

인구 1만 2,000명의 미국 뉴욕주 코닝시에 도시와 똑같은 이름을 가진 기업 코닝 Corning이 있다. 이 회사는 지난 2000년 기업가치가 1,200억 달러(주식 시가총액)에 달했다. 1990년대 말 IT붐을 타고 통신용 광섬유사업에 진출한 것이 대박을 터뜨린 것이다. 당시 광섬유부문 책임자였던 웬델 윅스는 코닝시의 영웅이었다.

그러다 IT거품이 꺼지기 시작했다. 월드콤World Com, 글로벌크로싱Global Crossing 등 거래업체가 줄도산하면서 코닝도 급전직하했다. 2001년에는 적자만 55억 달러가 넘었다. 한때 주당 113달러까지 치솟았던 주가는 2002년 1달러 10센트까지 폭락했다.

웬델 윅스는 어떻게 됐을까? 다른 회사 같았으면 목이 10개라도 살아남기 어려웠을 것이다. 하지만 그는 전혀 다른 길을 걷게 된다. 회장이 윅스에게 책임을 묻기는커녕, 사장 자리를 내주며 회사를 살려보라고 맡긴 것이다. 2002년의 일이다.

윅스는 낭떠러지에서 '마법'을 부렸다. 2005년 코닝은 4년 만에 흑자를 내며 부활에 성공했다. 코닝이 1988년부터 개발에 공을 들여온 LCD 기판유리가 세계적인 LCD TV붐을 타고 불티나게 팔리기 시작한 것이다. 1988년 코닝의 LCD 부문 시장개발 책임자를 맡았던 사람도 윅스였다.

윅스 회장의 이야기는 기업 경영에 있어 사람에 대한 신뢰와 애정이 어떤 기적을 낳을 수 있는지를 잘 보여준다. 윅스가 입사 3년 차 햇병아리 시절, 하버드경영대학원에 진학한다고 했을 때 "돌아오겠다는 약속만 하면 된다"며 흔쾌히 학비를 대줬던 사람도 전 회장이었다. 윅스 회장은 자신의 실패를 용인해준 코닝의 문화에 대해 이렇게 이야기한다.[54]

"자신이 한 결정이 정당하고 현명한 방법으로 이뤄진 것이라면 미래가 예상과 다르더라도 그 결정 때문에 비난받지 않는다는 것이 우리의 사고방식입니다. 우리가 믿는 것은 실수의 경험을 통해 교훈을 얻은 사람은 반드시 다음번엔 더 나아질 것이라는 사실이죠. 물론 우리는 완벽해야 하지만, 열심히 일하고 우리의 가치를 지켜낸다면 실패도 괜찮다는 겁니다. 내가 아마 그 좋은 예가 될 것입니다."

실패를 겁내서는 안 된다. 아니, 오히려 실패를 찬양해야 한다. 실패라는 벽 앞에 당당히 맞설 때, 우리는 창이라는 찬란한 꽃을 피울 수 있다. 윅스 회장의 사례가 바로 그 방증이다.

어떤 사람들은 창조성이 어느 날 하늘의 계시를 받듯 불현듯 찾아오는 것이라고 생각할지 모른다. 하지만 앞서 살펴본 수많은 대가들의 이야기는 그런 생각을 무참히 깨뜨린다. 그들에 따르면 창은 '혼을 노력과 근성으로 치환하는 과정'이며 '매일 새로워지는 일'이고 '익숙한 것과의 싸움'이다. 어느 날 갑자기 찾아오는 것이 아니라 노력하고 도전하는 하루하루가 쌓여야 비로소 발현되는 것이 창이다.

결국 창을 가능케 하는 것은 혼이다. 이루고자 하는 목표가 희미하고 열망이 부족한 사람은 창으로 가는 고단한 여정을 감내할 수 없다. 오직 가슴속에 뜨거운 혼을 품은 사람만이 그 열기에 위안받고 자극받으며 창을 향해 힘찬 한걸음 한걸음을 내딛는다. 그렇게 혼의 힘으로 나아가는 창의 길의 끝에는 다음 장에서 이야기할 '통'이 기다리고 있다.

魂・創・通

3부

통
通

통은 '큰 뜻을 공유하는 일'이다
통은 '상대를 이해하고 인정하는 일'이다
통은 '마음을 열고 서로의 차이를 존중하는 일'이다

'통'은 모든 사람이 벽돌을 쌓는 진정한 의미(즉, 성당을 짓는 일)를 함께 나누는 일이다.
통은 또한 벽돌을 빨리, 많이, 예쁘게, 그리고 다른 성당과 다르게 쌓는 노하우를 함께 나누고 함께 실행하는 일이다. 또한 서로의 차이를 인정하고 마음을 열어 모두의 행복을 추구하는 일이다.
이렇게 마음과 비전을 함께할 때 일터엔 웃음꽃이 피고, 저마다의 창의에 시너지가 더해져 예상치 못한 큰 성취를 이루게 된다.

이 장에서는 통이 왜 중요하고, 어떻게 하면 잘 통할 수 있는지, 그리고 잘 통하면 어떤 기적이 생길 수 있는지에 대해 살펴볼 것이다.

> "아픈 것은 통하지 않기 때문이요,
> 아프지 않은 것은 통하기 때문이다."
>
> 通卽不痛 不通卽痛.
> -《동의보감》중에서

작은 소리 하나도
놓치지 마라

2008~2009년 글로벌 금융위기 과정에서 큰 어려움을 겪다가 안정을 찾은 한 중견그룹 CEO를 만난 일이 있다. 그는 자신이 어려움을 겪은 이유를 이렇게 토로했다.

"작은 목소리에 귀를 기울이지 않았기 때문이었습니다. 늘 목소리는 있었어요. 하지만 큰 목소리만 들렸어요. 작은 목소리들이 있었지만, 듣기 싫었고, 그래서 무시하고 흘려보냈어요."

'소통의 부재'야말로 어려움의 시작이었던 것이다. 만일 그의 회사가 서로의 차이를 존중해 의견이 상하좌우로 흐르며, 서로의 말에 귀를 기울이는 열린 조직이었다면 어땠을까? 어려움에 쉽게 빠지지도 않았을 것이고, 또한 어려움에 부딪혔어도 보다 쉽게 빠져나올 수 있었을 것이다.

공룡을 주제로 한 TV 다큐멘터리에 이런 장면이 있었다. 수컷 공룡이 암컷 공룡에게 접근한다. 그 수컷은 온통 짝짓기 생각뿐이었다. 그러나 새끼를 키우고 있던 암컷은, 수컷이 새끼를 해치러 온 것이라고 생각한다. 수컷이 자기와 사귀어보려고 왔다는 생각은 하지 못한다. 결국 암컷은 새끼를 보호한다며 수컷을 공격하고, 수컷도 반격한다. 둘이 싸우던 와중에 암컷이 넘어지고, 수컷은 숨어 있던 새끼 공룡을 발견한다. 수컷은 새끼 공룡을 물어 죽여버린다. 다시 일어난 암컷은 새끼 공룡이 아직 죽지 않았다고 생각하고 새끼를 보호하겠다는 생각에 수컷을 물어 죽인다.

이 다큐멘터리를 보면서 '공룡이 말을 할 수 있었다면 저런 비극은 없었을 텐데…' 하는 생각을 했다. 서로 말을 할 수 있었다면 수컷이 새끼를 공격할 의도가 없다는 것을 암컷이 알 수 있었을 테니 말이다. 인간이 말을 가지고, 서로 커뮤니케이션할 수 있다는 게 얼마나 다행인가 하는 생각도 했다. 사실 신체적으로 보면 나약하기 짝이 없는 인류가 이토록 오랜 기간 동안 살아남을 수 있었던 것은 말을 통해 서로 소통할 수 있었던 덕도 클 것이다.

그런데 그 소중한 말을 가지고도 많은 사람과 조직이 스스로 벽을 만들고 불통을 자처하니 안타까운 일이 아닐 수 없다. 통하지 않는 조직이 얼마나 많은가? 인터넷을 통해 대륙을 건너뛰어 실시간 커뮤니케이션이 가능해진 지금, 바로 1미터 앞에 있는 사람과도 소통이 안 되는 조직이 너무도 많다. 반경 10미터도 안 되는 공간에 모인 사람들이 늘 회의를 하면서도 전혀 다른 나라의 사람들처럼 다른 언어로 이야기한다.

컨설팅회사 왓슨와이어트Watson Wyatt는 1993년 크고 작은 문제에 부딪혀 중요한 개혁을 단행하고 있는 미국 기업 531곳을 조사한 적이 있다. 왓슨와이어트가 CEO들에게 "과거로 되돌아가서 한 가지를 바꾸고 싶다면 그것은 무엇인가?"라는 질문을 했을 때, 가장 많은 대답은 "직원들과 의사소통하는 방법"이었다.

이 시대에 통을 이루기 위해서는 무엇이 필요할까? 그 시작은 혼에서부터다. 통은 단순히 커뮤니케이션을 의미하지 않는다. 통은 조직의 존재 목적, 즉 혼을 소통하는 일이다. 다시 말해 모든 사람이 벽돌을 쌓는 진정한 의미(즉, 성당을 짓는 일)를 함께 나누는 일이다. 혼을 공유하지 않은 조직에서 통을 논하는 것은 아무 의미도 없다. '세상을 보다 좋은 곳으로 바꾸겠다'는 것과 같은 대의와 신념이 일치해 같은 목적지를 향해 나아갈 때 비로소 통은 시작된다.

휴렛팩커드의 존 영 전 회장은 직원과의 공감대 형성의 중요성에 대해 이렇게 말했다. "성공하는 회사는 최고 경영진에서 말단 직원에 이르기까지 총체적인 목적에 대해 하나의 공감대를 이루고 있다. 아무리 현명한 경영 전략도 직원과의 공감대가 없으면 실패하고 만다."

그런 의미에서 통은 단순한 커뮤니케이션 스킬과는 구별된다. 아무리 뛰어난 커뮤니케이션 스킬을 지니고 있다 하더라도, 메시지 자체에 혼이 없다면 결코 사람의 마음을 움직일 수 없다. 공허한 울림이 될 뿐이다.

그러나 혼을 공유하는 것은 통의 출발일 뿐이다. 통을 완성하기 위해서는 아직도 몇 가지가 더 필요하다. 무엇보다 다른 사람을 이해하고 '인정'하는 것이 가장 중요하다. 이를 위해서는 상대방의 말을 '경청'하는 노력이 필요하며, 상대방이 나의 말을 쉽게 알아들을 수 있도록 '강력한 메시지'를 발하는 스킬도 필요하다.

선비는 누구를 위해 목숨을 바치나

"선비는 자기를 알아주는 사람을 위하여 목숨을 바치고, 여자는 자기를 기쁘게 해주는 사람을 위하여 얼굴을 꾸민다 士爲知己者死, 女爲悅己者容."

사마천의 《사기》에 나오는 예양이란 사람이 한 말이다.

예양은 춘추시대 진나라의 유력 씨족인 지백을 모시고 있었는데, 지백이 씨족끼리의 싸움에서 패배해 죽고 말았다. 그는 지백의 원수인 무술을 죽여 원한을 갚고자 했지만 실패하고 무술에게 잡히고 만다. 예양을 잡은 무술은 옛 주인을 위한 충성심이 가상하다 하여 그를 풀어주었다. 하지만 예양은 복수의 칼을 거두지 않았다. 벼르고 벼르던 어느 날, 예양은 다시 한번 복수를 꿈꾸며 무술이 지나가는 길목의 다리 밑에 몸을 숨겼다. 그런데 무술의 수레가 다리에 다다르기 전에 수레를 끌던 말이 무엇에 놀랐는지 딱 멈춰 섰다. 결국 예양은 수레에서 내려 주변을 살피던 무술에게 발견되고 만다.

무술이 예양을 꾸짖어 말했다. "너는 전에 범씨와 중행씨를 섬기다가 지백이 중행씨를 멸망시키자 주인의 원수를 갚기는커녕 지백의 신하가 됐던 자가 아니냐? 그런데 이번에 지백이 죽었다고 해서 어찌 지백을 위해 원수를 갚겠다는 마음이 이다지도 끈질긴 것이냐?"

예양이 답했다. "전에 중행씨는 나를 보통 사람이나 다름없이 대우했습니다. 그러나 지백은 나를 국사國士로 대접해주었습니다. 여느 사람과 같이 나를 대우하면 나도 여느 사람과 같이 보답하고, 국사로 대우하면 나도 국사로서 보답하려는 것입니다."

예양은 무술에게 간청하여 무술의 웃옷을 얻어 가지고 그 옷에다 비수를 찔렀다. 그리고 "이제는 저승에 가서도 지백을 만날 수 있다"라고 외치며 비수로 가슴을 찔러 목숨을 끊었다.

자신을 알아준 사람, 자신을 인정해준 사람을 위해 목숨을 바친 예양. 일견 극단적인 사례로 보일 수 있지만, 다른 사람을 인정해준다는 것이 얼마나 큰 힘을 발휘할 수 있는가를 보여주는 일화다. 통을 위해 가장 중요한 것 역시 바로 '인정'이다.

사람들의 욕구는 누구나 비슷하다. 뉴욕 맨해튼의 마천루에서 수백만, 수천만 달러를 버는 금융가의 사람들이나 아프리카 빈민촌에 사는 사람들이나 기본적인 욕구는 비슷하다. 사람들의 가장 큰 관심사는 언제나 자기 자신이다. 당연히 자신에게 관심을 가져주고 말을 걸어오고 자신을 알아주는 사람을 좋아할 수밖에 없다.

호주 총리를 3번 연임한 말콤 프레이저는 "우리가 가장 먼저 해야 할 것은 사람을 존중하며 대하는 것"이라고 강조한다. "만약 그렇게 하지 않고 나는 교육을 받았으니까, 나는 부자니까 내가 당신보다 우월하다는 생각을 조금이라도 하게 되면, 사람들은 십리 밖에서도 그걸 다 읽을 수 있습니다. 그리고 절대 소통하려 들지 않을 것입니다."

'아기들은 인정해달라고 울고 어른들은 인정받기 위해 죽는다'는 말이 있다. 직장인이 밤잠을 설쳐가며 일에 매달리고, 문학가가 뼈를 깎는 고통을 감내하며 작품을 쓰고, 화가가 손에서 붓을 놓지 않으며 그림을 그리는 것도, 밑바닥에 인정받고 싶다는 욕구가 자리하고 있기 때문이다.

2009년 〈포춘〉이 선정한 '일하기 좋은 100대 기업' 중 1위를 차지한 스토리지 전문업체 넷앱 NetApp의 톰 멘도자 전 부회장 역시 인정의 중요성을 역설한다.[1] "직원들은 다른 회사로부터 더 나은 직책이나 연봉을 제안받았을 때가 아니라, 지금 회사에서 존중받지 못한다는 생각이 들 때 이직을 생각한다. 넷앱은 서로 존중하는 문화를 갖고 있기 때문에 이직률이 낮다."

그의 관점에서 보자면, 화장품회사 메리케이Mary Kay는 직원들이 절대로 떠나고 싶지 않은 직장이다. 실제로 많은 직원이 '다시 태어나도 다니고 싶은 회사'로 메리 케이를 꼽는다. 이 회사의 창업자이자 전 CEO인 메리케이 애시는 "남에게 대접받고 싶은 대로 먼저 남을 대접하라"라는 것을 리더의 황금률이라고 설명한다.[2] 직원들 스스로 자신이 매우 중요한 존재라는 느낌이 들게 만드는 것이야말로 리더의 임무라는 것이다. 그래서 그녀는 해외 출장을 가는 직원들에게 일등석을 권유하고, 뷰티 컨설턴트들이 본사를 방문할 때 레드카펫을 깔아줬다.

메리 케이가 직원을 최고로 인정해주는 기술은 2가지다. 하나는 경청이요, 다른 하나는 칭찬이다. 그녀는 경청만큼 상대방을 존중해주는 방법은 없다고 하면서 경청의 기술 3가지를 언급했다. '① 귀담아 듣고 ② 사소한 메일이나 메시지에도 반드시 회신하고 ③ 작은 제안도 인정해주는 것'이다. 해결책을 제시하지 않더라도 언제나 불만을 들어주는 편안한 분위기를 조성하는 것만으로 문제가 해결되는 경우가 많다는 것이 그녀의 주장이다. 한편 칭찬하는 문화를 조성하기 위해서 사보 이름을 〈박수Applause〉라고 짓기도 했다.

사실 직원들만 인정받고 싶은 것은 아니다. 최고경영자 스스로도 인정받기를 원하는 것은 마찬가지다. 그들의 가장 깊숙하고도 내밀한 욕구 중 하나는 훌륭한 경영자로 인정받는 것이다. 기자로서 많은 최고경영자들을 만나보고 내린 결론이다.

문제는 인간에게 인정은 늘 부족하다는 것이다. 충분한 인정을 받았다고 하더라도 그 만족감은 그리 오래가지 않는다. 성공학의 대가 브라이언 트레이시에 따르면 "식욕이나 수면욕처럼 인정의 욕구 역시 계속해서 채워줘야 하는 속성을 지니고 있기 때문"이다. 따라서 다른 사람을 인정해주는 사람은 어디를 가든 환영받는다.

명마 씨비스킷을 낳은 인정

인정의 위력을 보여주는 또 다른 사례를 보자. 암울했던 1930년대 대공황 시절, 최고의 뉴스메이커는 루스벨트도, 히틀러도 아니었다. 하루가 멀다 하고 신문 지면을 화려하게 장식했던 것은 불멸의 명마, '씨비스킷 Seabiscuit'이었다.

경주마였던 이 말은 1936년부터 1941년 사이에 89전 33승, 13개 경주의 거리별 신기록 달성 등 불멸의 기록을 남겼다. 당시 씨비스킷이 떴다 하면 경마장 주변 도로가 마비되고 숙소와 식당은 인산인해를 이뤘다. 매주 400만 명이 그의 경기를 중계하는 라디오에 매달렸으며, 그의 마지막 경기에는 지금의 슈퍼볼 관중 수에 맞먹는 7만 8,000명이 몰려 들었다.

씨비스킷은 몸집이 작고 다리는 구부정해 경주마로서는 최악의 체형을 갖고 있었다. 게다가 천성이 게을러, 5분 이상 눕지 못하는 다른 말과 달리 몇 시간씩 드러눕기 예사였다. 비정한 주인들로부터 많이 얻어 맞아 성격도 포악했다.

그런데 이런 말이 어떻게 미국 역사상 최대의 명마로 바뀔 수 있었을까? 그 비결은 바로 씨비스킷의 숨은 재능을 알아보고 그 재능을 꽃피울 수 있도록 헌신적으로 노력한 사람들이었다.[3] 공교롭게도 그들 역시 씨비스킷처럼 별 볼 일 없는 인생을 살던 패배자들이었다. 마주 찰스 하워드는 재산을 모두 탕진한 사업가였고, 조련사 톰 스미스는 한물간 카우보이였으며, 기수 레드 폴라드는 삼류 권투선수 출신으로 한쪽 눈을 실명해 마구간에서 거주하고 있었다.

이들이 어떻게 씨비스킷을 최고의 명마로 바꿀 수 있었을까? 그 비결은 바로 '인정'이었다. 그들은 씨비스킷이 숨은 재능을 갖고 있다는 것을 발견했고 의심치 않았다. 씨비스킷이 외모와는 달리 맹렬한 스피드와 영특한 머리, 불굴의 투지를 갖고 있다는 사실을 발견한 것이다.

그들은 그것이 스스로 꽃필 때까지 참고 기다렸다. 씨비스킷에게 억지로 달리기 훈련을 시키는 대신, 달리고 싶은 마음이 들도록 동기를 부여했다. 말을 안 듣고 저항해도 채찍은 절대 쓰지 않고, 진정하기를 기다렸다. 레드 폴라드는 "난 널 혼내지 않아"라면서 말에게 다가갔고, 채찍을 드는 대신 늘 목을 토닥거리고 간식을 주었다. 수면시간엔 마음껏 자게 내버려두었다. 나쁜 습관들은 한번에 뿌리 뽑으려 하지 않고 하나하나 제거해나갔다.

또한 씨비스킷을 훈련시킬 때 실력이 엇비슷한 말과 바짝 붙어 달리게 함으로써 경쟁심을 자극했다. 다른 말보다 일부러 미리 출발시켜 1등을 유도함으로써 성공의 쾌감을 맛보게 하는 훈련도 했다.

이렇게 그들이 깊이 이해하고 끝까지 믿어주자 씨비스킷의 숨은 재능은 서서히 빛을 드러내게 되고 만개하게 된다. 한 마리 말조차 인정을 받았다는 사실만으로 자신의 재능을 유감없이 발휘할진대, 사람의 경우는 어떻겠는가?

화이자 전 회장이 주머니 속에 늘 갖고 다니는 것
제프 킨들러 화이자 전 회장의 경청론

상대를 이해하고 인정하기 위해서는 한 가지 전제조건이 있다. 청聽, 즉 잘 듣는 것이다. 위클리비즈와 제프 킨들러 화이자 전 회장과의 인터뷰에서 가장 기억에 남는 이야기가 있다.[4] 그는 바지 주머니 속에 늘 갖고 다니는 것이 있다고 했다. 무엇일까? 뜻밖에도 동전 10개였다.

그는 매일 1센트짜리 동전 10개를 왼쪽 바지 주머니에 넣고 집을 나선다고 한다. 한 명의 직원과 대화하고 그의 고민이나 이야기를 충분히 들어주었다는 생각이 들면, 왼쪽 주머니에 있던 동전 하나를 오른쪽 주머니로 옮긴다. 하루 동안 왼쪽 주머니에 있던 10개의 동전이 모두 오른쪽 주머니로 옮겨가면 그는 스스로에게 100점이라는 점수를 준다. 매일 자신에게 이런 숙제를 내는 이유는 CEO로서 무엇보다 가장 중요한 것이 직원들과의 대화라고 생각하기 때문이다.

"저는 항상 '하나님이 인간에게 귀 두 개와 입 하나를 준 이유가 반드시 있다'는 말을 떠올립니다. 우리는 말하는 2배 이상을 들어야 합니다. 솔직히 바쁘게 돌아가는 일터에선 와글와글 떠드느라 듣는 게 힘이 들 때가 있습니다. 하지만 리더가 좋은 결정을 내리기 위해선 동료들과 조언자들이 어떤 말을 하는지 듣는 것보다 중요한 일은 없습니다. 화이자에선 내부 구성원들 간의 커뮤니케이션에 가장 큰 신경을 씁니다. 이때의 커뮤니케이션은 반드시 양방향이어야만 합니다.

세계 곳곳에서 일어나는 경제위기들과 수많은 정보를 스태프들과 허심탄회하게 얘기하다보면, 어디로 가야 할지 방향이 잡힙니다. 따로 태스크포스 팀을 가동하지 않고도 상황 보고를 듣다보면 어떤 지역에서 어떤 계획을 수립해야 할지, 단초를 잡게 되는 경우가 많습니다. 물론 최근의 경제위기는 힘든 상황입니다. 하지만 기업을 경영하다보면 이런 일들은 늘 일어나기 마련입니다. 위기에서든 안정적인 상황에서든, 리더는 항상 같은 마음을 갖고 상황을 헤쳐 나가야 한다고 생각해요. 그만큼 많이 듣고 많이 생각하는 리더십이 중요합니다."

경청의 의미는 중요한 정보를 캐치한다는 데 머물지 않는다. 그 밖에도 매우 중요한 의미가 있다. 즉, 다른 사람의 이야기에 정보가 있건 없건 경청하는 행위 자체가 상대방에게 인정받는다는 느낌을 주어 긍정적인 에너지를 샘솟게 하는 것이다.

그러나 경청은 결코 쉬운 일이 아니다. 미네소타대학의 랄프 니콜스와 레너드 스티븐스의 실험에 따르면 사람은 상대의 말을 아무리 주의 깊게 듣는다 해도, 말을 들은 직후 전체 내용의 절반 정도만을 기억한다고 한다.[5] 또 2개월 정도가 지나면 들은 내용의 25%만을 기억한다고 한다.

이는 우리가 잘 듣기 위해 의도적인 노력을 기울이지 않으면 안 된다는 점을 잘 보여준다. 특히 학교에서 가르치는 것과는 달리 사회에서는 읽기 능력보다는 듣기 능력이 3배 정도 중요하다.

이건희 삼성 전 회장은 보통 열 마디를 듣고 한마디를 한다고 해서 '듣기형 리더'로 불렸다. 탱크처럼 지시하고 밀어붙이는 '말하기형 리더'들과는 대조적이다. 듣기에 몰입하는 것은 성격 탓도 있겠지만 부친 이병철 회장의 가르침이 큰 영향을 미쳤다.

1979년 2월 27일의 일이다. 이건희가 그룹 부회장으로 승진, 본격 경영 수업이 시작됐다. 첫 출근을 하던 날 이병철 회장은 그를 자신의 방으로 부르고는 직접 붓을 들어 '경청'이라는 휘호를 써주었다. 남의 말을 잘 듣는 것이야말로 리더의 금과옥조임을 강조한 것이다. 어디 리더뿐이랴. 경청은 통을 바라는 모든 사람이 갖춰야 할 덕목이다.

배우자 경청, 소극적 경청… 맥락적 경청

듣는 것이 중요하지만, 그냥 듣는 것으로는 부족하다. '잘' 들어야 한다. 경청을 해야 한다. 상대를 이해하려는 의지가 있을 때, 경청이 가능하다. 상대를 존중할 때, 경청이 가능하다. 어느 날 신문을 보던 남편이 아내를 불렀다.[6] "여보, 이것 좀 봐. 여자들이 남자보다 2배나 말을 많이 한다는 통계가 실렸네! 남자는 하루 평균 1만 5,000단어를 말하는데, 여자들은 3만 단어를 말한다는 거야!" 이 말을 들은 아내가 말한다. "남자들이 워낙 여자 말을 안 들으니까, 여자들이 늘 똑같은 말을 2번씩 하게 되잖아. 그러니까 2배지!" 3초 후에 남편이 아내를 향해 다시 묻는다. "뭐라고?" 경청이 이루어지지 않는 상황을 희화해서 보여준 사례다.

경청에는 4단계가 있다고 한다. 가장 낮은 단계는 '배우자 경청'이다. 이를테면 앞의 사례처럼 아내가 말할 때 신문이나 TV를 보며 건성으로 듣는 것을 말한다. 한술 더 떠 "아, 좀 조용히 해봐" 하며 말을 가로막기까지 한다. 물론 배우자 경청은 남자들만의 전유물이 아니다. 남녀를 불문하고 혼자서 열심히 떠들다가는 "내가 어디까지 얘기했더라" 하는 사람들이 적지 않다. 이럴 경우 정작 피해자는 배우자 경청을 하는 자기 자신이라는 사실을 깨달아야 한다.

'소극적 경청'은 이보다는 조금 높은 단계다. 배우자 경청처럼 말을 가로막지는 않는다. 하지만 건성으로 듣는 시늉만 낼 뿐 관심을 기울이며 듣지는 않는다. '적극적 경청'은 한결 낫다. 상대의 말에 주의를 기울이고, 공감을 표현한다. "저런, 그래서 어떻게 됐나요?" 하며 추임새를 넣기도 한다.

가장 높은 단계의 경청은 '맥락적 경청'이다. 말 자체뿐 아니라 말하는 사람이 그 말을 어떤 맥락에서 꺼냈나, 그 말을 하게 된 의도와 감정, 배경까지 헤아리면서 듣는 것을 말한다. 이를테면 아내가 부부 동반 모임에 파란 옷을 입을까, 빨간 옷을 입을까 망설이다가 남편에게 묻는다. 배우자 경청 수준의 남편이라면 "바빠 죽겠는데, 쓸데없이 그런 걸 왜 물어?"라고 할 것이다. 소극적 경청은 "둘 다 좋네" 하고 만다. 적극적 경청은 "당신은 빨간 옷을 입는 게 좋아"라고 한다. 그럼 맥락적 경청을 하는 남편은 어떻게 말할까? "당신, 오랜만에 나가는 모임이라서 신경 쓰이나보네. 내 생각엔 새로 산 빨간 옷이 잘 어울릴 것 같아."

사실 아내는 이번 모임에 가기 위해 며칠 전에 빨간 옷을 샀다. 다만 오랜만에 모임에 나가는 것이라 그 옷이 어울릴까, 왠지 신경이 쓰였던 것이다. 아내가 원한 것은 남편의 판단이 아니라, 남편의 이해와 위로였다. 《말을 듣지 않는 남자, 지도를 읽지 못하는 여자》라는 책에 나오는 것처럼 보통의 남자는 여자의 질문에 답을 주려고 하지만, 여자들이 진짜 원하는 것은 답이 아니라 공감과 이해다.

이해를 돕기 위해 남자와 여자의 사례에 한정지어 이야기했지만 이것은 단순히 남자와 여자의 문제가 아니다. 커뮤니케이션, 즉 통을 이루고자 하는 모든 이들이 새겨들어야 할 이야기다. 상대와 통하고 싶다면 잘 들어야 한다. 그것이 통을 이루는 방법이다.

경청하기 어려운 가장 큰 이유는 말하고자 하는 욕구 때문일 것이다. 우리는 상대방의 이야기를 들으면서도 속으로는 계속 자기가 할 말을 생각하는 경우가 많다. 남의 이야기를 진정으로 듣는 것이 아니라 자기 생각에 빠져서 듣는다. '음, 저 얘기가 끝나면 이런 얘길 해야겠어.' 이런 식이다. 그래서 상대방이 말을 하다가 한숨 돌리는 사이에 '이때다' 하면서 말을 가로챈다.

그러나 누군가가 내게 이야기를 하는 이유는 대화를 나누려기보다 그저 털어놓고 싶어서일 때가 많다는 점을 알아야 한다. 상대방은 내 대답에는 그다지 관심이 없다. 그저 들어주는 것에만 고마움을 느낀다. 브라이언 트레이시는 "대부분의 사람에게 대화는 자신의 마음속에 있는 것을 털어놓는, 일종의 카타르시스 작업"이라고 설명한다.

〈포춘〉을 보면 유명 CEO들이 자신의 인생에서 들었던 충고 중 가장 귀중한 충고가 무엇인지 말하는 코너가 있다. 그 코너에 나온 어느 여성 CEO는 자신의 인생에서 가장 귀중한 충고로 "들으면서 동시에 말할 수 없다"라는 이야기를 꼽았다. 들을 때는 말할 생각은 말고 온전히 남 이야기를 듣는 데 집중하라는 뜻이다.

그런데도 계속 남이 말할 때 내 이야기를 하고 싶다면? 이럴 때 코칭 컨설턴트 고현숙 대표가 《유쾌하게 자극하라》라는 책에서 소개한 방법을 써먹어보라. 필자도 실천해봤는데 정말 효과적이었다. 필자의 인생에서 가장 유용한 어드바이스 중 하나라고 생각한다. 그 방법이 무엇인가 하면, 다른 사람의 이야기를 듣는 도중에 말하고자 하는 내 마음속의 어떤 존재에게 이름을 붙이는 것이다. 예를 들어 '철수'라는 이름을 붙였다고 하자. 그리고 남의 이야기를 듣다가 자기도 모르게 내 안에서 뭔가 이야기를 하고 싶을 때 마음속으로 외치는 것이다. '철수야, 지금은 네가 나올 때가 아니거든? 나중에 얘기하자.'[7]

사냥을 하고 싶다면 정글로 가라
케빈 로버츠 사치앤사치 CEO의 고객소통법

기업이 최우선으로 할 것은 조직원과의 통이지만, 그것만으로는 부족하다. 그것만으로는 기업의 성장을 도모할 수 없다. 기업을 발전시키는 가장 중요한 축 중 하나가 고객이기 때문이다. 고객과 통하지 못하는 기업, 고객의 외면을 받는 기업이 과연 성공할 수 있을까? 진정한 성공을 위해서는 고객과 통하려는 노력이 반드시 수반되어야 한다.

광고회사 사치앤사치 Saatchi & Saatchi의 CEO 케빈 로버츠는 "일주일에 적어도 3번은 소비자와 만나야 한다"고 주장한다. 또한 "고객의 생일파티에 초대되는 것을 목표로 하라"는 구체적인 행동지침까지 제시한다. 그들과 친하게 '놀면서' 새로운 아이디어를 탐색할 수 있다는 것이다. 그는 소비자들의 마음을 읽기 위한 열쇠를 이렇게 설명했다.[8]

"나에게 원칙이 하나 있어요. '정글로 가라!' 정말로 사자가 어떻게 사냥하는지 알고 싶다면? 당연히 동물원이 아닌 정글로 가야겠죠. 하지만 대개의 기업들은 동물원으로 가서 정보를 얻어요. 응답자들을 '관찰실'에 집어넣고 간단한 먹을거리를 제공한 다음, 훈련된 진행자의 질문에 답하도록 유도하는 거죠. 이렇게 하면 정말 소비자들이 원하는 게 뭔지, 그들이 어떤 생각을 갖고 있는지 알 수 없어요. 소비자들을 우리의 환경으로 불러들여, 우리의 질문을 던지고 우리의 진행자를 붙여 가면서 수집한 정보는 단순히 '우리가 원하는 답'일 수밖에 없습니다."

이러한 한계를 벗어나기 위해서는 "조사하는 사람부터 정글로 나와야 한다"고 그는 강조했다. 정글로 나와 소비자와 상호작용하고 관찰하고 많은 대화를 나누는 게 무엇보다 중요하다는 것이다. 이러한 예로 중국 소비자들의 특성을 파악하기 위해 7명의 연구 인력이 중국 전역을 2만 5,000마일이나 여행한 일을 꼽을 수 있다. 그들은 셀

수 없이 많은 집에 초대받고, 여자들과 같이 일터에 가고, 사람들의 냉장고를 뒤지고, 10대들과 차를 마시고, 가족들과 요리를 하고, 노래방에 가고, 헤어진 연인들을 위해 함께 울었다.

이쯤 되니 비로소 중국 소비자들이 무엇을 원하는지, 그들의 눈으로 본 세상은 어떤 모습인지 조금씩 보이기 시작했다. 사치앤사치 직원들은 이런 중국 탐험을 통해 중국인들이 깊이 있는 유머 감각을 지녔다는 것, 중국 여성들이 높은 수준의 경제적 평등을 이뤘다는 것 등 여러 가지를 알 수 있었다. 또 중국의 가정집엔 VCR이 없고 DVD가 많다는 점을 발견했는데, 이는 중국인들이 몇십 년간의 기술 정체에도 불구하고 곧바로 최신 제품을 받아들이고 있다는 증거였다.

중국인들이 비록 서구의 아이콘과 이미지에 관심이 많기는 하지만, 결국 그들이 원하는 것은 '중국인으로서 존중받는 것'이라는 사실도 알게 됐다. 로버츠 회장은 "결국 문화를 존중하는 제품과 서비스를 개발하는 게 바로 그들과 연결될 수 있는 길이라고 하는 아주 중요한 사실을 알게 됐다"라고 설명한다.

이러한 관찰은 제품의 개발로 연결되기도 했다. 일례로 미국의 대형 할인매장에선 큰 용량의 타이드Tide(P&G의 세제 브랜드)가 많이 팔린다. 그런데 중국에선 큰 용량의 타이드가 무거워서 소비자들이 잘 들지 못했다. 이 사실을 깨닫고 그들은 바로 조치를 취했다. 세제 통에다 맥주통에 달려 있는 것과 같은 작은 꼭지를 하나 만든 것이다.

빨래를 할 때 누구나 통 아래에 컵을 대고 필요한 만큼 세제를 따라서 쓸 수 있게 한 배려다. 로버츠 회장은 "그저 사무실 안에만 앉아 있어서는 결코 이런 아이디어를 낼 수 없다"고 강조한다.

케빈 로버츠 회장은 리처드 브랜슨 버진그룹 회장 못지않은 괴짜 CEO로 유명하다. 1987년 펩시콜라 캐나다 법인 사장으로 임명된 그는 직원, 바이어, 언론 관계자들이 모인 행사장에서 짧은 연설을 마친 후 갑자기 기관총을 집어들었다. 그러고는 총구를 무대 위에 설치된 대형 코카콜라 자판기에 겨누더니 난사했다. 행사장은 아수라장이 됐지만, 다음 날 이 깜짝 이벤트는 최고의 이야깃거리가 됐다.

그의 인생은 청소년 시절부터 평범하지 않았다. 열여섯 살에는 '여자친구와 아이를 가졌다'는 이유로 학교에서 퇴학당했다. 졸지에 가장이 된 이 그를 받아준 곳이 화장품업체 메리퀀트 코스메틱스 Mary Quant Cosmetics 이다.

이 회사는 "그 어떤 일이든 반값만 받고 하겠다"고 애걸하는 로버츠를 브랜드 매니저 보조로 채용했다. 그는 다른 직원과 전혀 다른 업무방식으로 승부를 걸었다. 여성 소비자의 마음을 느끼기 위해 직접 마스카라를 칠하고, 립스틱을 발랐다. 여성들의 화장대 서랍을 뒤지며 어떤 화장품을 쓰는지 연구했다. 키스를 해도 지워지지 않는 방수 립스틱과 비가 와도 견디는 방수 마스카라로 구성된 '사랑을 위한 화장품 시리즈'는 이렇게 나왔다. 그의 성공의 원점은 바로 소비자였던 것이다.

로버츠 회장은 요즘도 여전히 소비자의 생각을 읽기 위해 한 달에 평균 20편의 영화를 보고, 30권의 잡지를 읽고, 젊은이들이 찾는 클럽 주변을 서성이며, 뉴욕 브로드웨이와 런던 웨스트엔드 뮤지컬 극장을 수시로 간다. 그러나 비즈니스 모임에는 가지 않는다. 골프도 치지 않는다. 그 이유는 다음과 같다.

"경영자들과 만나다보면 시각이 점점 경영하는 쪽으로 기울게 돼요. 이건 소비자들이 먹여 살리는 나 같은 사람으로선 반드시 피해야 할 일이죠. 소비자들은 당신 사무실 복도 끝에 살고 있지 않습니다."

로버츠 회장은 소비자의 목소리를 경청했고, 그래서 그들을 이해했고, 덕분에 그들이 원하는 제품을 내놓았다. 소비자와의 통이 성공의 물꼬를 터준 셈이다.

듀폰을 뒤집어엎은 한마디

약 90년 전 세계 최초로 나일론 스타킹과 칫솔을 만들어 팔았던 화학기업 듀폰 DuPont은 지난 2001년에 창사 이래 최대의 위기를 맞았다. 나일론 등 기존 제품의 매출이 정체하면서 그해 매출이 전년 대비 13% 감소한 것이다. 그런데도 오래된 기업 특유의 '굼뜬 속성'은 변화에 저항하기만 했다.

이에 채드 홀리데이 회장은 성공신화에 안주하고 있던 듀폰에 창사 이래 최대의 개혁을 시작한다. 개혁의 키워드는 시장, 즉 소비자에게 귀를 기울이는 것이었다. 1998년 CEO에 오른 데 이어 이듬해 이사회 의장을 겸임하게 된 그가 2001년 개혁을 추진하면서 내세운 슬로건은 '시장 주도의 과학'이었다. 그는 "R&D(연구개발)는 항상 시장의 필요에 입각해야 하며, 연구소에만 갇혀 있어서는 안 된다는 의미였다"고 설명한다.[9]

연구소는 개혁의 1순위였다. 그는 연구실에만 앉아 있던 과학자와 엔지니어에게 여권과 가방을 안긴 뒤, 고객과 시장을 만나도록 등을 떠밀었다. 듀폰의 상징과도 같았던 의류용 섬유부문을 매각했고, 농업과 안전보호용 소재, 바이오연료 등을 신성장동력으로 육성했다. 또 탄소가스 배출을 줄이는 친환경경영을 펴면서 공해 기업의 오명을 벗고 지속가능한 성장의 기반을 닦았다.

거꾸러지던 듀폰의 성장 곡선은 이때부터 다시 고개를 들었다. 홀리데이가 회장에 취임한 후 병충해와 가뭄에 견디는 종자나 바이오연료가 듀폰의 새로운 성장동력으로 부상했고, 듀폰은 화학기업에서 종합과학기업으로 변신했다.

"마누라와 자식 빼고는 다 바꾸라"는 이건희 전 회장의 한마디가 삼성이 크게 바뀌는 전기가 됐다면, 세계적인 화학기업 듀폰에게는 "연구개발이 연구소에 갇혀 있어서는 안 되고 시장으로 가야 한다"는 홀리데이 회장의 선언이 바로 그랬던 것이다.

시장, 현장, 소비자…. 성공 기업들의 공통점은 바로 여기에 있다.

세계적인 광고·커뮤니케이션 그룹인 WPP그룹의 마틴 소렐 대표의 통찰력의 원천 역시 현장이다.[10] 오길비그룹 Ogilvy Group과 TNS, 힐앤놀튼 Hill&Knowlton 등 세계적인 광고·시장조사·홍보·마케팅 대행사를 이끄는 대기업 총수이건만 그는 1년에 25~30개국을 돌아다니며 각국 현장에서 직접 지식을 습득한다.

이렇게 소비자의 소리를 직접 듣기가 쉽지 않다면, 차선책이 있다. 그것은 고객과의 접점에 있는 회사 직원들, 다시 말하면 '바운더리 스패너 boundary spanner'의 말을 귀담아 듣는 것이다. 이들은 리더에게 고객들의 변화와 새로운 트렌드를 전하는 현장의 전사라고 할 수 있다.

월마트의 설립자인 샘 월튼 역시 현장의 전사들을 중시한 인물이다. 그의 이야기를 들어보자. "부하 직원의 말을 열심히 듣고 그들로 하여금 입을 열게 할 방법을 찾아라. 고객을 상대하는 직원은 최전선에서 어떤 일이 벌어지고 있는지 가장 잘 알고 있다. 당신은 그들이 알고 있는 것을 파악해야 한다."

이처럼 고객과의 통은 그들의 이야기에 귀를 기울이고, 그들이 원하는 것을 알아내고, 그들이 바라는 것을 제공할 때 비로소 실현될 수 있다. 사냥을 하려면 정글로 가야 하듯, 고객과 통하려면 현장으로 나가야 한다. 엉덩이가 무거운 조직은 결코 소비자의 마음을 사로잡을 수 없다는 사실을 명심하라.

뇌리에 박힐 강력한 메시지의 비밀
칩 히스 스탠퍼드대 교수의 메시지 제조법

상대의 이야기를 경청하고 그래서 상대를 이해하고 인정했다면, 다음은 자신의 메시지를 전달할 차례다. 통이란 나와 상대의 마음을 나누는 것이다. 상대의 이야기를 듣는 것만으로는 통이 이뤄질 수 없다. 나의 마음도 상대에게 전할 수 있어야 한다. 단, 효과적으로.

수많은 이야기가 지구상을 떠돌지만 오랫동안 살아남는 것이 있고, 어떤 것은 소리도 없이 사라진다. '문제는 경제야, 바보야(빌 클린턴)'나 '10년 안에 사람을 달에 보내겠습니다(J.F. 케네디)'와 같은 이야기는 물론 전자에 해당한다.

이처럼 사람들의 뇌리에 박힐 강력한 메시지를 남기는 것은 모든 정치인, 기업가, 교육자, 작가, 그리고 모든 사람의 꿈이다. 자신의 이야기가 사람들에게 강렬하게 전달되는 것을 원하지 않는 사람은 없을 테니 말이다.

문제는 '어떻게?'다. 어떻게 하면 내 생각을 남의 머리에 쏙쏙 달라붙게 만들 수 있을까? 스탠퍼드대 경영학과 칩 히스 교수와 그의 동생이자 컨설턴트인 댄 히스는 그 방법을 알아내기 위해 10여 년을 꼬박 사례 연구에 매달렸다. 그들은 그 결과를 책《스틱!》에 정리했다. 스틱이란 제목은 스티커처럼 뇌리에 착착 달라붙는 메시지를 만들라는 의미에서 나왔다.

위클리비즈와의 인터뷰에서 칩 히스 교수는 커뮤니케이션의 가장 큰 장애요소로 '지식의 저주'를 꼽았다.[11] 교수나 CEO처럼 지식이나 정보를 많이 아는 사람의 말일수록 알아듣기 힘든 현상을 말한다.

"전문가라면 일반 사람들보다 세 걸음쯤 앞서서 얘기하는 경우가 많다. 그럼 상대방은 전혀 못 알아듣게 된다. 이미 알고 있는 상태에서 다른 사람들이 '모르는 상태'를 상상하기가 어려운 것이다."

좀더 구체적인 설명을 위해, 히스 교수는 한 심리학 실험 결과를 예로 들었다. 실험은 매우 간단했다. 실험자는 실험에 참가한 두 무리의 사람들에게 각각 '두드리는 사람'과 '듣는 사람'의 역할을 줬다. 두드리는 사람은 생일축가 같은 누구나 알고 있는 노래가 적힌 목록을 받았다. 그들의 임무는 목록에서 하나를 골라 노래의 리듬에 맞춰 테이블을 두드리는 것이었다. 듣는 사람은 그 소리만 듣고 노래의 제목을 맞혀야 했다.

이 실험에서 선택된 노래는 모두 120개였는데 듣는 사람들은 그 중 단 3개, 즉 2.5%밖에 맞히지 못했다. 두드리는 사람들의 예측과는 전혀 다른 결과였다. 두드리는 사람에게 상대방이 정답을 맞힐 확률을 짐작해보라고 했을 때, 대답은 50%였다.

왜 이런 차이가 날까? 두드리는 사람들은 테이블을 두드릴 때 머릿속에서 노랫소리를 연상한다. 그들의 머릿속엔 오케스트라의 선율이 흐르고 있다. 그래서 남들도 그 노랫소리를 들을 것이라고 생각하는 것이다. 하지만 듣는 사람에게는 그것이 전혀 들리지 않는다. 그들의 귀에 들리는 것은 아무런 의미도 없이 테이블을 딱딱 두드리는 소리일 뿐이다. 두드리는 사람은 듣는 사람이 곡을 알아맞히지 못하는 것을 보고 당황한다. '어떻게 그럴 수가 있지? 이 정도면 식은 죽 먹기잖아! 내 귓속엔 이렇게 생생하게 들리는데. 뭐 이런 바보가 다 있담?'

이게 바로 지식의 저주다. 듣는 사람의 입장을 생각하지 못하는 것 말이다. 지식의 저주를 피하기 위해서는 듣는 사람의 입장에서 생각해보는 의도적인 노력이 필요할 것이다. 당신이 어떤 이야기를 할 때 상대가 제대로 이해하지 못해서 답답함을 느낀 적이 많다면, 그리고 조직이 소통이 잘 안 된다고 느낀다면, 혹시 당신이 테이블을 두드리는 사람이 아닌지 자문해보기 바란다.

강력한 메시지를 만드는 6가지 방법

지식의 저주를 피한 후에는 어떻게 메시지를 효과적으로 전달할 수 있을까? 히스 형제는 강력한 메시지를 만드는 기법을 6가지로 정리했다. '단순성, 의외성, 구체성, 신뢰성, 감성, 스토리'가 그것인데, 성공한 슬로건, 연설, 광고, 인터뷰를 분석해서 얻은 결과다.

칩 히스 교수는 6가지 비법 중에서도 '투자 대비 최고의 수익률'을 올릴 수 있는 것으로 '구체성'을 꼽았다.

"한국에는 고속도로에서 귀신을 봤다는 괴담이 많다더군요. 그런 괴담에서 'ㅇㅇ노래' '물웅덩이' 'ㅇ번 고속도로' 등 이야기에 구체성을 더하는 요소들이 들어가면 효과가 강렬해지죠. 미시간대학에서 모의재판 실험을 한 적이 있습니다. 아이의 양육권을 두고 부모 사이에 벌이는 모의재판이었죠. 그때 엄마 쪽 변호사가 이런 말을 했습니다. '우리 아이는 매일 다스베이더 커플 칫솔로 엄마와 함께 양치질을 합니다.' 바로 이 멘트 때문에 배심원들은 엄마의 손을 들어줍니다. 쿨한 칫솔을 아들에게 사주고 밤마다 칫솔질을 함께하는 모정이 가득한 엄마를 떠올리게 되니까요. 이게 바로 구체성의 힘이죠. 게다가 메시지를 구체적으로 만들다보면, 자연스럽게 스토리나 단순함 등의 나머지 요소들도 들어가기 마련입니다."

허브 캘러허 사우스웨스트항공 전 회장은 히스 교수가 꼽은, 스티커 메시지를 가장 성공적으로 구사한 CEO다. 캘러허는 특히 '단순성의 원칙'을 일관되게 지켰다고 한다. "캘러허는 언제 어디서나 간단하고 일관된 메시지만 말했습니다. '우리는 무조건 저가 항공사'라는 거죠. 한 기업의 CEO라면 강조하고 싶은 말이 얼마나 많겠습니까? 그래도 가차없이 다른 것들은 포기하고, 저가 항공에 최고 가치를 둔 거죠."

캘러허의 일관된 메시지는 직원, 하청업체, 고객 등 회사와 관련된 모든 사람들의 행동에 변화를 불러왔다. 어느 날 마케팅업체 직원이 그에게 "고객 조사를 실시해보니, 우리 비행기에서는 음식을 안 줘서 배가 고프다는 답변이 많습니다. 치킨 샐러드를 제공하는 게 어떨까요?"라고 물었다. 캘러허 회장은 이렇게 대꾸했다. "우리는 저가 항공사야. 치킨 샐러드가 저가 항공사를 만드는 데 도움이 되나?"

그 이후로 모든 직원은 더욱 '비용 절감'이라는 원칙 아래 움직이게 됐다. 이 항공사 스튜어디스들은 비행기 착륙 후 활주로에서 짐을 꺼내는 작업이 지연되면, 직접 비행기에서 내려 고객들 짐을 내리는 일까지 한다. 왜냐하면 조금이라도 연료 낭비를 줄여야 하기 때문이다. 단순한 메시지가 어떤 위력을 발휘할 수 있는지 보여주는 사례다.

'의외성'을 가장 잘 구사한 인물로 히스 교수가 지목한 사람은 스티브 잡스 애플 창업자다.

"사람들은 예상치 못했던 것에 쇼크를 먹게 되죠. 스티브 잡스가 바로 이 '의외성'을 많이 이용합니다. 애플이 초경량 노트북을 개발해 발표할 때, 그는 작은 퍼포먼스를 선보였죠. 스테이지에 서류봉투를 배달시키고 그 봉투를 뜯은 다음 그 안에서 노트북을 꺼낸 겁니다. 와우! 사람들이 그 작은 서류봉투에서 노트북이 나올 것이라고 생각이나 했겠습니까?

메시지에도 같은 원칙이 적용됩니다. 미국의 고급 백화점인 노드스트롬의 광고 문구는 '고객이 메이시Macy's(노드스트롬의 경쟁 백화점)에서 구입한 제품도 기쁜 마음으로 포장해주는, 겨울에 고객이 쇼핑을 끝내기 직전 고객의 차를 데워놓는, 타이어체인을 팔지도 않지만 고객이 원하면 타이어체인도 환불해주는 노드스트롬'입니다. 고객들은

'이런 것까지 해줘?' 하며 놀라게 되죠."

'감성'을 효과적으로 활용한 사례로 히스 교수가 꼽은 것은 놀랍게도 한국의 TV 프로그램이었다. 히스 교수는 자신이 가르치는 한국 학생을 통해, 한국의 기부 프로그램을 접하게 됐다고 한다. 어려운 형편에 있는 아이를 따라다니며 다큐멘터리를 찍어, 시청자들에게 휴대전화나 인터넷을 통해 성금을 보내게 하는 프로그램이다. 그는 "와, 이거야말로 감성에 호소하는 훌륭한 메시지 전달법이에요"라며 감탄을 감추지 않았다.

"마더 테레사가 언젠가 말했죠. '나는 대중을 구하기 위해 일하지 않는다. 하지만 한 사람을 위해서는 무엇이든 할 수 있다'라고요. NGO 단체가 '아프리카 가난을 퇴치하는 데 성금을 보냅시다'라고 하면 효과가 없지만, 어느 마을에 사는 아이를 실제로 보여주면서 이 아이가 학교에 가도록 도와주자고 하면 성금이 쏟아지는 것과 마찬가지죠."

'스토리'를 제공한다는 메시지 제조 기법에 대해서는 이렇게 설명했다. "이솝 우화가 2,500년을 살아남아 지금까지 전해지는 이유가 바로 스토리에 있습니다. '비겁한 변명으로 실패를 합리화하지 말라'는 메시지를 '신 포도와 여우 이야기'로 절묘하게 풀어내는 것을 보십시오.

문제는 모든 상황이 이야기로 풀어낼 수는 없다는 것입니다. 실리콘밸리의 벤처 사업가가 자기 제품을 설명할 때 매번 스토리를 갖고 있을 수 있겠습니까? 그럴 때는 다른 구체적인 사례를 든다거나 하는 방법으로 풀어나가야죠."

히스 교수가 정리한 '강력한 메시지 제조 기법 6가지'를 찬찬히 살펴보면, 한 가지 공통점을 발견할 수 있다. 바로 상대, 즉 듣는 사람에게 초점을 맞춘 법칙들이라는 것이다. 이는 진정한 소통을 갈망하는 이들에게 한 가지 시사점을 던져준다. 앞서 말했듯 통의 기본은 자신이 아닌 상대라는 사실이다.

히스 교수의 메시지 제조 기법[12]

1. 단순성
무자비할 정도로 곁가지를 쳐내고, 중요한 것만을 남겨라. 사람들이 원하는 것은 요약이 아니다. '단순함 = 핵심 + 간결함'이다.

2. 의외성
사람들의 예상을 깨뜨려라. 직관에 반하는 결론을 내세워라. 허를 찔러 긴장감을 높이고, 이목을 집중시켜야 한다.

3. 구체성
메시지를 구체적이고 상세한 이미지로 가득 채워라. 우리의 뇌는 구체적인 정보를 기억하도록 만들어져 있다.

4. 신뢰성
세부적 묘사와 통계, 그리고 자신이 겪은 최고의 경험을 메시지에 버무려라. 통계는 인간적이고 일상적인 언어로 풀어내면 더 효과적이다.

5. 감성
상대방이 무언가를 느끼게 만들어야 한다. 특히 당신의 메시지가 그들이 각별히 여기는 무언가와 긴밀한 관계가 있음을 보여주는 것이 좋다.

6. 스토리
메시지를 보다 일상적이고 생활에 가까운 형태로 만들어 보여줘라. 청취자는 그 스토리의 상황이 닥치면 곧바로 그에 맞게 행동할 준비가 되어 있다.

중요한 메시지는 700번 이상 반복하라

아무리 강력한 메시지를 만들었다 해도 그것을 타인에게 제대로 전하지 못하면 혼잣말이 될 뿐이다. 아무리 좋은 비전과 핵심가치를 수립했다 해도 전체 조직 구성원이 공유하지 못하면 경영자 혼자만의 꿈에 그치고 말 것이다. 벽에 붙여놓은 포스터로만 남아 있어서는 아무런 의미가 없다.

중요한 이야기는 한 번 전하는 것으로는 부족하다. 비전이나 핵심가치는 한 번 선언하고 끝내서는 안 된다. 몇 번이고 거듭 말해서 중요성을 공유해야 한다. 처음에 서너 번 반복하면 직원들은 '또 그 소리야'라고 생각하고, 5번, 6번이 되면 '중요하긴 한 모양이네'라고 생각할 것이다. 적어도 10번 이상은 말해야 경영자의 본심이 제대로 전달되어 반응을 보이게 된다.

경영진은 회사의 나아갈 방향에 대해 많은 고민을 한다. 그리고 직원들도 자신과 똑같을 것이라고 착각을 한다. 한 번만 얘기를 해도 직원들이 그 의미나 중요성을 깨닫고 비전에 동참할 것이라고 생각한다.

하지만 이 역시 일종의 '지식의 저주'라고 할 수 있다. 경영진의 생각과 달리 직원들은 회사 전체를 보기보다는 자신이 맡은 일에 파묻혀 고민하고 있기 때문에, 비전이나 핵심가치 같은 원대한 일을 중요한 것으로 쉽게 받아들이지 않는다. 한두 번 듣는 것으로는 그 의미를 결코 이해하지 못한다. 설사 오늘은 이해를 했다고 하더라도 며칠 후엔 금방 잊어버리고 말 것이다.

오죽하면 잭 웰치가 "기업의 핵심가치는 700번 이상 반복해서 부하 직원들에게 말하라"고 했을까. 그의 말을 더 옮겨본다.

"나는 어떤 아이디어나 메시지를 조직 전체에 전달하고자 할 때 한 번도 이 정도면 충분하다고 생각해본 적이 없다. 나는 중요한 아이디어가 있으면 그것을 여러 해에 걸쳐 온갖 종류의 회의 때마다 수없이 반복해서 강조하고 또 강조했다. 나중에는 아예 신물이 날 정도였다. 내 커뮤니케이션 방법이 과도하거나 강박관념으로 비쳤을지도 모른다. 그러나 나는 10번을 이야기하지 않으면 한 번도 얘기하지 않은 것과 같다고 생각한다."

회사의 비전과 핵심가치를 시간이 날 때마다 강조하는 것은 물론, 심도 있는 교육 프로그램을 진행함으로써 직원들이 중요성을 피부로 느낄 수 있도록 해야 한다. 또한 비전이나 핵심가치가 구두선口頭禪이 아니라는 것을 실행으로 보여줄 필요가 있다.

기업의 전략과 조직 구조를 비전과 핵심가치에 맞게 조정하고, 조직 구성원이 일상생활에서 이를 의사 결정의 첫 번째 척도로 사용하게 함으로써 기업문화의 일부로 체질화시켜야 한다.[13] 비전과 핵심가치를 표어로 제작해 사내 곳곳에 부착한다든지, 비전에 대한 강연을 듣는다든지 하는 여러 가지 방법으로 비전이 직원들에게 스며들도록 만들어야 한다. 강력한 메시지를 제조해 끊임없이 반복하는 것, 이것이 통을 위한 세 번째 기술이다.

세상은 CQ가 높은 인재를 원한다

헤드헌팅회사 하이드릭앤스트러글스 Heidrick&Struggles의 케빈 켈리 전 사장은 "IQ와 EQ(감성지수)가 있지만 요즘 가장 요구되는 인재의 덕목은 CQ Cultural Quotient, 즉 문화지수가 높아야 한다는 것"이라고 강조한다. 글로벌화가 광속으로 진행되는 시대이기 때문에 문화적 차이를 잘 이해하는 인재가 각광받는다는 설명이다.[14]

소통의 대가로 꼽히는, 커뮤니케이션 컨설팅회사 플레시먼힐러드 Fleishman Hillard의 데이브 시네이 전 회장이 강조하는 커뮤니케이션 원칙 역시, '이해'를 바탕으로 하고 있다. 그는 커뮤니케이션의 정의를 다음과 같이 설명한다.[15]

"커뮤니케이션의 가장 중요한 첫 번째 원칙은 '이해돼야 한다'는 것이죠. 상대방이 이해할 수 있도록 정보를 전달해야 합니다. 굉장히 뻔한 이야기 같죠? 그런데 놀라울 정도로 많은 사람과 지도자들이 이 기본을 잊어버립니다. 소리를 낸다고, 말을 한다고, 글을 쓴다고, 다 커뮤니케이션이 되는 게 아닙니다.

이 업계에는 훌륭한 스토리텔러들이 많거든요. 그들의 비결은 과연 뭘까요? 바로 커뮤니케이션의 상대를 이해하는 능력입니다. 상대가 누구냐를 이해하는 게 관건입니다."

특히 상대에 대한 이해력이 중요한 이유는 사람들은 모두 자신만의 고유한 방법으로 정보를 받아들이기 때문이다. 시네이 전 회장은 그것을 '정보 습득 지문media consumption fingerprint'이라는 개념으로 표현한다. 60억 인구의 손가락에 모두 다르게 새겨져 있는 지문처럼, 정보 습득법도 사람마다 다르다는 사실을 극적으로 표현한 것이다.

"예를 들어 저는 한 사람입니다. 그런데 제 어머니는 제가 일을 너무 많이 한다고 생각하는 반면, 제 장모님은 제가 충분히 일을 하지 않는다고 생각합니다. 이 두 분에게 저의 똑같은 정보가 다르게 비치는 이유가 뭘까요? 두 분이 서로 다른 기대치와 입장, 즉 서로 다른 '정보 습득 지문'을 갖고 있기 때문이지요."

따라서 소통 상대의 차이와 개성을 그들의 문화, 인생, 가치관 등 다양한 맥락에서 이해해낼 때 진정한 커뮤니케이션이 이뤄진다는 것이다. 그래서 커뮤니케이션에는 역사학·철학·인류학 등 각종 인문학적 지식, 때로는 스포츠에 이르기까지 다양한 소양이 필요하다는 것이다.

결국 당신이 통을 꿈꾼다면 '내'가 아닌 '상대'에게 초점을 맞추어야 한다. 상대에게 내재된 가치를 꿰뚫어보고 그를 이해하려고 노력할 때 진정한 통이 가능한 것이다. 조직도 마찬가지다. 상대가 조직원이든 고객이든 그를 이해하려는 노력에서 통은 출발한다. 나에서 출발한 통은 결코 상대에게 다다를 수 없는 법이다.

당신의 감정과 행동은 타인에게 전염된다

글로벌 화학기업 듀폰은 한국 경영진의 리더십 개발을 위해 2003년 다면평가와 설문조사 등 다양한 조사를 실시했다. 한국 임원의 장단점을 파악하기 위한 것이었다. 장점도 여러 가지가 나왔지만 단점도 여러 가지가 지적됐다. 가장 지적이 많았던 것은 커뮤니케이션 능력에 대한 문제였다. 예를 들어 성격이 다혈질이고, 남의 충고를 쉽게 수용하지 못하며, 상사와 긍정적인 방법으로 의견을 조율하지 못한다는 점이 꼽혔다. 다른 사람과 함께 일하는 데에 능숙하지 않고, 부하 양성에 대한 관심이 적으며, 네트워킹 능력이 부족하다는 점도 지적됐다.[16]

글로벌 HR 컨설팅회사인 헤이그룹 Hay Group 역시 2005년부터 꾸준하게 한국 임원에 대한 자료를 수집하고 있는데, 그 결과를 기초로 분석한 한국 임원의 전형적 유형은 이렇다. 한국의 임원은 부하 직원의 의견을 물어보거나 반응을 들어보지 않은 채 일방적으로 방향을 제시한다. 그리고 칭찬이나 인정을 하기보다 주로 무엇이 잘못되고 있고 무엇을 고쳐야 하는지 부정적인 피드백을 자주 사용한다는 것이다.

한국 기업의 임원들이 인정과 칭찬에 약하다는 것은 통에 있어 결정적인 걸림돌이다. 더욱이 부정적인 피드백을 자주 사용한다는 것은 조직 분위기를 해친다는 점에서, 치명적인 단점이라 할 수 있다.

리더의 행동 하나가 조직 전체의 사기를 일거에 북돋울 수도 있고, 반대로 땅에 떨어뜨릴 수도 있다. 바로 감정의 전염을 통해서다. 예를 들어 리더가 자주 웃고 기분 좋은 분위기를 전파하면, 팀원들도 모두 따라 웃고 기분이 좋아진다. 기분 좋은 팀이 더 좋은 성과를 내는 것은 물론이다. 뇌신경학자들의 연구에 따르면 리더와 부하 간의 역학관계는 두 개의 뇌가 하나의 시스템처럼 융합하는 것이라고 할 수 있다. 훌륭한 리더는 이 같은 뇌의 상호작용 시스템을 조절하는 능력이 탁월하다.

'거울 뉴런mirror neurons'이란 게 있다. 이 뉴런(신경세포)은 다른 사람의 몸짓을 보거나 말을 듣는 것만으로 마치 자신이 직접 행동하는 것과 같은 느낌을 받게 하는 기능을 한다. 다른 사람의 행동을 그대로 비추는 거울 같다는 의미에서 거울 뉴런이란 이름이 붙었다.[17] 다른 사람이 하품하는 모습을 보면 전염이 되어 입을 벌리고, 영화를 보다가 주인공이 눈물을 흘리면 감정이입이 되어 따라서 울고, 신생아실의 아기들이 부모의 얼굴 표정을 흉내 내는 것이 바로 거울 뉴런 때문이다.

이 뉴런은 이탈리아 신경과학자들이 원숭이의 뇌를 연구하는 과정에서 우연히 발견했다. 원숭이의 뇌에는 원숭이 자신이 팔을 들 때 활성화되는 특별한 세포가 있다. 그런데 하루는 원숭이 앞에서 실험 조교가 아이스크림을 든 손을 입으로 가져갔는데, 원숭이의 뇌에서 동일한 세포가 반응을 했다. 원숭이가 직접 동작을 하지 않고, 다른 존재의 행동을 본 것만으로도 같은 반응을 한다는 사실이 확인된 것이다.

사람을 대상으로 한 실험에서도 비슷한 결과가 나왔다. 한 실험은 두 피실험자가 화기애애한 대화를 나누는 동안 발생하는 심장박동 같은 심리적 반응을 측정했다. 대화가 시작될 무렵엔 그들의 신체가 각기 다른 리듬에 따라 작동됐다. 그러나 15분 정도 대화를 나눈 뒤부터는 두 사람이 매우 유사한 생리적 반응을 보이기 시작했다.

그런데 이 거울 뉴런은 특히 조직에서 큰 의미를 갖는다. 리더의 감정과 행동이 직원들에게 전염되기 때문이다.

마리 다스보로 박사가 오클라호마 주립대에 있을 때 흥미로운 실험을 했다. 그녀는 기업의 직원들을 두 그룹으로 나눠 관찰했다. 두 그룹 모두 자신들의 업무 성과에 대해 평가자로부터 평가를 받았다. 첫 번째 그룹은 업무 성과가 좋지 않다는 부정적인 평가를 받았지만, 평가자는 미소나 끄덕임과 같은 긍정적인 감정 신호를 보여줬다. 반면 두 번째 그룹은 업무 성과가 좋다는 긍정적인 평가를 받았지만, 평가자가 눈살을 찌푸리며 비판적인 태도를 보였다.

두 그룹의 반응은 어떻게 달랐을까? 놀랍게도 긍정적인 평가를 받은 두 번째 그룹이 부정적인 평가를 받은 첫 번째 그룹보다 자신의 성과에 대해 더 불만스럽게 느끼는 것으로 나타났다. 메시지 자체보다 전달 방법이 더 중요한 것이다.

사람은 기분이 좋을 때 성과도 좋아진다. '감성지능'으로 유명한 심리학자 대니얼 골먼은 "팀원들에게 최고의 결과를 기대하는 리더는 우선 팀원들이 좋은 감정을 갖게 만들어야 한다"면서 "기존의 '당근과 채찍' 접근방식은 신경학적으로 의미가 없다"고 말했다.

사람의 거울 뉴런 중에는 다른 사람의 미소와 웃음만 감지하는 것이 있다고 한다. 자제력이 높고 유머 감각이 없는 보스 밑에서 일하는 직원들의 뇌에서는 그런 신경이 거의 작동하지 않는다. 하지만 잘 웃고 분위기를 좋게 조성하는 보스는 직원들의 그런 신경이 작동하게 만들어 팀원들이 자신도 모르게 웃게 하고 팀을 하나로 결집시킨다.

다니엘 골먼이 공동 회장으로 있는 '조직 내에서의 감성지능 연구에 관한 연구 컨소시엄'의 멤버인 파비오 살라 박사의 연구에 따르면, 가장 성과가 좋은 리더들은 성과가 중간 정도인 리더들보다 부하들을 평균 3배 정도 더 자주 웃게 만들었다. 좋은 분위기 속에서 사람들은 정보를 효과적으로 받아들이고 창조적으로 반응했다. 웃음도 매우 중요한 동기 부여법의 하나인 셈이다.

그렇다면 거울 뉴런은 선천적인 것인가? 물론 어떤 사람은 선천적으로 탁월한 거울 뉴런을 가지고 있다. 골먼은 허브 캘러허 사우스웨스트항공 전 회장이 복도를 걸어 다니며 하는 행동을 비디오로 세밀히 관찰했다. 그의 행동은 남달랐다. 그는 사람을 만날 때마다 상대방과 교감을 했다. 그는 끊임없이 웃었고, 고객들을 만나면 그들의 사업을 높이 평가하면서 악수를 했다. 직원들을 만나면 수고했다고 치하하며 포옹을 했다. 직원들도 마찬가지였다. 한 스튜어디스는 우연히 캘러허를 만나자 얼굴이 환해지면서 갑자기 그를 포옹했다. 그녀는 "모든 사람이 회장님을 가족처럼 생각한다"고 말했다.

누구나 허브 캘러허가 될 수는 없다. 골먼은 "거울 뉴런 기능을 쉽게 강화하는 지름길은 없다"면서 "유일한 방법은 우리의 행동을 변화시키기 위해 열심히 노력하는 것"이라고 조언한다.

직원을 상대로 한 적정 수준의 압박과 의도된 비평은 분명 순기능이 있다. 일례로, 앞서 '혼'에서 살펴본 나가모리 시게노부 일본전산 회장은 호통과 압박경영으로, 직원들을 독려하고 회사를 성장시킨 것으로 유명하다. 그러나 그는 30분을 혼내면 2시간의 사후 케어를 쏟을 정도로 질책을 꼭 필요할 때, 아주 신중하게 했다.

문제는 정도 이상의 압박과 비평이다. 사람들이 스트레스를 받게 되면 호르몬인 아드레날린과 코르티솔이 나와, 사고력과 인지 능력에 영향을 미친다. 즉, 리더의 요구가 감당하기 힘들 정도로 클 경우에는 코르티솔 수치가 높아지고 아드레날린이 많이 분비돼, 직원들의 정신적 능력을 마비시킬 수도 있다. 직원들은 손에 잡힌 일보다 상사의 협박에 신경이 꽂히기 때문에 기억, 계획, 창조성은 창밖으로 멀리 떠나버린다.

특히 리더가 요령 없이 비판을 하거나 화를 내면 직원들의 호르몬 분비가 갑작스레 촉진된다. 한 연구 결과, 자신에게 아주 중요한 사람이 창피를 주거나 싫은 감정을 나타낼 경우, 스트레스 호르몬 수치가 폭발적으로 증가하고 심장 박동이 1분당 30~40회 이상 증가하는 것으로 나타났다. 더구나 이때 거울 뉴런의 상호작용으로 인해 긴장감은 다른 사람에게까지 전염된다.

부정적인 감정은 그룹 전체로 퍼지고 그들의 행동을 억제하는 결과로 이어진다. 그리고 이것은 다시 리더에게 부메랑처럼 돌아오기 마련이다. 리더가 발산한 스트레스가 조직 내로 전파되고, 이로 인한 업무능률 저하 등의 결과가 다시 리더의 스트레스가 되는 것이다. 또한 스트레스를 받은 직원들의 짜증, 불만이 리더에게 스트레스를 안기는 것은 물론이다.

삐져나오는 못은
더욱 삐져나오게 하라

우리는 혼을 공유하는 것으로 통을 위한 여정을 시작했다. 그리고 상대를 이해하고 인정하며, 그의 말을 경청하고, 강력한 메시지를 만드는 것으로 7부 능선에 올랐다. 통을 위한 마지막 과제는 마음을 열어 서로의 차이를 받아들이고 존중하는 것이다.

필자가 2009년 말 방문한 일본의 호리바제작소라는 회사는 그 모범 사례로 꼽을 만하다. 이 회사는 세계 1위 분석·계측 장비업체이며, 전 세계 자동차 계측기 시장의 85%를 차지한다. 교토에 본사가 있는 이 회사는 전후 일본 최초로 설립된 벤처기업 중 하나로, 일본에서 혁신의 대명사로 손꼽히는 기업이다. 그런데 그 혁신의 근간이 바로 종업원 저마다의 개성, 다시 말해 차이를 존중하는 것이었다.

교토에는 '교토식 경영'이라는 말이 나올 정도로 개성적인 경영자들이 많지만, 이 회사의 창업자 호리바 마사오 최고고문은 그중에서도 특히 개성이 특출난 인물이다. 남다른 개성은 그의 독특한 어록에 잘 나타난다. 보수적인 일본 사회에서 유례를 찾아볼 수 없을 만큼 튀는 말들이 대부분이다.

"모난 사람이 모나지 않은 사람보다 더 뛰어날 가능성이 높다.", "삐져나오는 못은 더 삐져나오게 하라." "남의 말을 듣지 마라." "싫으면 관둬라." 이 모든 말은 장난이 아닌 진심이었다.

그는 혁신을 먹고 사는 벤처기업이 성공하기 위해서는 종업원이 회사에서 재미있고 즐겁게 일하지 않으면 안 되고, 그러기 위해서는 그들의 개성과 창의를 살려주는 것이 무엇보다 중요하다는 것을 절실히 느꼈다. 그리고 그것을 일생에 걸쳐 실행에 옮겼다.

이를테면 이 회사는 신입 사원 면접 때 "귀하는 다른 사람과 다른 게 무엇입니까?"라는 질문에서부터 시작한다. 다른 사람과 똑같은 사람은 필요가 없다는 것이다.

필자가 호리바제작소 본사에서 엘리베이터를 타려고 기다리고 있었는데, 엘리베이터 벽면에 그 유명한 이 회사의 사훈이 잔뜩 흘려 쓴 초서체로 써 있었다.[18] '재미있고 즐겁게 おもしろおかしく ('재미있고 엉뚱하게'로 번역하기도 한다).' 엘리베이터에 오르니 바닥 카펫에도 같은 글씨가 써 있었다. 장난스럽게도 보인다. 하지만 이 말은 전 세계 호리바 직원들의 DNA로 자리 잡았다.

호리바제작소는 종업원의 개성과 창의를 살려주기 위해 곳곳에서 의도적으로 재미를 강조한다. 예를 들어 이 회사의 연수원 이름은 '펀 하우스 Fun House'이다. 인터뷰에 앞서 호리바제작소의 회사 소개 팸플릿을 받았는데 제호가 'Abiroh'라고 써 있다. 무슨 뜻인가 궁금했는데, 알고 보니 호리바를 거꾸로 쓴 것이라고 한다. 내부의 입장에서만 회사를 보지 말고, 외부(소비자)의 관점에서 보라는 메시지를 전하기 위한 표현이라는 설명이다.

사람은 저마다 다를 수밖에 없다
호리바 마사오 최고고문의 인재경영

일본 경제가 잃어버린 10년에 이어 다시 어려움에 빠진 이유에 대해, '따라잡기 정신'과 '삐져나오는 못은 두들겨 맞는 풍토'가 지적되기도 한다. 그런 의미에서 일찌감치 "삐져나오는 못은 더 삐져나오게 하라"면서 개성과 창의를 외친 호리바 마사오 최고고문은 비교된다.

필자가 그에게 독특한 철학을 갖게 된 배경을 묻자 그는 "의학을 공부한 뒤 인생관이 크게 바뀌었다"고 말했다. 그는 원래 물리학을 전공했고 교수가 되려 했지만, 2차대전의 발발로 학업을 접어야 했다. 그리고 1945년 호리바제작소를 창업했다. 그 후 종업원들의 자기 발전을 위해 박사 학위 취득을 장려했고, 자신도 의학을 공부해 의학박사가 됐다. 1961년의 일이다.

"의학을 공부하면서 생명이 얼마나 대단한 것인가를 깨닫게 됐습니다. 일생 동안 배출되는 정자와 난자의 수를 생각하면 한 생명이 태어날 확률은 50조 분의 1에 불과합니다. 그 귀중한 생명이 언젠가는 죽습니다. 그렇다면 살아 있는 동안 하는 일이 행복을 위한 것이 아니면 안 되겠다는 생각을 했습니다.

'회사에 오면 정말 즐겁다.' '내일 또 재미있는 일을 하자.' 종업원을 이렇게 만들어주는 것이야말로 경영자의 책임이라고 생각합니다. 또한 호리바에 관계된 기업이나 사람까지 포함해서 모두를 행복하게 해주도록 노력해야 합니다."

그는 즐겁고 재미있게 일하는 것은 일의 효율 측면에서도 탁월해 회사에도 큰 도움이 된다고 말했다. 그러나 즐겁고 재미있게 일하려면 종업원의 마음가짐뿐만 아니라 회사도 뭔가 바뀌어야 하지 않을까? 이에 대해 그는 이렇게 설명했다.

"그렇습니다. 기업도 종업원들이 재미있고 즐겁게 살아갈 수 있도록 재미있고 즐거운 체질을 갖추지 않으면 안 됩니다. 상사부터가 재미있고 즐겁게 일하는 분위기를 만들어야 합니다. 그래서 우리는 교육을 중시합니다. 우리의 교육이나 제안제도의 초점은 어떻게 하면 재미있고 즐겁게 일할 수 있는가를 연구하는 것입니다."

시키는 대로 일하는 사람은 필요 없다

그렇다면 호리바제작소가 구체적으로 다른 회사와 다른 점은 무엇일까? 마사오 최고고문의 장남이자 호리바제작소의 3대 사장인 호리바 아쓰시 사장은 3가지로 요약해 들려줬다.

첫째, 이익보다 사회 공헌을 강조한다는 것이다. 둘째, 종업원을 생산을 위한 재료 중 하나, 즉 '재材'로 보는 것이 아니라 회사의 소중한 재산, 즉 '재財'로 본다는 점이다. 그만큼 인재의 소중함을 강조한다. 셋째, '재미있고 즐겁게'라는 사훈이다.

아쓰시 사장은 인재를 '보이지 않는 자산'이라고 표현하곤 한다. 수치로 나타나지 않는 자산이고, 돈으로 쉽게 살 수 없는 자산인데, 그 자산에 신뢰감을 얼마나 심어주느냐의 차이에 따라 경쟁력에 큰 차이가 나타날 수 있다는 것이다.

그는 특히 사원들의 개성을 최대한 존중하고 살리도록 노력한다고 말했다. "긴타로 사탕(일본 옛날이야기에 나오는 긴타로라는 사람의 얼굴 모양을 본뜬 사탕)은 어디를 잘라도 늘 똑같은 얼굴 모양이 나옵니다. 하지만 우리는 그런 획일화되고 표준화된 사람보다 개성이 있는 인재를 중요하게 생각합니다."

호리바 마사오 최고고문이 2003년에 쓴 《남의 말을 듣지 마라》라는 책에도 이런 이야기가 나온다.

"우리 회사 사람들 중에 내가 시키는 대로 일하는 사람은 거의 없다. 내가 평소에 '회장님, 참으로 멋진 생각입니다!'라고 말하는 사람은 필요 없다고 해서 그런지 사원들은 내 말을 추종하려고 하지 않는다. 나와 같이 일하는 사람은 나와 다른 생각을 갖고 있어야만 존재가치가 있는 법이다. 나와 똑같은 생각을 가지고 있다면 차라리 그 월급을 내게 달라고 말하고 싶다. 비즈니스에서도 인생에서도 그들보다는 내가 훨씬 경험도 풍부하고 설득력도 있기 때문이다."

호리바제작소는 인재를 육성하고 그들이 재미있고 즐겁게 일하면서 개성과 창의를 발휘할 수 있도록 다양한 제도를 운영하고 있다. 예를 들어 이 회사는 '블랙잭'이라는 독특한 이름의 제안제도를 시행하고 있다. 누구나 업무에 관련해 제안할 내용이 있으면 사내 인트라넷에 올린다. 그러면 그 제안에 관심 있는 누구나가 댓글을 올릴 수 있다. 이렇게 자연스럽고 자발적으로 프로젝트 팀이 만들어지고 업무 개선이 추진된다. 말단 사원도 팀장이 될 수 있는 것이다. 매달 지역별로 우수 제안 발표회가 열리고, 연말에는 일본, 북미, 유럽 등 지역별 대표를 모아 세계 대회인 '블랙잭 월드컵'에서 최우수 제안을 뽑는다. 상금은 없고 1등이 검은색 배지를 상으로 받게 된다.

포커 게임의 일종인 블랙잭이란 이름을 붙인 것은, 블랙잭 게임에서 가장 높은 숫자가 21이어서 21세기, 즉 미래를 상징하기 때문이라고 한다. 2009년 11월 12일엔 전 세계 1,400개의 제안 팀 중 8팀이 블랙잭 월드컵에서 경합했는데, 처음으로 외국인 직원(싱가포르법인 직원)이 1등상인 검은 배지를 받았다.

필자가 호리바 아쓰시 사장을 만났을 때, 그는 마침 한 달에 한 번 열리는 블랙잭 제안 발표회에 참석해 5팀의 보고를 10분씩 받고 온 길이라고 했다. 그는 블랙잭 시상에 대해 "상금은 없지만 명예"라며 "명령에 의해서가 아니라 스스로 오너의 마음을 가지고 일하게 하는 제도"라고 설명했다. 지금도 600여 개의 블랙잭 팀이 활동하고 있으며, 이 제도 운영에만 4명의 전담 직원이 배치돼 있다.

호리바제작소는 또한 호텔급 시설을 자랑하는 연수원을 운영하고 있는데, 2009년 2월 경기 침체에도 불구하고 연수원을 크게 증축했다. 수용 인원을 50명에서 120명 규모로 늘린 것이다. 교육 프로그램도 크게 강화해 '호리바대학'이라는 사내 대학을 만들었다. 약 100개의 과목이 있는데, 모두 직원들의 의견을 모아 개설했으며 직원들 스스로가 강사가 된다.

직원들끼리의 친목 도모에도 지원을 아끼지 않는다. 매달 한 번씩은 그 달에 생일을 맞은 사원들이 모두 모여 생일파티를 연다. 마사오 최고고문도 이 행사만큼은 꼭 참석한다. 약 100명 정도가 참여하는 생일파티가 열리면, 신입 사원부터 나이 든 주부 사원까지 모두가 마사오 고문에게 다가와 수다를 떨고 사진을 찍는다. 이 파티는 1955년 회사를 창립했을 때부터의 전통인데, 한 가지 특징은 사원과 임원 이상만 참여가 가능하며, 중간 관리자는 참석할 수 없다는 점이다. 일반 사원이 최고 경영진과 만나 직접 이야기할 수 있는 기회를 주는 것이다.

사장의 명령을 거스른 사원이 사장이 되다

개성과 창의를 강조하는 호리바 마사오 최고고문의 가치관이 더욱 굳어지게 된 결정적인 계기가 된 사건이 하나 있었다. 1964년의 일이다. 호리바제작소는 호흡을 측정해 심폐기능을 조사하는 기계를 제조, 판매하고 있었다. 그런데 때마침 이곳을 견학하러 왔던 통산성 산하 연구기관 직원이 뜻밖의 제안을 했다. 이 기술을 자동차 배기가스 측정에 응용할 수 없겠느냐는 것이었다. 당시 통산성은 자동차 배기가스 문제가 장차 심각해질 것이라고 판단, 대책 마련에 착수했었다.

마사오 최고고문은 이를 거절했다. 심폐기능 측정기는 대학 연구실이나 의료기관 등 청결한 장소에서 쓰일 것을 상정해서 만든 것이었다. 그 소중한 제품으로 하필이면 먼지와 기름 같은 불순물이 섞인 자동차 배기가스를 측정하려고 하니 말도 안 된다고 생각했고, 내심 화까지 났었기 때문이다. 그래서 그 일은 없던 일이 됐다.

그런데 그로부터 얼마 지나서의 일이다. 마사오 최고고문이 공장을 돌아보는데, 한쪽 구석에 심폐기능 측정기를 배기가스 측정기로 개조하는 실험 장비가 놓여 있는 것을 발견했다. 한 사원이 사장이 거절한 연구를 제멋대로 몰래 진행해온 것이다.

마사오 최고고문은 그 사원을 불러 불같이 화를 냈다. "이봐, 내

허락도 없이 이런 일을 시작해서 어쩔 셈이야! 어서 시말서 써!" 그러나 그 사원은 꿈쩍도 하지 않았다. "사장님, 그렇게 화만 내지 마세요. 이것은 적어도 3, 4대는 팔립니다. 도요타, 닛산, 그리고 마쓰다…" 결국 마사오 최고고문도 "좋아, 알았어. 3대야. 그 대신 3대도 안 팔리면 시말서 써"라는 말로 한발 물러설 수밖에 없었다.

그렇게 해서 만들기 시작한 배기가스 측정기는 3대가 아니라 3,000대, 3만 대가 팔렸고, 지금은 회사 전체 매출의 3분의 1 정도를 차지하는 주력 상품이 됐다. 이 제품은 세계시장의 80%를 석권하고 있다. 그리고 그 사원 오우라 마사히로는 훗날 호리바 마사오에 이어 호리바제작소의 2대 사장이 됐다.

사장의 명령을 거스른 사원이 사장이 되는, 호리바제작소의 개방적인 사풍은 조직 관리뿐 아니라 외부 경영에서도 고스란히 드러난다. 마사오 최고고문은 아쓰시 사장이 경영을 맡은 후 "진정한 글로벌 회사로 변화됐다"고 평가했다. 실제로 호리바제작소는 많은 나라에 진출해 공장을 짓기도 하고, 외국 회사를 M&A하기도 했다. 저가 생산 노동력 확보를 위한 M&A가 아니라, 고급 기술 인력을 확보하기 위한 M&A다. 그래서 2009년 기준 5,500명의 종업원 중 2,000명 정도만 일본인이고, 나머지는 모두 외국인이다. 외국인 직원이 약 60%에 이른다. 또 프랑스인 2명과 미국인 1명 등 3명의 외국인을 본사 집행임원으로 발탁했다.

호리바제작소의 M&A 전략은 호리바가 갖지 못한 기술을 가진 회사를 우호적으로 인수한다는 특징이 있다. 그런데 M&A 추진 과정에서 '재미있고 즐겁게'라는 사훈이 도움이 된다고 한다. 아쓰시 사장은 "프랑스 회사를 인수할 때 우리 사훈을 설명하면서, '우리가 갖지 못한 기술을 가졌기에 너희 회사를 인수한다. 그러니 앞으로도 너희는 하고 싶은 일을 재미있게 하면 된다'고 설명하니 잘 이해해줬다"고 전했다.

'재미있고 즐겁게'라는 모토를 공유하고, 이를 실현해낸 호리바제작소. 이 회사의 직원들은 재미있고 즐겁게 일하는 본인을 가리켜 '호리비언 Horibian'이라고 부른다. 원활한 소통이 자발적인 충성을 불러일으킨 것이다.

흐르지 못한 물은 썩기 마련이다

조직 내의 진정한 소통은 위에서 아래로 흐르는 톱다운 Top-down 의 일방적 방식으로는 결코 이룰 수 없다. 진정한 소통은 아래에서 위로, 오른쪽에서 왼쪽으로, 360도 어느 쪽에서든 자유롭게 흐르는 것이다. 기업이 작은 성공에 머무느냐 큰 성공으로 나아가느냐는 그 소통의 방식이 일방향이냐 다방향이냐에 따라 좌우된다.

톱다운 커뮤니케이션은 조직 전체를 톱, 한 사람의 능력 안에 머물게 한다. 그러나 360도 커뮤니케이션은 구성원 모두가 아이디어와 능력을 발휘할 수 있게 함으로써 조직 역량에 한계가 없어진다.

흔히 성공한 창업주는 독단과 오만에 빠지고 톱다운 커뮤니케이션에 익숙해지기 쉽다. 과거의 성공 경험에 의존하려는 경향이 강해 남의 이야기를 잘 듣지 않으려 한다. 이렇게 되면 소통이 막히고 아이디어가 흐르지 않게 돼, 기업이 정체되거나 뒷걸음질 치게 된다. 어디 기업뿐이랴. 일방적으로 자기 의견만 주장하고 남의 이야기를 듣지 않는 사람이 그 고집과 독단 때문에 실패의 나락으로 떨어지는 일을 우리는 숱하게 보아왔다.

톱다운 커뮤니케이션이 얼마나 치명적인 결과를 낳을 수 있는지를 잘 보여주는 사건이 하나 있다. 1997년에 벌어진 대한항공 여객기 괌 추락사건이 그것이다. 말콤 글래드웰은 《아웃라이어》에서 이 사건을 한 장을 할애해 분석했다. 블랙박스 해독을 통해 사고의 원인을 분석한 결과, 원인은 조종실의 권위주의적 문화에 있었다는 것이 그의 주장이다.[19]

한국식 상명하복 문화의 영향으로, 절체절명의 위기 순간에도 부기장과 기관사는 기장에게 악천후에 대한 경고를 정확히 말하지 못하고 예의를 갖추기 위해 돌려 말했다. 이런 '완곡어법' 때문에 기장의 판단 실수를 바로잡지 못했고 결국 참사로 연결됐다는 것이다.

현명한 리더는 의사 결정이 일방적으로 흐를 때, 이를 오히려 위험신호로 보면서 스스로 경계할 줄 안다. 알프레드 슬로언 2세가 GM의 회장으로 있을 때 간부회의석상에서 벌어진 일이다. 그가 "여러분, 이 결정에 대해 우리 의견이 완전히 일치됐다고 봐도 좋겠습니까?"라고 묻자 참석자 전원이 동의했다. 그러자 그는 갑자기 회의를 연기했다.

"이 문제에 대한 논의를 다음 회의까지 연기할 것을 제안합니다. 다른 생각도 좀 해보고, 우리가 내린 결정이 대체 어떤 의미를 지니고 있는지 이해할 시간이 좀더 필요하다고 생각합니다."

슬로언 회장은 의사 결정에서 모든 사람이 동의할 경우, 그만큼 오류에 빠질 가능성이 높다는 점을 경계한 것이다. 그는 올바른 결정은 다양한 관점이나 반대되는 의견이 충돌하는 과정에서 이루어질 가능성이 높다는 사실을 알고 있었다. 그만큼 다양한 가능성이 검토되기 때문이다.

가와시마 기요시 혼다 전 사장은 퇴임의 변으로 다음과 같은 말을 남겼다. 일방적인 의사 결정의 위험성을 경고하는 명언이다.

"최근 2~3년간 내가 말한 사항들이 사내에서 8할이나 통과됐다. 6할이 넘으면 원맨 경영의 폐해가 나타나는 위험신호라고 하는데, 그렇다면 지금 혼다가 위험하다는 얘기가 아닌가? 내가 계속 사장 자리에 있으면 우리 회사는 직선적으로밖에 성장하지 못한다. 그렇기 때문에 나는 퇴임을 결정했다."[20]

직원은 경영자와 의견이 다르면 선뜻 이를 제시하지 못하고 지나가는 경우가 많다. 경영자가 명백히 잘못하고 있다는 것을 알면서도 용기를 내지 못한다. 경영 컨설턴트인 제이슨 제닝스는 "지난 20년간 조사한 수백 명의 관리자 중 70%는 보스의 일이 실패하리라는 것을 알면서도 피드백이나 충고를 하지 않은 것으로 나타났다"고 지적한다.

문제는 그런 직원의 의견이 결정적인 정보가 될 가능성이 높다는 점이다. 직원이 경영자에게 문제를 제기할 정도면 가볍게 하는 말이 결코 아닐 것이기 때문이다. 물이 흐르지 못하면 고여서 썩기 마련이듯, 소통이 원활하지 못한 조직은 결국 문제가 발생하기 마련이다. 이것이 경영자가 직원들이 자유롭게 말할 수 있는 환경과 분위기를 조성해야 하는 이유다. 직원 또한 소신껏 자신의 의견을 개진해야 하는 이유다.

인텔의 '열린 문 정책'

2009년 10월 15일, 세계 증시는 '인텔 효과'에 휩싸였다. 세계 1위 반도체업체 인텔이 금융위기를 딛고 불사조처럼 일어선 것이다. 인텔은 3분기 매출 94억 달러에, 순이익 19억 달러를 기록했다. 지난해 대비 감소율은 각각 -8%, -8.1%로 거의 정상치를 회복한 수준이다. 게다가 인텔은 4분기 매출 전망치를 상향 조정했다.

인텔의 위기 극복이 더욱 빛나는 이유는 시련을 딛고 일어선 것이 이번이 처음이 아니기 때문이다. 41년의 길지 않은 역사 동안 수없이 위기를 거쳤고, 그럴 때마다 인텔은 특유의 적응력으로 생사의 고비를 넘겨왔다. 위기를 돌파하는 인텔의 놀라운 힘은 어디서 나오는 걸까? 위클리비즈는 폴 오텔리니 당시 인텔 최고경영자에게 이메일을 보내, 인텔의 경쟁력을 직접 물었다. 그의 답은 바로 '수평적인 기업문화'였다.[21]

"이 분야 산업은 사람을 편집광으로 만든다. 해마다 제품 성능은 향상되는데, 반대로 가격은 떨어진다. 세대가 지나면서 기술 개발에는 돈이 더욱 많이 든다. 기술 혁신으로 참신한 제품을 내놓지 못하면, 우리 제품은 순식간에 값싼 소모품이 되고 만다. 그럼에도 우리가 기술 혁신을 이뤄낸 것은 특유의 '수평적 문화'로 각종 장애물을 뛰어넘어왔기 때문이다.

우리는 직원들이 평등하게 회사 문제를 토론하는 문화를 심으려고 노력한다. 최고경영자를 포함해 인텔의 모든 직원은 문이 없는 사무공간인 '큐비클 cubicle'에서 근무한다. 모든 상사들이 직원들과의 일대일 면담을 받아주는 '열린 문 정책 open door policy'을 실천한다. 최전선에서 일하는 젊은 기술자들의 새롭고 혁신적인 아이디어를 듣는 것이다. 기술 혁신에 가장 중요한 것은 직원들이 자기 목소리를 낼 수 있다고 느끼는 환경을 조성하는 것이다. 그러한 기술 혁신 없이는 인텔이 존재할 수 없다.

우리는 출발 자체가 벤처기업이다. 창업자인 로버트 노이스와 고든 무어는 처음부터 회사 조직을 '수평'으로 유지하려고 애썼다."

오텔리니 사장은 수평적 문화가 불필요한 대립을 부르거나 의사 결정을 지체시키지 않을까 하는 우려에 대해서도 "논쟁은 바람직한 것"이라는 말로 반박했다. 인텔은 생산적인 논쟁을 '건설적인 대립'이라고 부르며, 신입 사원들이 처음 입사할 때부터 건설적인 대립 과정을 거치도록 한다. 다만 건설적인 대립의 필수 규정 중 하나는 '사람'이 아니라 문제점'을 공격하는 것이다. 그래야만 모든 사람이 이성적으로 문제에 접근할 수 있기 때문이라는 것이 오텔리니 사장의 설명이었다.

또한 인텔은 앤드루 그로브 전 회장 이래 목표 관리제에 따라 운영된다. 전 직원은 매 분기 자신의 목표를 수립하고 달성해야 한다. 그래서 오텔리니 사장은 직원들에게 해야 할 일을 일일이 지시할 필요가 없다고 설명했다.

"최첨단 기술을 만들어내려면 분명 위험을 감수해야 하는 상황이 생긴다. 틀에 박힌 방식으로는 할 수 없다. 나는 '내가 지시한 대로 하라'는 식의 말을 한 적이 전혀 없다. 그런 말은 인텔의 문화와도 맞지 않는다."

창조성을 톱다운식으로 인위적으로 관리하는 것은 불가능하다. 창조성은 대부분 밑에서부터 위로 자연스럽게 올라오는 것이다. 인텔은 창조성의 요체를 잘 알고 있었고, 이를 이루기 위해 수평적인 소통방식을 취했다. 그렇기에 숱한 위기에도 기적적인 회생을 이루어 낸 것이다.

대화와 소통으로 거듭난 포스코의 혁신경영

통을 통해 창을 이룬 또 하나의 기업으로 포스코를 들 수 있다. 포스코는 한국이 낳은 세계적인 기업임에도 다음 단계로의 도약을 위한 유연함과 창의성에서 문제가 있다는 지적이 종종 있어왔다. 그러나 2009년 초 정준양 회장 취임 이후 분위기가 많이 달라졌다. 지휘와 복종의 군대식 문화 대신, 대화와 소통을 바탕으로 한 '창의경영'이 회사 곳곳에 뿌리내리기 시작했다.

당시 위클리비즈는 세계경영연구원이 마련한 '중소기업인을 위한 경영 멘토링 프로그램'에서 정 회장의 강연을 듣고 신문에 지상중계했다.[22] 약 3시간에 걸친 그의 강의를 접하면서 정 회장이야말로 '혼·창·통' 경영을 몸소 실천하는 기업인이라는 생각이 들었다.

정 회장은 "커뮤니케이션의 핵심은 최고경영자의 철학이나 경영 방침이 현장 직원들과 제대로 소통되느냐에 있다"고 강조했다. CEO가 하는 말은 보통 6~7단계를 거쳐 현장에 전달된다. 그런데 각 과정에서 부하 직원이 받아들이는 각도가 5도씩만 벗어나더라도 30도 이상 달라지게 된다. 그는 이 점을 지적하면서 CEO와 현장 사이의 커뮤니케이션 오차가 5% 이내에서 유지되도록 하는 것이 바로 자신이 생각하는 소통이라고 말했다.

그가 내린 소통의 또 다른 정의는 "내 생각을 다른 사람에게 논리적으로 설득하기보다 남의 생각을 어떻게 하면 잘 이해하고 받아들일 것인가를 생각하고 실천하는 것"이다. "어떻게 해서든지 내 생각을 설득력 있게 전달해서 상대방이 따르도록 하는 것을 소통으로 보는 경우가 대부분이지만, 진정한 소통은 반대입니다. 내가 귀를 열어 상대방의 얘기를 받아들일 수 있도록 노력하는 것입니다."

그래서 그는 '구동존이 求同存異(같은 것을 추구하고 이견은 남겨둔다)'라는 말을 자주 한다. 서로 입장이 다른 이야기만 하면 의견 일치를 볼 수 없다. 따라서 대화는 의견이 같은 부분부터 시작하고 의견이 다른 것은 나중에 해결하는 편이 좋다는 것이다. 가령 첫 대화에서는 서로의 공통 분모인 70%에 대해서만 먼저 의견 일치를 보고, 그 다음에 나머지 30%에서 같은 부분을 다시 찾는 식으로 계속 반복하다보면 결국 소통하게 된다는 것이다. 소통의 기본은 '같은 것 찾기'라는 것이 그의 생각이다. 이로써 감정 때문에 소통을 그르치는 일도 막을 수 있다고 한다.

1975년 공채 8기로 입사한 정 회장은 2002년 상무 자리에 오른 뒤 초고속 승진을 거듭했다. 하지만 중간 간부 시절은 그렇지 않았다. 남들이 보통 3~4년이면 승진하는 차장 자리를 7년 만에 얻었다. 또 1999년부터 2003년까지 4년간 EU 사무소에 근무한 것을 빼고는 직장생활 대부분을 생산 현장에서 보냈다. 오랜 기간 현장에서 동료들과 고락을 함께한 이력 때문인지 그는 앞에서 '나를 따르라'는 식으로 이끌기보다 실무자들과 격의 없이 대화하면서 목표를 공유하고 함께 나아가는 리더십을 발휘했다.

소통을 중시하는 정준양식 경영은 포스코의 이른바 '비주얼경영'에도 나타났다. 정 회장 경영 시기에 포스코 직원들은 매일 아침 9시면 실室 또는 그룹별로 이른바 'VP Visual Planning보드' 앞으로 모였다. VP보드는 크게는 회사 목표에서부터 작게는 팀이나 개인 목표를 달성하기 위해 직원 개개인이 처리해야 할 업무를, 연간·분기·월간·주간 단위로 나눠 빼곡히 기록해두고 누구나 볼 수 있게 만든 업무 현황판이다. 모든 업무를 눈에 보이도록 하는 것인데, 일본 도요타에서 배운 것이라고 한다. 그는 VP 프로그램의 취지를 이렇게 설명했다.

"마라톤 선수는 42.195킬로미터를 본인이 원하는 시간 내에 달리기 위해 5킬로미터 단위로 목표를 설정하고 관리한다고 합니다. 구간별로 체크하기 때문에 문제점과 해결책을 쉽게 찾을 수 있는 것이죠. 업무도 마찬가지입니다. 목표와 진행과정이 눈에 보이면 코칭과 피드백을 받을 수 있기 때문에 원하는 결과를 쉽게 얻을 수 있습니다."

VP를 통해 정상적인 업무와 돌발 업무도 구분할 수 있다고 한다. 예를 들어 한 달 동안 직원의 업무 중에 갑자기 발생한 일이 많았다면, 리더가 돌발 지시를 많이 해 업무가 정형화되지 못했다는 문제점을 자연스럽게 보여주게 된다는 것이다.

포항제철소 내 스테인리스 2제강 공장이 잘 운영되고 있다는 소문을 듣고 정 회장이 현장에 가서 공장장에게 비결을 물어본 적이 있다. 답은 간단했다. 혁신의 필요성, 목표와 방향에 대해 직원들과 공감대를 형성한 뒤 일을 전적으로 맡겼다는 것이다.

공장장도 처음엔 결과 관리에만 신경 썼는데 의외로 성과가 안 나왔다. 관리방식을 '시작'에 초점을 맞추고, 직원들에게 명령과 지시를 하기보다 희망과 비전을 보여주고 일을 맡겼더니, 원가가 절감되고 품질도 나아졌다. 나중에는 직원들이 자율적으로 혁신에 앞장서고 목표 달성을 위해 노력하다보니 공장장이 할 일이 없어졌다는 설명이었다.

'리더는 VIP가 되어야 한다'는 정 회장의 철학도 바탕에 소통이 깔려 있다. 그는 리더라면 비전을 제시할 수 있어야 하고, 통찰력과 함께 철학을 갖고 있어야 한다고 주장한다. 다시 말해 10년 후, 20년 후를 내다보고, 경영과 기술 환경이 어떻게 변하며 우리는 어떤 비전과 꿈을 가질 것인가를 설정하는 것이 리더의 역할이라는 것이다.

무엇보다 중요한 것은 리더의 꿈과 비전, 구성원의 꿈과 비전이 일치하도록 하는 것이다. 정 회장은 "리더는 자기희생과 솔선수범을 바탕으로 직원들과 소통하고 결과를 되짚어봐야 한다"고 역설했다.

아랫사람에게 배우는 용기를 가져라

정준양 회장의 말처럼 권한을 아랫사람에게 위임하면 예상 밖의 성과를 거둘 수 있다. 여기서 한걸음 더 나아가, 아랫사람에게도 기꺼이 배울 수 있는 용기를 가진다면 위, 아래가 보다 확실하게 통할 수 있을 것이다. 이런 철학에서 나온 것이 바로 '역逆멘토링'이다. 보통 멘토링 하면 경험 많은 직장 선배가 후배를 가르치는 것을 말하지만, 역 멘토링은 반대로 윗사람이 아랫사람에게 배우는 것을 말한다.

1999년 영국으로 출장을 간 잭 웰치는 우연히 만난 젊은 엔지니어로부터 인터넷의 중요성에 대한 설명을 듣게 된다.[23] 그는 자신이 미처 발견하지 못했던 새로운 세상이 열리는 듯한 느낌을 받았다. 출장을 마치고 본사에 돌아온 그는 500명이 넘는 GE의 고위 중역 모두에게 "각자 젊은 인재들로부터 인터넷을 일대일로 배우라"는 지시를 내린다. 그것도 2주 내로 말이다. 이것이 바로 역 멘토링의 공식적인 출발점이다.

멘토링은 상사와 직원 사이에만 필요한 것이 아니다. 세대를 이해하고 소비자를 이해하기 위해서는 세대 간의 역 멘토링, 기업과 소비자의 역 멘토링이 필요하다. 특히 디지털 기술이 급격히 진보하는 요즘 시대에 이른바 'N세대'나 '디지털 원주민Digital Native'의 문화를 이해하기 위해서는 그들로부터 배우지 않으면 안 된다. 그들은 전혀 새로운 문화의 설계자들이기 때문이다.

디지털 구루 돈 탭스콧에 따르면, 1977~1997년 사이에 태어난 N세대와 그 부모세대인 베이비붐세대 사이에는 뚜렷한 차이가 관찰된다.[24] 그는 두 세대 간의 차이를 '디지털 이민자 Digital Immigrant'와 '디지털 원주민'이라는 비유를 통해 설명한다. 이민사회를 보면 1세대와 2세대가 현지 언어 습득 능력의 차이에서 뚜렷한 경계선이 생긴다. 마찬가지로 디지털이라는 신대륙에 뒤늦게 발을 디딘 이민 1세대, 즉 베이비붐세대와 태어날 때부터 디지털 신대륙을 무대로 자란 이민 2세대, 즉 N세대 사이에서 경계선이 뚜렷하게 관찰된다는 것이다.

두 세대를 갈라놓는 핵심요소는 디지털 기술이다. N세대는 어릴 때부터 젓가락보다 컴퓨터 마우스와 휴대전화를 먼저 손에 쥐고, 인쇄 매체보다 디지털 매체를 먼저 접하면서 자란다. 그들은 생래적으로 인터넷 공간에서 정보를 나누고 협업하고 국경을 넘나든다. 반면, 베이비붐세대는 인터넷으로 이메일을 주고받고 아이폰을 사용하지만, 가슴이 아니라 머리로 받아들인 세대라는 한계를 넘지 못한다. 인터넷의 경우도 뉴스 읽기 등 소비에만 활용할 뿐, 공동 창작 등 협업 도구로서는 활용하지 못한다.

우리가 N세대에게 배워야 하는 중요한 이유는, 돈 탭스콧의 표현처럼 그들이 "인류의 역사를 통틀어 가장 똑똑한 세대"이기 때문이다.

"두뇌 발달에 가장 중요한 시기는 0~3세와 함께 8~18세다. 그런데 이 시기에 N세대는 새로운 기술을 계속 접하고, 멀티태스킹과 협업에 익숙해짐으로써 전통적인 두뇌의 한계를 넘어 인류 역사상 가장 똑똑한 세대가 됐다."

탭스콧은 'N세대가 게임기와 아이폰에 빠져 있고 사고 능력이 떨어진다'는 식의 편견은 현실을 극도로 왜곡하는 것이라고 주장한다. 단적인 예로 N세대는 지능 면에서도 구세대를 압도하고 있다는 것이다. 그가 인터뷰에서 보여준 그래프에 따르면, N세대가 처음으로 관련 통계에 포함된 1994년 이후 미국 SAT의 수학과 독해 점수가 뚜렷이 올라가는 모습이 관찰된다.

탭스콧은 N세대의 특징을 8가지로 요약했는데, 예를 들어 '선택의 자유를 최고의 가치로 여기고, 협업에 익숙하며, 사실 여부를 늘 검증하려고 하며, 재미와 스피드를 추구한다' 등이 있다. 특히 N세대의 가장 큰 특징이 선택의 자유와 협업을 중시하고 일방향 커뮤니케이션을 혐오한다는 점은, 오늘날 조직 내의 커뮤니케이션 문화를 개선하는 데 매우 중요한 시사점을 준다. 이에 대해 탭스콧은 이렇게 설명한다.

"나는 어린 시절에 부모, 교사, 교회 등으로부터 일방적으로 메시지를 전달받으면서 자랐다. 그런데 이제 그런 위계적 모델이 협업 모델로 바뀌었다. 협업 모델은 비용이 적게 들고, 사람들을 참여하게 만들면서 충성도를 높인다. 정치에서도 N세대는 더 이상 수동적이지 않고, 적극적으로 참여하면서 기존 민주주의를 바꿔놓고 있다. 협업의 가치는 모든 문화를 초월한다."

N세대는 컴퓨터 게임으로 전략을 익히고, 나아가 문제해결력을 갖춘다. 또 음악을 좋아하는 N세대는 온라인에서 국경을 넘어 다양한 친구들과 협업하면서 작품을 만들고, 인터넷 세계의 다른 친구로부터 평가를 받는다. 위키피디아에 수시로 접속해 자신의 지식을 무상으로 기부하기도 한다. 결국 N세대는 학교에서 주입식으로 지식을 얻는 것이 아니라 협업을 통해 배우는 것이다.

N세대의 또 다른 공통점은 '선택의 자유'를 최고 가치로 여긴다는 점이다. 대학을 졸업하고 직장을 갖는 순차적인 삶을 거부하고, 일하고 싶을 때 일하고 놀고 싶을 땐 언제든 사표를 던진다. 결국 기업들이 N세대 인재를 뽑고 유지하기가 날로 힘들어질 것이다. 그럼 그들을 붙잡는 방법은? 탭스콧이 제시한 새 모델은 '관계'와 '소통', 그리고 '개방'이다.

"기업은 지금이라도 N세대와 관계 맺기를 시작해야 하고, N세대들이 기업 활동에 참여하는 장을 마련해줘야 한다. 무엇보다 기업 시스템을 협업 시스템으로 만드는 것이 중요하다. 기업 내부의 인재에만 의존하지 말고, 기업 외부의 인재를 활용하는 방안을 찾으라. 기존 인력 관리 모델은 모집과 교육, 훈련 등을 중심으로 짜여 있는데, 이런 낡은 모델로는 한 직장에 오래 머무르기를 원하지 않는 N세대 인재를 뽑아서 보유하기 어려울 것이다."

요즘 기업에서 토로하는 고충 중 하나는 젊은 직원들과의 불통이다. 사고방식, 가치관, 생활방식이 이전까지와는 전혀 다른 새로운 세대의 출현에 당황하고 있는 것이다. 그들과 함께 일하기 위해서는 그들을 이해하고 그들과 소통하는 방법밖에 없다. 그들을 밀어내기보단 그들에게 배워야 할 점을 찾아야 한다. 그것이 조직을 소통으로 이끄는 길이다.

통을 가로막는 최대의 적, 사일로
데이비드 아커 캘리포니아주립대 하스경영대학원 교수의 '사일로 타파하기'

통의 중요성은 알지만 막상 통을 실천하는 데는 수많은 난관이 존재한다. 많은 경우에 소통의 문제는 두 사람 사이에 생긴다. 부부간, 친구간, 형제간 이렇게 말이다. 단 두 사람인데도 왜 그렇게 통하기가 어려운지…. 이처럼 두 사람 간의 소통도 어려운데 수천, 수만 명으로 이뤄진 조직, 나아가 지역공동체나 국가의 소통은 말할 필요도 없다.

조직의 소통을 막는 최대의 적 중 하나는 '사일로 Silo'다. 사일로란 원래 '곡식과 목초를 쌓아두는 굴뚝 모양의 창고'를 뜻한다. 경영학에서는 '회사 안에 성이나 담을 쌓은 채 다른 부서와 소통하지 않고 스스로의 이익만 좇으면서 따로 놀아 폐해를 끼치는 부서나 부문' 쯤을 비유한다. '조직 내의 부서간 장벽'이나 '부서 이기주의'와 맥이 닿는 용어다.

'브랜드 자산'의 개념을 창안한 마케팅 거장 데이비드 아커 캘리포니아주립대 하스경영대학원 교수는 사일로의 타파, 혹은 사일로의 통합이 경영과 마케팅의 성패를 가르는 승부처로 떠올랐다고 설명한다.

그는 저서 《스패닝 사일로》를 통해 "자율적으로 활개치는 사일로를 놔두고는 더 이상 조직의 발전 가능성은 없다"고 잘라 말한다.[25]

그에 따르면, 어느 나라 어느 기업이나 다 사일로들의 결합이다. 사일로들이 매우 독립적으로 활개치고 서로를 경쟁자라고 생각할 경우 많은 문제를 만들어낸다. 사일로는 당장 눈에 보이는 사고를 치는 것은 아니다. 서서히 조직의 에너지를 분산시켜 병들게 한다. 그래서 더 무섭다.

앞서 '창'의 장에서 성우를 죽여야만 큰 생각, 즉 창이 가능하다고 강조했던 번트 슈미트 교수는 큰 생각을 방해하는 가장 큰 요소로 '편협한 생각'을 꼽았다. 바로 사일로다. 그는 MBA 교육도 사일로에 갇혀 있다고 말한다.

"대부분의 경영대학에서는 창의성과 큰 생각을 전혀 가르치지 못하고 있습니다. 교수들은 각자 회계, 마케팅, 재무를 개별적으로 가르치고 있을 뿐이지요. 그래서 학생들은 전문적인 지식은 많이 쌓을 수 있지만 모든 분야를 아우르는 코스를 밟을 수 없습니다. 또 강의자료가 수십 년 전에 쓰인 것이라 현재 실무에서 사용할 수 없는데도 학생들은 의문을 달지 않지요. 어떻게 보면 경영대학이란 곳이 기업과 비슷하게 부서 간 장벽과 이기주의에 길들여진 편협한 생각을 가진 학생을 배출하는 성향이 많았어요."

그렇다면 사일로는 어떻게 타파할 수 있을까? 사일로를 부수기 위해서는 의도적인 노력을 기울이지 않으면 안 된다. 세계적인 농업 생명공학기업인 몬산토는 약 10년 전 화학기업에서 바이오기업으로 변신에 성공한, 대표적인 혁신 기업 중 하나였다. 이 회사의 전 CEO 휴 그랜트는 당시 혁신에 성공한 비결로 '벽이 없는 기업문화'를 꼽으며 이렇게 말했다.[26]

"바이오기업으로 방향을 전환한 즈음부터 우리가 일하는 방법이 많이 바뀌었습니다. 무엇보다 연구 인력과 경영 관리 파트의 직원들이 함께 모여 일을 하기 시작했어요. 많은 기술 중심 회사들은 연구 인력과 경영 인력이 따로 근무하고, 별로 교류하지 않습니다. 그리고 위계 서열이 뚜렷하죠(경영 관리 인력이 주도권을 잡는다는 의미). 하지만 우리는 그렇지 않아요. 두 분야 인력이 동등한 자격을 갖습니다. 그 결과 대화가 빈번하게 일어납니다.

우리 회사는 많은 의사 결정이 팀 단위로 내려집니다. 지금 이 회의실에 6개의 의자가 있죠? 이것은 대부분의 결정이 5, 6명이 모인 가운데 내려지기 때문입니다. 생명공학 전문가, 경영 관리담당자, 규제 담당자, 마케팅담당자, 변호사 등이죠. 앞으론 이런 협력이 더욱더 많이 일어날 겁니다. 2만 2,000여 명의 직원 중에 절반 정도가 입사 3년 이하의 젊은 직원들인데, 이들은 이과 전공인 경우가 많고 격식을 따지지 않으며 협력하는 문화에 익숙합니다."

즉, 사일로를 부수기 위해서는 서로가 마음을 열고 상대를 인정하고 상대의 말을 경청하는 자세가 필요하다는 것이다.

금융위기의 원인도 사일로

경제학이 비판의 도마 위에 올랐다. 100년 만의 경제위기를 예측하지 못한 경제학, 보다 구체적으로 말해 거시경제학은 '쓸모없는 학문', 심지어는 '해를 끼치는 학문'으로 손가락질 받기에 이르렀다. 그동안 노벨상을 받은 기라성 같은 경제학자들을 비롯해, 내로라하는 그 많은 경제학자들 중에서 아무도 금융 공황을 예상하지 못했고, 일단 위기가 터지고 난 후에는 제각기 다른 해법을 내놓았다.

왜 이렇게 됐을까? 이는 경제학이 직업적인 '사일로'에 갇혀 생각의 개방성을 잃어버렸기 때문이다. 경제학자 중에서 시장 전체가 유동성을 상실하는 상황이나 모든 종류의 자산이 동시에 폭락하는 상황을 예견한 사람은 거의 없었다. 이는 '효율적 시장 가설'이나 '포트폴리오 선택 이론' 등 이론의 정교함에 도취돼 현실감각을 잃어버린 데도 기인한다. 인접 학문들이 저마다 사일로에 갇혀 서로 소통을 하지 못한 점도 일조했다.

국내 최고 금융석학 중 한 사람인 박영철 고려대 교수는 "지난 20여 년 동안 경제학자들은 금융을 모르고, 재무 이론가들은 거시경제를 등한시하는 과정에서 실물과 금융 간의 연관관계는 하나의 블랙홀로 남아 있다가 금융위기가 터졌다"고 설명한다.[27]

박 교수의 설명에 따르면, 거시경제학은 심지어 '통화의 역할'마저 도외시할 정도로 실물경제 위주의 경기 변동 이론이 주류를 이루어왔다. 그들은 금융이라는 경제의 중요한 배관 하나를 무시했고, 결국 거기에서 장차 어떤 재난이 싹틀지에 대해서도 감을 잡을 수 없었다. 반면, 금융경제학 혹은 재무이론은 금융시장과 금융기관의 행태에 집중하면서 거시경제와는 유리된 상태에서 발전해왔다. 그들은 경영대학의 주된 분야로 발전하면서 유명한 재무 이론가들이 노벨경제학상을 받을 정도로 각광을 받았고, 경제학은 이를 경원시하기도 했다.

금융계 내부에도 크고 작은 갈등이 있었다. 그중엔 치명적인 갈등도 있었다. 도널드 맥킨지 영국 에딘버러대 교수는 〈파이낸셜타임즈〉 기고를 통해, 이번 금융위기의 근저에는 금융계 내부의 문화간 갈등이 있다고 주장했다.[28] 그는 지난 10년간 많은 금융 전문가들을 인터뷰했는데, 분야마다 서로 다른 문화를 갖고 있음을 발견했다.

다소 전문적인 이야기이긴 하지만, 맥킨지 교수는 2008~2009년 금융위기의 원인 중 하나로 두 파생상품 전문가 그룹 간의 소통의 부재를 꼽았다. 자산유동화증권 ABS(Asset Backed Securities) 전문가 그룹과 부채담보부증권 CDO(Collateralized Debt Obligations) 전문가 그룹이 그것이다.

그의 주장을 요약하면 이렇다. 2008~2009년의 금융위기에서 이른바 '독성자산 toxic asset'으로 가장 악명을 떨친 것 중 하나가 'ABS CDO'다. 즉, 자산유동화증권들을 재료로 만들어진 부채담보부증권이다. 쉽게 말해 여러 개의 주택담보 대출이 모여 ABS가 되고, 이 ABS들을 다시 여럿 모은 뒤 신용도에 따라 크게 셋으로 쪼개어 파는 것이 ABS CDO다. 러시아 인형의 한 겹을 벗기면 그 안에 또 인형이 있는 것처럼, 여러 개의 모기지를 이리저리 묶고 나누어 재포장한 금융상품이다.

ABS CDO는 2008년 10월 2,900억 달러로 불어났다. 그런데 서브프라임모기지 사태가 터지면서 이 러시아 인형의 가장 안쪽에 있던 핵심, 즉 모기지가 부실화됐다. 이로 인해 결국 ABS CDO 전체가 부실화되면서 금융위기의 주범이 돼버린다.

왜 ABS CDO가 화약고로 변하고 말았는가? 맥킨지 교수는 금융계의 ABS 전문가와 CDO 전문가들 사이에 문화가 달랐고, 서로 소통이 안 됐기 때문이라고 설명한다.

ABS 전문가들이 모기지를 모아 모기지담보부 ABS를 만들면,

CDO 전문가들은 그 ABS들을 모아 ABS CDO를 만든다. ABS 전문가가 소매상이라면, CDO 전문가는 도매상에 비유할 수 있는 셈이다. 소매상인 ABS는 따라서 주택담보 대출시장과 주택시장 상황에 보다 정통하다.

상당수 ABS 전문가들은 주택담보 대출의 질이 날로 떨어지고 있고(다시 말해 주택담보 대출을 못 갚는 연체자가 늘어나고 있었다는 것), 따라서 ABS도 위험해지고 있음을 느끼고 있었다.

그러나 그들의 우려는 CDO 전문가들에게는 전달되지 않았다. CDO 전문가의 일은 ABS들을 모아서 CDO를 만드는 것이었다. ABS의 전 단계인 모기지가 어찌 돌아가는지에는 별 관심을 두지 않았다.

또한 CDO 전문가들은 수학과 통계학의 귀재들이었다. 그들의 기본 가정은 간단하게 설명하면 이랬다. CDO를 만드는 원료들, 즉 개별 ABS들이 위험해도 그것을 모으면 문제가 줄어든다. CDO를 구성하는 ABS들이 한꺼번에 문제가 되는 확률은 매우 적으니까. 20개의 동전을 던졌는데 모두 뒷면이 나오는 것이 매우 예외적인 것처럼 말이다. 그러나 금융위기가 터지면서 그들의 이런 기본 가정은 사상누각이었음이 드러났다. 20개의 동전을 던져 모두 뒷면이 나오는 사태가 현실로 나타난 것이다.

그런 마인드셋을 가진 CDO 전문가들이기에 ABS 전문가들의 우려가 전달되지 않은 것이다. 그들은 단지 물건 ABS CDO을 만들어내기 위한 재료 ABS를 원했던 것이다. 그래야 수수료를 벌 수 있으니까. CDO 전문가들은 심지어 ABS 전문가들을 수학을 잘 모르는 부류로 얕잡아 봤다. 그러나 ABS 전문가들 역시 물건 ABS을 만들어 팔면 그뿐이라고 생각해 위험을 방조한 책임이 있다고 할 것이다.

사일로의 문제, 소통의 실패가 얼마나 치명적인 결과를 낳을 수 있는지 보여주는 좋은 사례다.

세계의 공장을 지휘하는 글로벌 객주, 리앤펑

미래학자 다니엘 핑크는 융·복합 convergence으로 대변되는 새 시대의 법칙을 3가지로 요약했다. '① 창조는 충돌을 필요로 한다 ② 열림이 닫힘을 이긴다 ③ 목적이 이윤에 앞선다'가 그것. 이 중 '열림이 닫힘을 이긴다'는 우리가 왜 사일로를 부수지 않으면 안 되는가를 잘 설명해준다.

열림이 닫힘을 어떻게 이길 수 있는지, 살아 있는 사례가 될 기업을 방문할 기회가 있었다.[29] 홍콩에 있는 리앤펑 Li&Fung이란 회사가 그것이다. 의류와 장난감, 액세서리 등 소비재를 생산하고 수출하는 회사로, 2008년 기준 매출은 한화로 19조 원이 조금 넘는다.

여기까지는 그리 놀랄 만한 이야기가 아닐지도 모른다. 삼성전자 매출의 4분의 1 정도이니 말이다. 그러나 2008년 〈비즈니스위크〉는 이 회사를 '세계에서 가장 영향력 있는 회사 29개' 중 하나로 선정했고, 〈포브스〉는 '아시아에서 가장 놀랄 만한 50개의 기업' 중 하나로 꼽았다.

리앤펑이 주목을 받았던 이유는 바로 독특한 비즈니스 모델에 있다. 이 회사는 단 하나의 공장도 소유하고 있지 않으며, 단 한 명의 재봉사도 고용하지 않는다. 그러면서 매년 20억 벌 이상의 의류를 생산했다.

방법은? 예를 들어 미국의 어느 의류회사가 이 회사에 남자 반바지 30만 벌을 주문했다고 하자. 그러면 이 회사는 단추는 중국, 지퍼는 일본, 실은 파키스탄에 주문한다. 파키스탄에서 받은 실은 중국에 보내 직물로 짜서 염색하게 한다. 꿰매는 일은 방글라데시의 공장에 맡긴다. 고객이 빠른 배달을 원하기 때문에 3개의 공장에서 나누어 작업한다. 리앤펑은 이런 방식으로 전 세계 40개국에 퍼져 있는 3만 개의 공급업자(공장)와 200만 명 이상의 공급업체 직원들을 움직인다. 이 회사가 직접 월급을 주는 종업원은 그 1%도 안 된다.

이 회사의 모토는 이렇다. "원하는 것이 무엇이든 말씀만 하십시오. 그러면 당신에게 맞는 '가상의 공장'을 만들어드리겠습니다. 3만 개의 공급업자로 이루어진 네트워크가 중국 시안의 진시황 무덤을 지키는 적갈색 군인들처럼 준비돼 있습니다."

2009년 홍콩 리앤펑 본사의 쇼룸을 방문했는데 마치 작은 백화점 같았다. 코카콜라와 디즈니부터 토이저러스 Toys-R-Us, 막스앤스펜서 Marks&Spencer에 이르기까지, 세계적 기업들의 브랜드를 단 옷이며 장난감이며 액세서리들이 전시돼 있었다. 모두 리앤펑의 고객 기업들이다. 이 회사가 관리하는 브랜드만 900개가 넘는다.

경영계에서는 이 회사가 하는 일을 일컬어 '공급사슬 관리 SCM(Supply Chain Management) 서비스'라고 표현한다. 제조 원가가 싼 공장을 찾는 것은 이 회사가 하는 일의 일부에 불과하다. 디자인, 원자재 조달, 제조 관리, 운송, 통관에 이르기까지 고객사가 원하는 모든 일을 대행한다.

리앤펑의 빅터 펑 회장은 이 시대에 개방성의 중요성을 아주 잘 인식하고 있었다. 그는 누구에게나 열려 있고, 저마다 재능을 최대한 발휘하도록 하고, 그들을 모아서 조화를 이루게 한다는 철학을 갖고 있다. 그 철학이 곧 자신의 비즈니스 모델이 됐다. 그는 자신을 오케스트라의 지휘자에 비유한다.

"오늘날 경쟁이란 기업 대 기업이 아니라 팀 대 팀, 즉 하나의 공급사슬과 다른 공급사슬 간의 경쟁을 의미합니다. 이때 중요한 것은 지휘자의 역할입니다. 오케스트라 지휘자가 재능 있는 음악가들을 이끌어가는 것처럼, 공급업자의 네트워크를 설계하고 이끌어가는 강한 키잡이가 필요합니다."

한국의 경영자들이 이 회사로부터 배울 점은 크게 2가지일 것이란 생각이 들었다. 첫째, 제조업체들의 경우 중국이나 동남아시아 기업의 거센 도전을 받고 있어 새로운 생존 논리가 필요하다. 공장을 소유하지 않더라도 공급사슬 관리를 통해 부가가치를 창조하는 리앤펑 식 기업 운영은 하나의 대안이 될 수 있을 것이다. 둘째, 우리 대기업들도 많은 협력업체를 두고 있지만, 종종 강압적이라는 비판을 받는다. 그런 기업들은 협력업체 관리를 업의 요체로 삼는 리앤펑의 철학과 노하우에서 배울 점이 있을 것이다. 빅터 펑 회장은 자신들의 협력업체 관리방식은 도요타와 크게 비교된다고 설명한다.

"도요타에선 협력기업의 모든 것이 매우 엄격하게 통제되지요. 반면 우리의 방식은 '느슨한 연계 loose coupling'로 묘사할 수 있습니다. 예를 들어 어느 공급업체가 우리와 파트너가 됐을 때 우리는 그 업체가 우리를 위해서만 독점적으로 일하기를 원하지는 않습니다. 우리는 그 업체의 100%가 아니라 30~70%만 원합니다. 물론 30% 이상은 되어야 중요한 파트너가 될 수 있겠죠. 그러나 그렇다고 해서 100%를 원하지는 않습니다."

그 이유를 묻자 그는 "공급업체가 우리 말고 다른 사람하고도 일해야 새 아이디어가 생기고, 새로운 것을 배울 수 있기 때문"이라고 설명했다. "그래야 우리의 공급사슬도 살아 숨 쉬게 되죠. 늘 배우고 늘 변화하면서 말입니다. 우리의 공급사슬은 종종 새로운 멤버를 넣고 팀원이 뀌기도 합니다. 팀이 폐쇄된 조직이 되어서는 안 됩니다. 그런 면에서 우리는 안정적이고 장기적인 파트너십을 추구하지만 다른 한편으로 느슨한 네트워크이기도 합니다."

그에 따르면, 기업이 공급사슬을 편성할 때 가장 중요한 것은 2가지다. 첫째, 전체 공급사슬의 개념적인 틀을 잡고 시스템을 만드는 것이다. 그리고 팀원 모두가 박자를 맞추어 가도록 지휘해야 한다. 두 번째 포인트는 공급사슬이 글로벌해지는 만큼 여러 국적의 사람들을 다루고 함께 일하는 데 익숙해져야 한다는 것이다.

그는 공급사슬을 편성할 때 피해야 할 점으로는 "공급사슬에 적대적인 관계가 나타나는 것"이라고 강조했다. 공급사슬에서 힘 있는 이가 자신의 이익만을 취하려 할 경우 이런 일이 생기게 되는데, 이런 적대관계는 공급업자의 창의성을 꺾고 유연성을 떨어뜨리는 등 여러 가지 방식으로 공급사슬 전체의 효율성을 떨어뜨려 모두에게 손해가 된다는 것이다.

빅터 펑 회장이 지향하는 조직문화는 '크지만 작은 기업'이다. 그는 평평하고 변화무쌍한 세상에서 살아남기 위해서는 기업이 유연한 조직이 돼야 한다고 강조한다.

"리앤펑이 가장 중요시하는 가치가 바로 기업가정신입니다. 우리는 이것을 위해 조직에 작은 사업 단위들을 만들어 각기 자율적으로 움직이게 합니다. 저는 이들을 '작은 존 웨인들 Little John Waynes'이라고 부릅니다.

서부 영화를 보면 존 웨인이 대열 앞에 서서 큰 소리로 명령을 내리고 나쁜 녀석들에게 총을 쏘죠. 우리의 사업 단위들도 그렇습니다. 각기 30~50명 정도로 구성돼 있는데, 리더, 즉 작은 존 웨인들이 조직을 움직입니다. 우리는 300개의 사업 단위를 갖고 있습니다. 그들은 마치 자신의 사업을 하는 것처럼 일합니다. 월급쟁이가 아니라 말입니다. 존 웨인이 되면 무엇을 얼마에 팔지, 이윤 중에서 얼마를 보너스로 가져갈지 모든 게 자유입니다."

빅터 펑의 철학은 협력업체와의 관계는 물론, 조직 내부에서 조직원의 개성과 창의를 최대화하는 방법, 조직 내부의 부서 간에 사일로를 부수고 협력하는 방법에도 두루 통용될 수 있을 것이다. 저마다의 개성과 재능을 중시하고 자유재량을 부여함으로써 창의를 발휘하게 하고 늘 팀플레이와 공생을 생각하는, 그야말로 '경영 3.0'의 모델을 보는 것 같았다.

한 사람의 행복이 곧 모두의 행복
짐 굿나잇 SAS 인스티튜트 회장의 직원만족경영

사람들은 일생에서 가장 중요한 시간을 기업이나 조직에 바친다. 나이로 보면 보통 20세 전후부터 50~60세까지, 30~40년의 시간이다. 이 기간 중에 회사는 말하자면 그 사람의 인생을 독점하는 것과 마찬가지다. 하루 24시간을 놓고 봐도 마찬가지다. 아침 일찍부터 저녁까지 24시간 중에서 가장 가치 있는 시간대를 회사가 독점한다.

그렇게 중요하고도 긴 시간을 바치는 곳인데도, 많은 사람이 코가 꿰인 소처럼 마지못해 회사로 무거운 발걸음을 옮긴다. 개인은 물론, 회사에도 지극히 불행한 일이 아닐 수 없다.

통의 궁극적인 목표는 그런 불행한 상황에서 벗어나 직원 한 사람 한 사람이 회사에 오면 정말로 즐겁고, 다음 날 빨리 출근하고 싶어지는 조직을 만드는 데 있다. 유토피아에서나 가능한 일이라고 고개를 저을 사람도 많을 것이다. 물론 쉬운 일은 아니다. 그러나 직원을 존중하고, 개성과 창의를 인정하며, 상하좌우 소통이 원활한 조직을 만든다면 불가능한 일도 아니다.

SAS 인스티튜트란 회사도 그런 회사 중 하나다. 일반인들에게는 생소한 이름이겠지만, '비즈니스 정보 분석 소프트웨어' 분야에서 세계 1위 회사다. 대학에서 사회과학이나 통계학, 공학을 전공했다면 이 회사가 만드는 SAS라는 통계 처리 프로그램을 써본 사람이 많을 것이다.

그러나 정작 이 회사가 유명한 이유는 따로 있다. 상상을 뛰어넘는 사원 복지 덕분에 2010년 13년째 〈포춘〉 선정, '가장 일하기 좋은 100대 기업'에 포함됐고, 1위에도 올랐다. 1998년 구글을 창업한 세르게이 브린과 래리 페이지가 '지식 근로자'들을 어떻게 대우해야 하나를 고민하다가 답을 얻은 곳도 바로 SAS 인스티튜트였다. 2003년 미국 CBS의 유명 시사 프로그램 〈60분 60Minutes〉은 SAS 인스티튜트를 가리켜, "직원을 왕처럼 대접하는 회사"라고 표현하기도 했다.

도대체 어떤 회사기에? 2009년 위클리비즈는 그 궁금증을 풀기 위해 미국 노스캐롤라이나주 캐리로 날아갔다.[30] 회사는 110만 평에 이르는 숲속에 있었다. 아침저녁으로 사슴과 코요테가 나타난다고 한다.

이 회사는 과연 감탄사가 나올 만큼 직원 복리후생제도가 타의 추종을 불허했다. 4,240명이 근무한다는 이른바 '캠퍼스(이 회사는 사옥을 이런 명칭으로 부른다)'엔 워킹맘을 위한 유아원이 두 곳이나 있어서 최대 500명의 아이를 돌볼 수 있다. 그래서 점심때 엄마와 아이가 함께 식사한다. 4명의 의사와 20여 명의 간호사가 상주하는 병원도 있다. 신입 사원을 포함해 전 직원이 따로 구획된 개인 사무실을 쓴다. 식당에선 직원들이 라이브 피아노 연주를 들으며 식사한다. 체육시설로는 수영장과 농구 코트, 라켓볼 코트가 있고, 편의시설로는 마사지실과 미용실, 보석 세공실이 있다.

더 감동적인 것은 인사 시스템이다. SAS 인스티튜트엔 야근과 잔업, 그리고 해고와 정년이 없다. 근무시간은 주당 35시간. 회사는 직원들의 '정시 퇴근'을 보장하기 위해 오후 5시 이후엔 전화를 자동응답기로 전환한다. 정년이 없어 60세가 넘은 직원들이 적지 않다.

또한 '일과 삶의 균형 프로그램'이란 제도가 있어 직원들이 자질구레한 집안일에 신경을 쓰지 않고 회사 일에 전념할 수 있다. 예를 들어 회사에서 '세금 세미나'나 '신생아 출산 세미나' '노인 가족 돌보기 세미나'를 개최해 직원들의 평소 고민거리를 해결해준다.

어떻게 이런 회사가 만들어졌을까? 그리고 이런 회사가 어떻게 제대로 굴러갈 수 있을까? 꼬리를 무는 의문에 대해 짐 굿나잇 창업자 겸 회장은 이렇게 설명했다.

"나는 '직원을 위한 기업환경'이 SAS 인스티튜트의 이익과 성장에 기여하고 있다고 확신합니다. 좋은 복지 프로그램을 제공하면 직원들 스스로 회사를 다니는 일에 가치를 느끼고 만족해하기 때문이에요. 회사가 직원을 만족시키면 직원들은 좋은 제품을 개발해 외부 소비자를 만족시킵니다. 그래서 소비자의 제품 구매가 늘어나면서 회사가 성장하는 선순환을 이루게 되죠.

고객을 행복하게 하려면 고객과 만나는 SAS 인스티튜트의 직원들이 행복해야 합니다. 내가 사내 복지 시스템을 통해 직원들의 행복을 강조하는 것도 사실은 고객의 행복, 나아가 우리 회사의 성장과 직결되기 때문이지요."

그는 회사를 이렇게 특별한 방식으로 경영하게 된 데는 계기가 있었다고 했다. 창업 당시 그는 아이 둘을 키우고 있었다. 공동 창업자들도 아이들과 가족이 있었다. 그들 모두는 아이들이 부모를 필요로 할 때 충분한 시간을 함께해주어야 할 필요성을 느꼈다.

"아이가 아플 때 병원에 데려간다든가, 아이가 학교에서 하는 첫 연극이나 첫 축구경기에 부모가 가보는 것은 꼭 필요한 일 아닌가요? 9시부터 5시까지 직장에서 일하는 시간이라고 해서 이를 가족들과 함께할 수 없는 시간으로만 여겨선 안 된다고 생각했습니다. 그 시간에 회사에서 일을 한다고 대단한 제품을 개발할 수 있다고는 생각하지 않았어요. 그래서 회사 설립 초기부터 가족을 등한시하는 일이 없도록 '일과 삶의 균형'을 중시하게 됐습니다.

제가 1966년 GE에서 1년간 일한 적이 있었는데, 근무 규율이 너무 엄격해 이직률이 50%가 넘었어요. 그때 '회사를 이렇게 운영하면 문제가 있겠다'는 생각을 갖게 됐습니다."

지나친 사원 복지가 비효율과 실적 악화로 이어질 수 있지 않을까 걱정한다면 기우다. SAS 인스티튜트는 1976년 창업 이래 33년간 단 한 번의 적자도 없이 연평균 8.8%의 높은 성장률을 기록했다. 2008년 매출은 22억 6,000만 달러(약 2조 6,170억 원)였다. 차입금은 제로다. 더욱이 SAS의 이직률은 4%로 IT업계 평균 이직률 20%에 비해 크게 낮은 편이다.

제프리 페퍼 교수는 저서 《숨겨진 힘》에서 낮은 이직률로 막대한 비용 절감 효과를 보는 대표적인 회사로 SAS 인스티튜트를 꼽았다.[31] 그는 "기업이 직원 한 사람을 채용하는 데 드는 비용은 연봉의 1~2배에 이른다. SAS 인스티튜트는 이직률이 낮은 덕에 해마다 1억 달러 이상의 직원 채용 비용을 절약하는 셈"이라고 분석했다.

굿나잇 회장은 평소 직원들에게 휴식을 강조하고, 밤늦게 남아 일하지 말 것을 강조한다. 대부분의 경영자와 생각이 정반대다. 이유인즉, 이렇다.

"나 자신이 프로그래머 출신입니다. 한 번은 늦은 밤까지 남아서 컴퓨터 프로그램을 만든 적이 있는데, 다음 날 아침에 내가 만든 프로그램을 다시 보니 형편없다는 것을 깨달았어요. 그 후부터 야근은 비효율적이라고 생각하게 됐지요. 오랫동안 사무실에 남아서 무엇인가를 입증해야 한다고 생각하는 사람들은 아마도 낮 시간에는 비생산적일 것입니다. 나는 직원들이 9시부터 5시까지 근무시간 중에 열심히 일하고, 그 후에는 집에 가서 가족과 즐거운 시간을 보내면서 재충전한 다음, 다음 날 새로운 기분으로 출근하길 독려합니다."

물론 SAS 인스티튜트 같은 회사는 극단적인 사례일 것이고, 모든 기업이 이렇게 된다는 것은 가능하지도 않다. 극단적인 위기 등 상황에 따라서는 성선설에 기반한 Y이론은 무용지물이고, 강력한 리더십에 기반한 X이론이 필요한 경우도 있을 것이 분명하다.

다만 한 가지 명심해야 할 것은, '직원이 행복해야 고객도 행복할 수 있다'는 점만은 어떤 조직에나 통용된다는 점이다. 직원이 행복하지 않은데, 어떻게 동기를 부여받을 것이며, 어떻게 스스로 열심히 일해 좋은 제품과 서비스를 창출할 것인가? 조직의 통은 조직원의 만족과 행복을 끌어내고, 이것은 다시 고객의 만족과 행복으로 이어진다. 만족과 행복은 끊임없이 확대재생산되는 것이다.

내발적 동기를 높이는 최고의 수단은 자율성

앞서 '혼'에서 에드워드 데시 교수가 주창한 '자기 결정성 이론'에 대해 설명했다. 그리고 '내발적 동기'가 '외발적 동기'보다도 우월하다는 점에 대해서도 설명했다. SAS 인스티튜트 같은 경우는 종업원들에게 내발적 동기를 불러일으키는 데 탁월한 회사라고 할 수 있을 것이다.

내발적 동기를 가져오는 것은 무엇일까? 데시 교수는 사람이 태생적으로 갖고 있는 3가지 기본적인 심리적 욕구를 충족시키는 것을 답으로 제시한다.[32]

'① 자율성의 욕구: 스스로가 자기 자신의 행위의 '원천'이고 싶어하는 욕구 ② 유능감의 욕구: 자신을 둘러싼 환경에 효과적으로 관여해 유능함을 느끼고 싶은 욕구 ③ 관계성의 욕구: 다른 사람들과 연결돼 있고 싶다는 욕구'가 그것이다.

그는 이 3가지 중에서도 특히 자율성의 욕구를 강조한다. 사람은 태어날 때부터 남에게 강요받는 일을 싫어하는 본능적 욕구가 있다는 것이다. 개는 먹이를 주면 따라오지만 사람은 그렇게 남의 의지대로 이리저리 끌려다니는 것을 극도로 싫어한다. 따라서 사람들에게 선택의 자유를 부여하면 자율성의 욕구가 충족되면서 내발적 동기가 높아지게 된다.

반면 사람에게 보상을 주거나 위협을 가하거나 감시하거나 평가하면, 압박과 통제를 느끼게 되어 자율성의 욕구가 손상되고 내발적 동기가 떨어지게 된다. 다만 금전적인 보상과 달리, 성과에 대한 긍정적인 피드백(예를 들어 일을 잘했다고 칭찬하는 것)은 내발적 동기를 높이는 경우가 있는 것으로 드러났다. 유능성에 대한 정보를 전달함으로써 '유능감의 욕구'를 충족시키기 때문이다. 단, 이 경우에도 통제받고 있다는 느낌을 받게 해서는 안 된다.

하지만 내발적 동기가 중요하다고는 해도 사람이 모든 일을 내발적 동기에 의해서 할 수만은 없는 노릇이다. 특히 기업과 같은 조직의 경우, 조직원의 의지와 관계없이 위에서 어떤 목표를 설정하고 그 목표를 달성하기 위한 과업을 조직원에게 부과하는 경우가 많다.

그렇다면 어떻게 해야 조직원이 위에서 내려오는 과업에 대해서도 마치 내발적 동기에 의해 하는 일처럼 스스로 신이 나서 열심히 하게 만들 수 있을까? 이와 관련해 데시 교수를 비롯한 자기 결정성 이론 심리학자들이 개발한 개념이 '내재화 internalization'다. 즉, 외부 요인에 의해 자극되거나 통제되는 행동의 경우에도 조직이 인간의 3가지 기본적 욕구를 충족시키는 환경을 구축해 지원할 경우, 사람들은 일을 스스로의 것으로 내재화하고 통합하게 된다는 것이다. 이러한 내재화는 아래의 3단계로 구분할 수 있다.

① 수용: 사람들이 외부의 요구와 규칙을 받아들이면서도 그것을 자기 자신의 것으로는 인정하지 않는 상태를 말한다. 외부 요인은 사람들에게 낯설게 느껴지며, 그들은 통제받는다는 느낌을 받는다. 가

장 낮은 수준의 내재화 단계다.

②동일시: 외부 요인에서 비롯된 행위일지라도 사람들이 그 중요성을 받아들이고 자기 자신의 것으로 인정하는 상태를 말한다. 다시 말해 그들은 행위의 가치를 인식하고 기꺼이 책임을 지려고 한다. 이 경우 사람들은 보다 큰 자율성을 느끼게 되고, 압력을 받거나 통제를 받는다는 느낌이 사라지게 된다.

③통합화: 동일시가 더 진전되면서 사람의 진아眞我, 혹은 통합 자아integrated self의 다른 측면들과 통합을 이루는 상태를 의미한다. 내재화가 완전히 진행된 상태다.

데시 교수는 이 3가지의 내재화 단계는 자율성의 정도에 따라 결정된다고 주장한다. '수용' 단계는 완전히 외부에 의해 통제받는 상황에 비해서는 자율적이긴 하지만, 여전히 통제받는 정도가 강하다. '동일시'는 자율성이 수용 단계보다 높아진 경우고, '통합화'는 외발적 동기 중에서 가장 자율성이 높은 단계다.

통합화 단계의 경우 외발적 동기이긴 하지만, 자유 선택권이 보장되고 의지를 발휘할 수 있다는 점에서 내발적 동기와 흡사하다. 데시 교수는 '완전히 외부에 의해 통제받는 상황', 그리고 '외발적 동기를 일부분만 내재화하는 데 그치는 수용 단계', 이 2가지를 합쳐서 '통제된 동기controlled motivation'라고 범주화했다. 또한 '외발적 동기의 내재화가 좀더 진전된 동일시 단계'와 '내재화가 완전히 진전된 통합화 단계', 그리고 '내발적 동기'까지를 모두 합쳐서 '자율적 동기autonomous motivation'라고 명칭했다.

물론 두 범주 중에서 보다 의미 있는 것은 자율적 동기다. 자율적 동기는 보다 오래 지속되고, 보다 나은 성과를 가져오며, 보다 높은 심리적 안정을 가져온다. 따라서 조직의 과제는 외발적 동기를 조직원들에게 내재화하고 통합하는 환경을 조성하여, 마치 조직원의 내발적 동기인 것처럼 열심히 일하도록 만드는 데 있다.

그 방법에 대해 데시 교수는 일견 재미없는 일일지라도 그것을 왜 해야 하는지 근본적인 이유를 제시하고, 그 일에 대한 상대방의 관점과 느낌을 존중해주며, 스스로 선택하는 경험을 많이 할 수 있게 하고, 일에 대한 압력을 최소화하라고 조언한다.

'두려움에 의한 경영'을 버려라

앞서 언급한 심리학자 다니엘 골먼은 저서 《감성의 리더십》에서 "우리가 조사한 바에 따르면 모든 리더십 유형 가운데 '지시형 리더십'이 거의 모든 상황에서 가장 효과가 나쁜 유형이라는 사실이 밝혀졌다"고 설명한다.[33] 책에는 지시형 리더십이 생생히 묘사되어 있는데, 리더의 잘못으로 인해 어떻게 조직이 불통의 늪에 빠질 수밖에 없는지를 잘 보여주는 대목이다.

"'시키는 대로 해'라는 모토 하에 임하는 이런 유형의 리더는 사람들이 명령에 즉각적으로 따라주기를 바랄 뿐이지, 그에 대해 일일이 설명하는 것을 귀찮아한다. 만약 부하 직원들이 묵묵히 시킨 대로 하지 않으면 협박을 한다. 그는 부하 직원들에게 '알아서 하라'고 맡기는 일이 없다. 모든 상황을 세세히 통제하고 감독한다."

골먼 교수 팀은 리서치업체 갤럽 Gallup과 공동으로 700개 미국 회사에서 일하는 200만 명의 직원을 면담했다. 그 결과 그들이 회사에 오래 남아 일할 수 있게 해주고, 생산성을 높여주는 최대 요인은 바로 보스와의 관계로 나타났다. '사람들은 회사를 보고 입사해서 상사 때문에 퇴사한다'는 말이 바로 이래서 나오는 것이다.

그러나 자기 결정성 이론 심리학자들이 '자율성'을 소리 높여 강조함에도 불구하고, 요즘도 많은 기업의 경영 기본틀은 당근과 채찍, 그리고 관리와 통제 위주로 설계돼 있는 것이 현실이다.

게리 해멀 교수는 위클리비즈와의 인터뷰에서 사람 관리의 혁신, 즉 '관리 혁신' 측면에서 볼 때는 지난 100년간 기업 시스템이 거의 변한 게 없다고 주장했다.[34]

"지난 100년을 되돌아보세요. 기술과 서비스, 유통에는 엄청난 변화가 왔어요. 모든 사람들이 주머니에 휴대전화를 한 대씩 넣고 다니게 됐고, 신용카드회사의 콜센터는 24시간 통화가 가능하고, 실시간으로 회사의 물품 재고를 확인하는 시대가 왔습니다.

그런데 경영이라는 것, 즉 회사 관리 시스템은 거의 변한 게 없어요. 여전히 현장에서 고객에게 물건을 파는 말단 직원은 위에서 시키는 대로 일하고, 위에서 승진과 해고를 결정하고, 중요한 판단은 더 높은 직급의 사람이 내리죠. 기본적인 경영 틀은 이미 100년 전쯤 헨리 포드와 같은 입지전적인 인물들이 다 짰어요. 인사 부서를 만들고 성과급제도를 도입하고 자본 예산이나 브랜드 관리 개념을 도입한 것이 그것이죠."

왜 기업들은 100년 전에 만들어진 경영 틀을 지금까지 고수하는 것일까? 기존의 틀을 깨뜨리는 일에 많은 위험이 따르는 것은 분명하다. 하지만 혁신을 목이 쉬도록 외치는 그들인데 말이다. 해멀 교수가 분석한 이유는 다음과 같다.

"20세기 초반 이후로 관리자들의 임무란 '어떻게 하면 웬만한 실력의 기술자들을 데려와서 같은 일을 빠르고 정확히 반복하게 만들까'였죠. 세상에 100년 동안 변하지 않았다니! 정말이지 심각하게 뒤처진 것 아닙니까? 오늘날 조직의 과제는 '어떻게 일을 효율적으로 할까'가 아니라 '어떻게 하면 게임의 룰을 바꿀까'입니다. 요즘 기업들은 서비스 혁신, 제품 혁신을 외쳐대지만 주기적으로 혁신적인 아이디어를 내놓는다는 것은 말처럼 쉽지가 않습니다. 왜 그런 줄 아십니까? 바로 기업의 경영 구조 자체가 혁신을 생산하도록 설계된 것이 아니라 같은 일을 반복하도록 설계돼 있기 때문입니다."

'세기의 전략가'로 불리는 지식경영 이론가 피터 셍게 MIT 슬론 경영대학원 교수 역시 위클리비즈와의 인터뷰에서, 통제 위주의 기존 조직 관리에 대해 쓴소리를 퍼부었다.[35] 그가 사례로 든 것은 인텔에서 일어난 일화다.

과거 인텔에는 일주일에 몇 번씩 구급차가 올 정도로 상황이 심각했다. 하지만 반도체사업부문 책임자는 조직원들이 극심한 스트레스를 받는 환경을 별다른 문제가 없다고 받아들였다. 그러던 어느 날, 그 책임자가 뉴멕시코의 플랜트 매니저로 부임했다가 심장마비로 쓰러지고 만다. 그때서야 비로소 그는 문제의 심각성을 깨달았다. 자신이 만든 환경이 얼마나 사람들을 극한에 몰아넣고, 스트레스를 받게 하고, 걱정덩어리들을 양산하고 있는지 말이다. 3, 4주 후 일터로 돌아온 그는 '개인의 지능'이 아닌 '조직의 지능'을 높이는 작업에 착수했다.

이 일화를 소개하면서 셴게 교수는 다음과 같이 설명했다.

"사실, 리더의 역할은 직원 저마다가 가진 재능과 지식을 효율적으로 한데 모으는 것이지, 그들이 무작정 일을 더 열심히 하도록 만드는 게 아닙니다. 똑똑한 사람들이 일을 많이 하도록 하는 게 결코 중요한 문제가 아닌 거죠. 지금 내가 말하는 건 일주일에 60시간 일해도 조금 일했다고 말하는 환경이에요. 무작정 70~80시간씩 일하는 사람들이 있는 기업들을 말하는 겁니다. 한마디로 '미친 짓'이죠. 인텔의 그 책임자가 회사에 돌아와서 가장 먼저 한 게 뭔지 아세요?

그가 한 일은 바로 '두려움에 의한 경영 management by fear'을 없애는 일이었어요. 이렇게 해서 추진하던 일을 오히려 당초 계획보다

5~6개월 앞당겨서 끝낼 수 있었죠. 반도체를 만드는 일을 빨리 끝냈으니 역사적인 일이었죠. 이로 인해 인텔 전체는 수십 억 달러를 아낄 수 있었습니다."

그렇다면 두려움에 의한 경영이란 무엇인가? 센게 교수의 설명은 이러했다.

"물론 나도 통제가 기업에 중요한 역할을 한다는 걸 압니다. 만약 복잡한 반도체를 만든다면? 당연히 제품의 질과 기술의 진보 혁신의 과정을 조직적으로 통제하는 게 중요하겠죠. 하지만 이게 능사는 아닙니다. 만약 통제를 너무 강조한 나머지, 사람들이 실수하기를 두려워하고 서로 눈치만 보는 환경을 조성한다면 문제가 생기죠. 이렇게 되면 통제엔 성공할지 몰라도 더 큰 것을 잃을 수 있습니다."

하지만 그렇다고 해서 계획과 통제를 늦추면 자칫 조직에 큰 혼란이 올 수도 있지 않을까? 고삐 풀린 망아지처럼 말이다. 이 같은 우려에 대해서도 센게 교수의 입장은 단호했다.

"글쎄요. 내가 보기에 아무도 도발하지 않는 조직은 가장 위험한 조직입니다. 깊은 곳에 문제점이 있는데도 자칫 계속 문제를 썩힐 수도 있으니까요. 건강한 조직은 서로 속을 터놓고 얘기하기 때문에 문제를 실시간으로 파악하고 해결할 수 있습니다.

'내가 이런 말을 해서 일자리를 잃으면 어떻게 하지?' '이 얘기를 했는데 누군가 나를 비웃으면?'이라는 걱정들로 가득 찬 조직은 희망이 없는 조직이죠. 겉으로는 통제가 잘 되는 것처럼 보이기 때문에

CEO를 흐뭇하게 만들 수도 있지만, 수면 아래엔 문제점들이 그득할 것입니다."

센게 교수에 따르면 두려움으로 경영되는 조직은 '방어적 사고 defensive reasoning'에 의해 억압된 조직이라고 표현할 수도 있다. 이런 조직 속에선 모든 사람들이 항상 다른 사람에게 '내가 그 문제에 대한 답을 갖고 있다'는 확신을 주기 위해 노력한다. 그렇기 때문에 어떤 상황에서도 자신감에 찬 모습만을 보이기 위해 분투한다. 뿐만 아니라 자기 자신이나 다른 사람을 '부끄럽게 만드는' 이슈들을 제기하는 것을 매우 꺼리게 된다. 중요한 이슈이긴 하지만 어렵거나 당황스러운 주제에 대해 얘기하는 것을 피하는 것이다. 센게 교수는 바로 이런 것이야말로 "기껏 IQ 130인 구성원들을 모아놔도 결국 전체 IQ는 60인 조직이 되는 방식"이라고 역설했다.

이런 폐해를 없애기 위해서는 모든 구성원이 비전을 공유하고, 같이 머리를 맞대고, 함께 살아남기 위해 노력한다는 정신을 심어야 한다는 것이 그의 주장이다. 다시 말해 혼을 심고, 혼을 통하는 노력을 해야 한다는 것이다. 조직을 정체되게 만드는 것도 조직을 성장하게 만드는 것도 결국은 통에 달려 있는 셈이다.

통이야말로 최고의 혁신이다

혁신에도 급이 있다. 그런데 그중에서도 최고의 혁신은 바로 통에 관련된 혁신이다. 게리 해멀 교수는 기업의 최고 혁신으로 사람을 다루는 혁신, 즉 관리 혁신을 꼽았다. 통에 해당하는 혁신인 것이다.

해멀 교수는 사람을 다루는 혁신이야말로 운영 혁신이나 제품 혁신, 비즈니스 모델 혁신, 업계 구조 혁신보다 윗줄에 있다고 강조한다. 그는 "혁신에도 급이 있다"면서 5단계 혁신론을 주창했다.[36]

5단계 중 가장 밑바닥에 있는 '운영 혁신'은 직원들이 매일 부닥치는 조달·판매·유통·서비스 채널 등의 혁신이다. 이 분야의 혁신은 큰 경쟁력이 없다. 경쟁사가 너무나 쉽게 베낄 수 있기 때문이다.

이보다 한 단계 높은 혁신은 4단계 '제품 혁신'이다. 벽걸이 TV와 터치폰 등 최첨단 제품이 여기에 해당한다. 제품 혁신은 물론 중요하지만 이 경쟁력도 고작 6개월~1년을 버티다 사라진다.

3단계는 '비즈니스 혁신'이다. 고객을 만족시키는 전혀 다른 방법의 사업을 구상했을 때 일어나는 혁신이다. 인맥 구축 사이트인 페이스북이나 가구회사 이케아, 패션회사 자라 등이 여기에 해당한다.

2단계는 '업계 구조 혁신'이다. 이 혁신은 단지 한 회사나 하나의 사업 아이디어에 제한되는 것이 아니라 업계 전체를 뒤집어엎는다. 애플의 MP3플레이어 아이팟이 여기에 해당한다. 애플은 아이팟과 아이튠즈를 통해 음반시장 구조를 송두리째 바꿔놓았다.

이보다 더 위, 즉 혁신 사다리의 가장 꼭대기에 있는 것이 바로 통의 다른 이름인 '관리 혁신'이다. 쉽게 말하면 회사 관리자들이 하는 일을 바꾸는 것이다. 관리자들이 하는 일이 무엇인가? 부하 직원들을 관리하고 팀을 꾸리고, 회사의 자원을 분배하고, 목표를 정하고, 파트너십을 구축하는 일 등이다. 주로 사람 관리에 관련된 혁신이다. 이런 분야의 혁신은 한 기업을 거꾸로 뒤집어 탈탈 터는 듯한 강력한 파장을 미친다고 게리 해멀은 말한다.

고어사에 없는 것들

'관리 혁신'을 실증해낸 대표적 기업으로 고어사를 들 수 있다. 당시 이 회사의 테리 켈리 CEO와의 인터뷰에서 "이 회사에는 없는 게 그렇게 많다는데 무엇이 없느냐?"고 물었다. 그녀는 "직위도, 서열도, 권위도, 보스도, 관리자도, 피고용인도, 표준화된 고정 업무도, 지시도 없다"라고 대답했다.[37]

이 회사의 조직은 상사나 부하가 없는 완전한 수평 조직이어서, 모두가 '동료 associate'로 불린다. 거의 모든 직원의 명함에는 이름 밑에 동료라는 직함만 씌어 있다. 2005년 이 회사 CEO가 된 켈리도 "법률적 필요 때문에 회사 바깥에서 CEO로서 회사를 대표할 뿐, 회사 내부에서는 나도 동료"라고 설명한다. CFO(최고 재무 책임자)도 '재무적 성공에 집중적으로 헌신하는 동료'라고 부른다고 한다.

표준화된 고정 업무도 없다. 모든 동료들은 프로젝트 기반으로,

그때그때 팀을 만들어 일한다. 좋은 아이디어가 떠오른 동료가 제안하고, 이에 동조하는 동료들과 팀을 만든다. CEO의 월급도 동료들의 회의를 거쳐 결정된다. 직원 수 200명이 넘는 큰 공장도 없다. 너무 큰 공장, 너무 큰 조직에서는 이 회사가 추구하는 개인과 대화 존중의 문화가 실현되기 어렵기 때문에 의도적으로 규모를 조절한다는 것이다.

이 이야기를 들었을 때 이런 생각이 들기 쉬울 것이다. '이러고도 이 회사가 잘 굴러갈 수 있을까?' 그런데 이 회사는 잘 굴러가고 있었다. 그것도 아주 잘….

켈리 CEO는 이런 독특한 형태의 조직이 생겨난 배경이 모두 "카풀 덕분"이라고 설명했다. 이 회사 창립자인 빌 고어는 듀폰에 다니던 화학 기술자였는데, 대기업의 권위주의와 상하관계 때문에 창의성이 꽃피지 못한다고 생각하고 있었다.

1957년쯤 그는 '사람들이 명령의 사슬에 구애받지 않고 자유롭게 대화를 나누는 유일한 순간은 동료들끼리 카풀을 할 때'란 사실을 발견했다. 상사와 부하라 하더라도 차에 합승해서 출퇴근할 때는 조직과 관계를 떠나 창의적이고 생산적인 대화를 하고, 대화에 새로운 에너지, 헌신, 아이디어가 넘쳐나더라는 것이다. 또는 회사가 위기에 처해서 태스크포스를 가동시킬 때도 비슷하게, 쓸데없는 규칙과 관계에서 벗어나 의미 있는 논의와 진전을 하더라는 것이다.

빌은 '왜 카풀을 해야만 혹은 위기가 닥쳐야만 비로소 자유롭고 생산적인 대화를 할까' 하는 의문을 '직급과 직함과 상하관계를 집어던지면 매일매일 대화와 에너지와 헌신이 흐르는 조직이 될 수 있다'는 대안으로 발전시킨 것이다. 그는 1958년, 이 대안을 실천으로 옮겼다. 승진을 앞두고 있던 그는 듀폰에 사표를 던지고 나와 부인과 함께 고어사를 설립했다.

빌 고어는 당시 유명한 경영학자 더글러스 맥그리거의 'Y이론'에 대한 믿음을 바탕으로 독특한 조직을 만들었다. Y이론이란 한마디로 '성선설'이다. 인간은 오락이나 휴식뿐 아니라 자존과 헌신에 대해서도 본성적으로 욕구가 있으므로, 자발적으로 일할 마음을 갖게 하면 능력의 극대화가 가능하다는 분석이다.

반면 맥그리거의 'X이론'은 인간은 선천적으로 일을 싫어하므로, 기업의 목표 달성을 위해서는 통제와 명령과 상벌이 필요하다는 논리다. 고어사는 미국에서 Y이론을 가장 극적으로 꽃피운 기업으로 꼽힌다.

정수를 담은 10분을 일에 쏟게 하는 것

현대 기업의 조직 관리는 왜 과거와 다르지 않으면 안 되는가? 그것은 21세기가 창의의 시대이기 때문이다.

지식경제가 고도화되면서 이제 95%의 지식은 일상재가 되고, 나머지 5%의 차별화되고 창의적인 아이디어로 치열하게 경쟁하는 시대가 됐다.

또한 시대의 패러다임이 아날로그에서 디지털로 바뀌면서 사람에게 요구되는 것도 경험과 기술의 축적이나 근면성 같은 것으로부터 빠른 두뇌와 창의성, 스피드로 넘어가기 시작했다.

더구나 IT기술의 획기적인 진보로 유비쿼터스 IT환경이 현실이 되면서 출근이라는 개념조차 무색해지고 있다. 따라서 출근부로 출근시간을 체크하고, 상사가 부하 직원들의 일거수일투족을 감시하고 감독하는 기존 조직 관리는 아무 의미가 없어졌다.

혼이 없는 직원이 빈껍데기 몸만으로 회사에 와서 상사가 시키는 일만 하고, 밤늦게까지 시간만 때우며 회사에 남아 있는 식이라면 오히려 회사의 도태를 앞당길 뿐이다.

찰스 핸디가 자신의 책《텅 빈 레인코트》에서 묘사하는 어느 사무실 풍경은 구시대 조직 관리의 문제점을 잘 보여준다.[38]

애틀랜타에 있는 한 기자를 만나는 자리였다. 우리는 편집실 중간쯤에 위치한 기자의 책상에서 이야기를 나누었다.
편집실은 200여 명의 직원들이 이야기를 하거나 타이핑을 하고, 전화를 하거나 담배를 피우는 거대한 공간이었으며, 기자의 책상 위에는 서류, 전화, 키보드, 모니터 등이 어수선하게 놓여 있었다. 내가 앉을 의자 따위는 없었다. 그들 방식대로 나는 기자의 책상 위에 걸터앉아 대화를 시작했다.

"이런 자세로 이야기하는 것이 쉽지는 않네요. 집에서 일하지는 않으십니까? 최소한 일부 시간이라도?" 하고 내가 물었다. 기자는 안타깝다는 미소를 지었다.

"전혀요. 물론 제가 하는 업무 중 많은 부분이 집에서도 가능합니다. 심적으로도 편할 테고 오가느라 피곤하지도 않고 소음도 거의 없는 환경이라 오히려 효율도 높겠지요. 필요하면 언제든 여기로 오면 될 테고요. 사실 제 일은 대부분 전화로 처리하는 것들이지요. 여기 책상에서 하거나 집에서 하거나 차이가 없죠."

"그런데 왜 그렇게 안 하십니까?"

"회사에서 허락을 안 하니까요."

그 기자는 손으로 편집실 한쪽 끝을 가리켰다. 대형 유리로 칸막이를 한 두 개의 개인 집무실이 보였고 안에는 부편집장이 앉아 있었다.

"저 분들은 눈으로 보고 소리 지를 수 있는 위치에 항상 제가 있기를 바라죠."

이와는 반대로 몸이 어디에 있든 조직과 비전을 공유하면서 스스로 흥이 나서 일을 하고, 누가 시키지 않아도 새로운 아이디어를 내고 실험하며 도전을 두려워하지 않는 그런 직원이야말로 이 시대가 필요로 하는 인재상이다.

구글의 에릭 슈미트 회장이 구글의 핵심 전략이 무엇이냐는 질문에 "기본적으로 좋은 인재를 확보하고 유지하면서 그들을 풀어놓는 것"이라고 대답한 것도 이 때문일 것이다.

또한 제프리 페퍼 스탠퍼드대 교수가 "10년 동안 사두면 돈이 되는 주식을 찾는 비결은 〈포춘〉 선정 '일하고 싶은 100대 기업'의 상위기업 주식을 사두는 것"이라고 말하는 것도 이 때문이다.

19세기 영국의 화가 제임스 휘슬러와 비평가 존 러스킨 사이에 벌어진 다음의 유명한 일화는, 창의를 요구하는 조직의 인재경영이 어떤 식이 되어야 하는가에 대해 통찰을 던져준다.

휘슬러가 '검은색과 금색의 야상곡:떨어지는 불꽃'이란 그림을 전시했을 때였다. 영향력 있는 비평가인 러스킨은 이 그림이 미술에 대한 모욕이며 대중에게 물감통을 끼얹은 것과 같다고 악평했다. 러스킨은 휘슬러가 단 이틀 만에 그린 그림값으로 어떻게 200기니가 넘는 돈을 제시할 수 있는지 해명을 요구했다. 다혈질의 휘슬러는 분통을 터뜨리며 러스킨을 명예훼손으로 고발했다.

법정에서 판사는 휘슬러에게 그 그림을 그리는 데 시간이 얼마나 걸렸는지 물었다. 이에 대해 휘슬러는 유명한 한마디를 남겼다. "10분입니다. 하지만 평생 갈고닦은 실력으로 그렸지요."

빈껍데기뿐인 10시간이 아니라, 정수를 담은 10분을 일에 쏟게 하는 것, 그것이 바로 이 시대 리더의 사명일 것이다. 그리고 그 사명을 실천케 하는 힘은 바로 통이다.

당신의 회사에서 매일 밤 빠져나가는 것

조직의 간부들에게 드릴 2가지 질문이 있다.

첫째, 여러분 회사의 자산 중 90%가 밤마다 회사 정문을 빠져나간다. 이것이 무엇일까?

둘째, 현 회계 시스템에는 포함되지 않지만 매우 중요한 자산이 있는데, 무엇일까?

두 문제 다 정답이 같다. 바로 '사람', 즉 '인재'다.《드림 소사이어티》의 저자 롤프 옌센은 "인재의 가치를 반영하지 않는 현재의 회계 시스템은 잘못됐다"고 말했다.[39]

"드림 소사이어티의 관점에서 보면 기업의 자산에서 물적 자산이 차지하는 비중은 10%, 인적 자산이 차지하는 비중이 90%다. 이렇게 보면 사실 지금까지 기업과 회계사들은 살아 있는 자산이 아니라 죽은 자산만 따져왔다고 할 수 있다."

세계 최대 펌프 제조업체인 그런포스 Grundfos의 전 CEO 칼스턴 비야그는 한술 더 뜬다. 그는 위클리비즈와의 인터뷰에서 이런 말을 한 적이 있다.[40]

"많은 경영자는 '직원들이 회사의 가장 중요한 자산'이라고 자신 있게 말합니다. 하지만 저는 이렇게 말하겠습니다. '아뇨, 틀렸어요.

직원들이 바로 회사예요. 자산이 아니라 그들이 바로 회사라고요.' 바로 그렇기 때문에 우리는 직원들에게 투자를 하고, 그들의 지식을 늘리고 서로의 이해 수준을 높이고 그들과 소통하고 우리의 가치를 공유하려고 하는 것입니다. 모든 직원이 우리가 가야 할 바를 확신해야 합니다."

리더의 책무는 매일 회사를 빠져나가는 그 90%의 중요 자산이 내일 다시 회사로 돌아와서 재미있게 일하도록 하는 것이다.

에필로그

혼·창·통은 불확실성의 폭풍우 속을 비추는 등대

위클리비즈에 혼·창·통을 정리한 기사를 게재한 뒤 많은 곳에서 강연 요청이 왔다. 여러 기업, 공공기관 등에 혼·창·통 정신을 전파하던 어느 날, 한 강연장에서 있었던 일이다. 강연을 마친 필자에게 어느 중소기업 CEO가 물었다. "강연을 듣고 보니 대가들의 생각도 서로 상충되는 경우가 있는 것 같아요. 같은 개념에 대해서 다른 생각을 갖고 있는 것 같은데요?" 그의 지적에 필자 역시 깊이 공감하는 바다. 당시 필자가 들려준 답의 요지는 이러했다.

이 시대를 살아가는 개인과 조직이 혼·창·통, 이 3가지 덕목을 반드시 갖춰야 한다는 점에서는 대가들은 물론, 누구도 반대하지 않을 것이다. 다만 혼·창·통을 구체적으로 시행하는 과정에 대해서는 대가들도 서로 생각이 다른 경우가 있는 것이 사실이다. 예를 들어 어떤 CEO는 혼·창·통의 혼에 무게중심을 두어 비전에 기반한 일사불란한 조직 운영을 강조하는 반면, 어떤 CEO는 통에 무게중심을 두어 직원들을 자유롭게 풀어주는 것을 성공비결로 꼽는다.

   중요한 것은 혼·창·통의 중요성을 인지하는 것이다. 혼·창·통을 구체적으로 시행하는 과정에서는, 대가들의 이론과 사례 중 자신과 자기 조직이 처한 상황에 가장 잘 맞는 것을 골라서 적용하면 된다. 적용할 만한 사례가 없다면 자신의 상황에 맞게 새로이 만드는 것도 가능하다. 한 사람의 생각도 여러 가지 다층적인 요소로 구성된다. 하물며 그런 인간들이 모여서 만든 조직은 말할 필요도 없다. 그렇기에 모든 개인, 모든 조직에게 일괄적으로 적용될 실천의 정답은 없다.

   경영에 정답이 있다면 얼마나 좋을까? 삶에 해답이 있다면 얼마나 좋겠는가? 우리는 조금이라도 정답에 가까운 것을 찾아내기 위해 늘 고민하고 공부하는 것이다.

   그러나 앞서 질문하신 분의 말에는 이런 의미도 있을 것이다. 우리가 단순히 대가들의 말이라고 해서 수동적으로 받아들여서는 안 된다는 점이다. 필자는 이에 대해 전적으로 공감한다. 대가들의 말은 우리에게 '정답'을 주는 것이 아니라 '새로운 화두'를 제시하는 것이라고 생각한다. 그들의 말을 곱씹고 치열하게 생각할 때, 비로소 그것이 진정한 지식이 되고 지혜가 될 수 있을 것이다. 그래야만 우리의 삶과 조직의 앞날을 조금이라도 발전시킬 수 있는 밑알이 될 수 있다.

대가들의 지혜에서 추출해낸 키워드가 혼·창·통, 셋이었다는 것은 결코 우연이 아니다. 예로부터 숫자 3은 동서양을 막론하고 신성한 숫자로 숭배돼왔다. 음양의 조화를 중시하는 동양에서 1은 남자, 2는 여자를 뜻하며 이 둘을 합한 3은 생명의 탄생, 혹은 완전함을 의미했다.

또한 역경이나 고난을 이겨내고 완전해지는 것을 상징했다. 기독교에 성부·성자·성령의 삼위일체가 있다면, 불교엔 3가지 보물, 즉 불·법·승의 삼보三寶가 있다.

이처럼 숫자 3은 완전함을 향한 인류의 끊임없는 추구를 상징한다. 혼·창·통은 그 완전함에의 추구를 이 시대에 맞춰 풀어낸 삶과 조직의 운영원리라 할 것이다.

혼·창·통이라는 키워드가 일견 낯설게 보일 수도 있다. 뜬구름처럼 느껴질 수도 있다. 하지만 혼·창·통은 결코 먼 하늘의 이야기가 아니다. 혼·창·통이 얼마나 우리 가까이에 있는지, 다시 한 번 상기해보자.

혼: 가슴 벅차게 하는 비전이 사람을 움직인다.
창: 끊임없이 '왜'라고 물어라, 그러면 열린다.
통: 만나라, 또 만나라… 들어라, 잘 들어라.

자, 이 중에서 우리 주위에서 찾을 수 없는 것, 우리가 아무리 노력해도 가질 수 없는 것이 하나라도 있는가?

많은 사람이 행운을 기대한다. 하지만 행운은 결코 저절로 찾아오지 않는다. 행운이란 '진인사대천명盡人事待天命', 즉 인간으로서 해야 할 일을 다하고 나서 하늘의 뜻을 기다리는 사람에게만 허락된다. 사실 행운이란 우리 주변에 늘 널려 있다. 우리가 보지 못하고 지나칠 뿐이다. 그리고 누군가에게 어렵게 행운이 찾아왔다 해도, 그에 걸맞은 그릇을 갖추지 못한다면 구멍 뚫린 독에서 물이 빠져나가듯 금방 스쳐 지나가고 만다. 행운은 우리의 의지와 긴밀하게 연결돼 있다. 기회가 왔을 때 그것을 자기 것으로 잡을 수 있는 준비를 갖춘다면 행운은 우리의 것이 될 수 있다.

혼·창·통은 하늘의 뜻을 기다리기 전에 개인과 조직이 무엇을 준비해야 하는가를 보여주는 이 시대의 처방전이다. 성공과 성취는 오직 준비하는 자에게만 허락되는 법이다.

감사의 글

이 책은 〈조선일보〉와 '위클리비즈'가 없으면 태어날 수 없었다. 위클리비즈라는 '지식의 보고寶庫'를 만들겠다는 쉽지 않은 용단을 내리고 필자에게 편집장이 되는 기회를 허락해주신 조선일보 방상훈 사장님과 김문순 발행인, 변용식 편집인, 김창기 전 편집국장, 홍준호 편집국장, 그리고 위클리비즈 초대 편집장인 이광회 선배와 2대 편집장 박종세 뉴욕 특파원을 비롯한 위클리비즈 전·현직 팀원들, 이밖에 일일이 거명하지 못한 조선일보의 선후배, 동료들에게 깊이 감사드린다.

이 책에는 위클리비즈 전·현직 팀원을 비롯한 조선일보 기자들의 생생한 인터뷰와 취재가 사례로 많이 인용됐다. 열과 성을 다한 취재로 위클리비즈 지면을 빛내주고 이 책에 인용을 허락해준 박종세,

김희섭, 장원준, 김영진, 유하룡, 김종호, 호경업, 백승재, 김승범, 홍원상, 김현진, 신지은, 이성훈 기자 모두에게 깊은 사랑과 감사를 드리며, '혼·창·통' 정신으로 늘 건승하길 빈다. 또한 위클리비즈에 늘 따뜻한 조언을 아끼지 않는 홍성태, 김난도, 정동일 교수님 그리고 위클리비즈의 열성적인 팬 여러분께 깊이 감사드린다.

    마지막으로 이 책의 집필 과정에서 가장 솔직한 조언을 해주고 늘 격려해준 아내 김소미와 형 이상훈, 그리고 필자에게 늘 웃음과 기쁨을 주는 존재인 현지, 재현에게 사랑과 감사를 보낸다.

참고문헌

프롤로그

1. 찰스 핸디, 《텅 빈 레인코트》, 2009, p.354~355.
2. 조영탁·정항숙, 《행복경영》, 2007, p.217.
3. 사단법인 일본능률협회, 〈働く人の喜びを生み出す会社〉, 2009, p.164~166.
4. 조지프 스티글리츠, **월스트리트 금융 귀재들의 탐욕**, 〈조선일보〉 위클리비즈, 2009.10.10.
5. 교황 베네딕토 16세, **제43차 평화의 날 담화문**, 2010.1.1.
6. Klaus Schwab et al. **Faith and the Global Agenda: Values for the Post-Crisis Economy, World Economic Forum**, Geneva, Switzerland, 2010.
7. 이지훈, **1,100조 원을 굴리는 사나이**, 〈조선일보〉 위클리비즈, 2009.11.14.
8. 홍성태·이성훈, **마케팅의 아버지 코틀러가 던진 8가지 화두**, 〈조선일보〉 위클리비즈, 2009.6.27.
9. 나심 니콜라스 탈레브, 《블랙스완》, 2008.
10. 이지훈, **디지털化하는 모든 것의 운명은 결국 공짜**, 〈조선일보〉 위클리비즈, 2009.11.28.

1부. 혼

1. 엄홍길, 《꿈을 향해 거침없이 도전하라》, 2008.
2. 大嶋啓介, 《すごい朝礼》, 2007.
3. 김영수·김현진, 듣고 또 들어라 위기가 뚫린다, 〈조선일보〉 위클리비즈, 2009.6.27.
4. 김승범, 태양광으로 中 신흥갑부 된 스정룽 썬텍 회장, 〈조선일보〉 위클리비즈, 2008.10.18.
5. 짐 콜린스·제리 포라스, 《성공하는 기업들의 8가지 습관》, 2002, p.99~100.
6. 앤드루 저커먼, 《위즈덤 아이디어》, 2009, p.51.
7. 앤드루 저커먼, 《위즈덤 아이디어》, 2009, p.26.
8. 케네스 토머스, 《열정과 몰입의 방법》, 2002.
9. 이지훈, 이 사람은 '魂'을 가졌다, 〈조선일보〉 위클리비즈, 2009.10.17.2
10. 호리바 마사오, 《일 잘하는 사람 일 못하는 사람》, 2001, p.179~180.
11. 김영진, 통념을 깨고 '큰 생각'을 하라, 성공이 보인다, 〈조선일보〉 위클리비즈, 2008.1.26.
12. Adam Lashinsky, **The decade of Steve** 〈Fortune〉, Nov 2009.
13. 스티브 잡스의 삶에 대해서는, 제프리 영·윌리엄 사이먼, 《iCon 스티브 잡스》, 2005, 김영한, 《스티브 잡스처럼 생각하라》, 2009. 참고.
14. 스티브 잡스의 스탠퍼드대 졸업식 연설은 유튜브에서 시청할 수 있다.
15. 리처드 브랜슨, 《닥터 예스 Dr. Yes!》, 2008.
16. 송의달, 해맑은 財神, 아시아 최고 부자 리카싱 長江그룹 회장, 〈조선일보〉 위클리비즈, 2006.10.28.
17. 차동엽, 《무지개 원리》, 2008.
18. 짐 콜린스·제리 포라스, 《성공하는 기업들의 8가지 습관》, 2002, p.77~78.
19. Roger Martin, **The age of customer capitalism**, 〈Harvard Business Review〉, Jan-Feb 2010, p.58~65.
20. 윤종용, 경영과 혁신, 《초일류로 가는 생각》(비매품), 2007, p.204~205.
21. 이지훈, 썩어가는 자본주의, 慈本主義가 구하리니, 〈조선일보〉 위클리비즈, 2009.8.22.
22. Edward L. Deci·Richard M. Ryan, **Facilitating Optimal Motivation and**

Psychological Well-Being Across Life's Domains, 〈Canadian Psychology〉, Vol.49, 2008.
23 다카하시 미호, 《경영자가 꼭 읽어야 할 심리학 교과서》, 2005.
24 김승범, **天外有天 - 中 살아 있는 신화 레노버 창업자 류촨즈**, 〈조선일보〉 위클리비즈, 2008.3.8.
25 홍성태·이성훈, **마케팅의 아버지 코틀러가 던진 8가지 화두**, 〈조선일보〉 위클리비즈, 2009.6.27.
26 백승재, **시세이도의 예술경영 이끄는 마에다 신조**, 〈조선일보〉 위클리비즈, 2009.7.25.

2부. 창

1 이상훈, **참으로 멋있게 사는 법**, 〈매일신문〉, 2005.7.14.
2 말콤 글래드웰, 《아웃라이어》, 2009.
3 박종세, **당신은 당신의 일에 1만 시간을 쏟아부었나**, 〈조선일보〉 위클리비즈, 2009.2.14.
4 트와일라 타프, 《창조적 습관》, 2006, p.26.
5 Twyla Tharp, **Creativity step by step: A Conversation with Choreographer Twyla Tharp**, 〈Harvard Business Review〉, Apr 2008.
6 박종세, **심리학자 하워드 가드너의 마음을 움직이는 창조경영**, 〈조선일보〉 위클리비즈, 2008.11.1.
7 이지훈, **드라마 〈올인〉의 실제 주인공이 말하는 '올인'의 법칙**, 〈조선일보〉 위클리비즈, 2008.7.5.
8 김희섭, **21세기 新 성공 방정식, 100-1=0**, 〈조선일보〉 위클리비즈, 2008.12.13.
9 김경준, 《엄홍길의 휴먼 리더십》, 2007.
10 톰 켈리·조너던 리트맨, 《이노베이터의 10가지 얼굴》, 2007, p.17.
11 앤드루 저커먼, 《위즈덤 아이디어》, 2009, p.51.
12 백승재, **시세이도의 예술경영 이끄는 마에다 신조**, 〈조선일보〉 위클리비즈, 2009.7.25.
13 유하룡, **아흔 살 월가의 도사 피터 번스타인, 리스크 관리를 말하다**, 〈조선일보〉 위클리비즈, 2009.4.18.

14 Jeffrey H. Dyer·HalB. Gregersen·Clayton M. Christensen, **The Innovator's DNA** 〈Harvard Business Review〉, Dec 2009.
15 장원준, **기술은 똑같아져… 미래는 결국 예술적 독창성에서 판가름**, 〈조선일보〉 위클리비즈, 2009.7.4.
16 김현진, **CEO들이여, 예술을 즐겨라**, 〈조선일보〉 위클리비즈, 2007.12.8.
17 톰 켈리·조너던 리트맨, 《이노베이터의 10가지 얼굴》, 2007.
18 장원준, **원칙을 벗다, 혁신을 입다**, 〈조선일보〉 위클리비즈, 2008.12.27.
19 호경업, **모여서 떠들고 낙서하며… 인간을 디자인한다**, 〈조선일보〉 위클리비즈, 2008.5.24.
20 톰 켈리·조너던 리트맨, 《이노베이터의 10가지 얼굴》, 2007.
21 장원준, **세계적 미래학자 3인이 보는 메가트렌드**, 〈조선일보〉 위클리비즈, 2009.4.4.
22 백승재, **변화를 망각한 일본… 잃어버린 10년 아닌 잃어버린 40년**, 〈조선일보〉 위클리비즈, 2009.12.12.
23 앤서니 볼턴, 《투자의 전설 앤서니 볼턴》, 2009.
24 '순진한 왜'의 개념과 폴라리오드, 이케아 등의 사례는, 홍성태, **"왜?"라는 질문을 던져보라 수많은 사업 기회가 보인다**, 〈조선일보〉 위클리비즈, 2009.4.25.
25 장원준, **기술은 똑같아져… 미래는 결국 예술적 독창성에서 판가름**, 〈조선일보〉 위클리비즈, 2009.7.4.
26 이성훈, **재미만 놔두고 다 바꿨다 진화의 교과서**, 〈조선일보〉 위클리비즈, 2009.6.20.
27 신지은, **투자도 함께 하는 괴짜 건축가, 송도 신도시에 베팅**, 〈조선일보〉 위클리비즈, 2008.9.20.
28 강경희, **우리 상상력은 우리의 상상 이상이다**, 〈조선일보〉 위클리비즈, 2008.4.26.
29 톰 켈리·조너던 리트맨, 《이노베이터의 10가지 얼굴》, 2007, p.133~134.
30 닌텐도 위의 개발 과정에 대해서는, 井上理, 〈任天堂"驚き"を生む方程式〉, 2009.
31 나심 니콜라스 탈레브, 《블랙스완》, 2008, p.27.
32 홍원상, **묵는 손님마다 WOW! 이 호텔의 비밀은…**, 〈조선일보〉 위클리비즈, 2009.11.22.
33 이병욱, 《아사히야마 동물원에서 배우는 창조적 디자인 경영》, 2008.

34　Jeff Bezos, **Regret Minimization Framework**에 관한 동영상, 2001. 유튜브에서 시청할 수 있다.

35　마이크 라자리디스의 블랙베리 개발 일화는, Jeffrey H. Dyer·Hal B. Gregersen·Clayton M. Christensen, **The Innovator's DNA**, 〈Harvard Business Review〉, Dec 2009. 참고.

36　장원준, **아이돌 2.0-빅뱅, 그들은 왜 성공할 수밖에 없나**, 〈조선일보〉 위클리비즈, 2009.2.21.

37　신지은, **혁신 DNA를 심어라 환부는 깊게 도려내라**, 〈조선일보〉 위클리비즈, 2008.11.22.

38　김진혁, **위대한 성공의 씨앗: 실패**, 강의자료.

39　활동적 타성에 대해서는, Donald Sull, **Why Good Companies Go Bad**, 〈Harvard Business Review〉, Jul 1999. 참고.

40　홍성태, **온 가족이 함께 즐기는 게임 닌텐도의 소비자 공략법**, 〈조선일보〉 위클리비즈, 2009.3.28.

41　EBS 지식채널-e, 《**지식 e 4**》, 2009.

42　리처드 탈러·캐스 선스타인, 《**넛지**》, 2009.

43　김영진, **통념을 깨고 '큰 생각'을 하라, 성공이 보인다**, 〈조선일보〉 위클리비즈, 2008.1.26.

44　Gregory Zuckerman, 《**The Greatest Trade Ever: The Behind-the-Scenes Story of How John Paulson Defied Wall Street and Made Financial History**》, 2009.

45　로저 마틴, 《**생각이 차이를 만든다**》, 2008.

46　호리바 마사오, 《**마인드 스토밍**》, 2007, p.25.

47　에릭 부스, 《**일상, 그 매혹적인 예술**》, 2009.

48　박종세, **심리학자 하워드 가드너의 마음을 움직이는 창조경영**, 〈조선일보〉 위클리비즈, 2008.11.1.

49　강경희, **우리 상상력은 우리의 상상 이상이다**, 〈조선일보〉 위클리비즈, 2008.4.26.

50　호경업, **은둔의 경영자 베일을 벗다**, 〈조선일보〉 위클리비즈, 2008.7.26.

51　백승재·홍원상, **세스 교수와 하타무라 교수에게 듣는 실패학**, 〈조선일보〉 위클리비즈, 2009.9.26.

52 片山修, 〈柳井正の見方·考え方〉, 2009.
53 선우정, 일본을 입히는 남자… 日 최고의 부자가 된 옷장수 유니클로 야나이 회장, 〈조선일보〉 위클리비즈, 2009.9.19.
54 김덕한, 회사를 말아먹고도 잘리지 않은 이 남자? 실패의 성공학을 아시나요, 〈조선일보〉 위클리비즈, 2008.2.2.

3부. 통

1 이호준, 좋은 기업은 직원들에게 자긍심 준다, 〈전자신문〉, 2009.2.25.
2 SERICEO, **따뜻한 하트 리더십**, 메리 케이(동영상), 2009.11.27.
3 SERICEO, **불멸의 명마에서 배우는 인재 육성법**(동영상), 2009.11.4.
4 김영수·김현진, **듣고 또 들어라 위기가 뚫린다**, 〈조선일보〉 위클리비즈, 2008.10.18.
5 Ralph G. Nichols·Leonard A. Stevens, **Listening to People**, 〈Harvard Business Review〉, Sep-Oct 1957.
6 고현숙, 《유쾌하게 자극하라》, 2007, p.84~87.
7 고현숙, 《유쾌하게 자극하라》, 2007, p.93~94.
8 김현진, **최고 아이디어, 괴짜가 만들죠**, 〈조선일보〉 위클리비즈, 2007.10.27.
9 박종세, **듀폰 혁명**, 〈조선일보〉 위클리비즈, 2008.8.30.
10 백승재, **황제의 불치병 - 광고·마케팅 제국 WPP 총수 마틴 소렐**, 〈조선일보〉 위클리비즈, 2009.8.1.
11 신지은, **지식을 벗겨내야 뇌리에 착 붙는다**, 〈조선일보〉 위클리비즈, 2009.3.14.
12 칩 히스·댄 히스, 《스틱!》, 2007.
13 조영탁·정향숙, 《행복경영》, 2007, p.230~231.
14 신지은, **인재는 미래의 석유… 당장 파이프 뚫어 확보하라**, 〈조선일보〉 위클리비즈, 2008.2.2.
15 장원준, **소통의 고수 데이브 시네이 회장이 말하는 커뮤니케이션 잘하는 법**, 〈조선일보〉 위클리비즈, 2009.7.18.

16　듀폰과 헤이그룹의 사례는, 김기령, **한국인 임원의 문제는**, 〈조선일보〉 위클리비즈, 2008.5.3.

17　Daniel Goleman·Richard Boyatzis, **Social Intelligence and the Biology of Leadership**, 〈Harvard Business Review〉, Sep 2008.

18　이지훈, 즐거운 직장, 日호리바제작소의 창의경영, 〈조선일보〉 위클리비즈, 2010.1.9.

19　말콤 글래드웰, 《아웃라이어》, 2009.

20　조영탁·정항숙, 《행복경영》, 2007, p.206.

21　백승재, IT불사조 인텔 폴 오텔리니 CEO 인터뷰, 〈조선일보〉 위클리비즈, 2009.11.7.

22　홍원상, 놀 줄 알아야 일도 잘합니다 - 직원 놀이방 만든 포스코 정준양 회장, 〈조선일보〉 위클리비즈, 2009.12.26.

23　정동일, **성공에 목마른 CEO여 학습하라! 실천하라!**, 〈조선일보〉 위클리비즈, 2008.12.27.

24　우병현, **디지털 구루 돈 탭스콧 - 디지털 원어민 N세대 방식으로 세상을 바꿔라**, 〈조선일보〉 위클리비즈, 2009.8.29.

25　데이비드 아커, 《스패닝 사일로》, 2009.

26　백승재, 세계적 농업생명공학기업 몬산토 휴 그랜트 CEO의 열변 혹은 변명, 〈조선일보〉 위클리비즈, 2009.9.5.

27　박영철, **금융위기의 진앙 월가를 다녀와서**, 〈조선일보〉 위클리비즈, 2008.10.11.

28　Donald MacKenzie, **Culture gap let toxic instruments thrive**, 〈Financial Times〉, Nov 25, 2009.

29　이지훈, 세계의 공장을 지휘하는 글로벌 객주, 〈조선일보〉 위클리비즈, 2009.5.23.

30　김종호, **12년 연속 '일하기 좋은 100대 기업' - 美 SAS 인스티튜트 르포**, 〈조선일보〉 위클리비즈, 2009.12.12.

31　제프리 페퍼·찰스 오레일리, 《숨겨진 힘-사람》, 2002, p.180~211.

32　Edward L. Deci·Richard M. Ryan, **Facilitating Optimal Motivation and Psychological Well-Being Across Life's Domains**, 〈Canadian Psychology〉, 2008, Vol.49.

33 다니엘 골먼·리처드 보이애치스·애니 맥키, **《감성의 리더십》**, 2003.
34 신지은, **혁신 DNA를 심어라 환부는 깊게 도려내라**, 〈조선일보〉 위클리비즈, 2008.11.22.
35 정동일·김현진, **IQ130 사람이 모였는데 조직 전체 수준이 60이라면…**, 〈조선일보〉 위클리비즈, 2007.8.25.
36 신지은, **혁신 DNA를 심어라 환부는 깊게 도려내라**, 〈조선일보〉 위클리비즈, 2008.11.22.
37 장원준, **원칙을 벗다, 혁신을 입다**, 〈조선일보〉 위클리비즈, 2008.12.27.
38 찰스 핸디, **《텅 빈 레인코트》**, 2009, p.229~230.
39 정철환, **동화의 나라에서 경영의 노스트라다무스를 만나다**, 〈조선일보〉 위클리비즈, 2008.2.23.
40 이길성, **63년 연속 매출 늘어… 직원이 자산? 직원이 곧 회사!**, 〈조선일보〉 위클리비즈, 2008.4.12.

혼·창·통 50만 부 기념 골드 에디션

2025년 12월 17일 초판 1쇄 발행

지은이 이지훈
펴낸이 이원주

책임편집 이채은 **디자인** 윤민지
기획개발실 강소라, 김유경, 강동욱, 박인애, 류지혜, 고정용, 최연서
마케팅실 양근모, 권금숙, 양봉호 **온라인홍보팀** 신하은, 현나래, 최혜빈
디자인실 진미나, 정은예 **디지털콘텐츠팀** 최은정 **해외기획팀** 우정민, 배혜림, 정혜인
경영지원실 강신우, 김현우, 이윤재 **제작실** 이진영

펴낸곳 (주)쌤앤파커스 **출판신고** 2006년 9월 25일 제406-2006-000210호
주소 서울시 마포구 월드컵북로 396 누리꿈스퀘어 비즈니스타워 18층
전화 02-6712-9800 **팩스** 02-6712-9810 **이메일** info@smpk.kr

ⓒ 이지훈(저작권자와 맺은 특약에 따라 검인을 생략합니다)
ISBN 979-11-24070-25-3 (03320)

- 이 책은 저작권법에 따라 보호받는 저작물이므로 무단전재와 무단복제를 금지하며, 이 책 내용의 전부 또는 일부를 이용하려면 반드시 저작권자와 (주)쌤앤파커스의 서면동의를 받아야 합니다.
- 잘못된 책은 구입하신 서점에서 바꿔드립니다.
- 책값은 뒤표지에 있습니다.

쌤앤파커스(Sam&Parkers)는 독자 여러분의 책에 관한 아이디어와 원고 투고를 설레는 마음으로 기다리고 있습니다. 책으로 엮기를 원하는 아이디어가 있으신 분은 이메일 book@smpk.kr로 간단한 개요와 취지, 연락처 등을 보내주세요. 머뭇거리지 말고 문을 두드리세요. 길이 열립니다.